統計學

（第二版）

主　編　張春國
副編輯　甘倫知

崧燁文化

再版前言

《統計學》教材自 2013 年 1 月出版以來，由於其通俗易懂、實用性強，一直受到讀者的好評。隨著社會主義市場經濟的不斷深入，對統計研究理論和方法提出了更多、更新的要求，作為專門研究社會經濟現象總體數量關係和數量特徵方法論的統計學，在其理論體系和方法體系等方面必須有所充實、有所更新和完善。結合中國當前的統計實踐，我們在總結多年統計研究和統計教學經驗的基礎上，並聽取讀者的寶貴意見，進一步貫徹「少而精」和「學以致用」的原則，對第一版作了修改與完善。修訂後的教學內容與課時安排，更適合高等院校非統計專業學生學習和使用。

第二版的主要內容包括概論，統計數據的收集、整理和顯示，描述分析的基本指標，概率和抽樣分佈，參數估計，假設檢驗，方差分析，相關與迴歸分析，時間數列分析，統計指數等。

本教材體例清晰，科學地借鑒和合併了傳統教材中的精華，充分吸收了比較新、成熟的統計科研究成果；內容容量適度，繁簡相宜；講授方法深入淺出；重點、難點突出，為便於理解，融入了大量的實例；為加深學生對該課程內容的理解，每章節末都精心設計了配套的練習題。

本書具有以下三個方面的特點：

（1）從內容上涵蓋了描述統計和推斷統計的主要部分，重點突出推斷統計。伴隨社會生活不斷湧現的大數據，人們需要對獲取的信息做出相應的決策，就必須依據不完全的觀察資料作出可靠的推斷，需要較好地運用概率和抽樣分佈、參數估計、假設檢驗、方差分析等知識。

（2）圍繞統計工作的主要環節安排教學內容。日常統計工作過程主要包含統計調查、資料整理、圖表製作以及數據分析等內容，通過統計工作提供的數據為決策服務。統計數據的收集、整理和顯示，描述分析的基本指標，相關與迴歸分析，時間數列分析，統計指數等內容較為科學、完整地體現了統計工作的主要環節。

（3）突出統計方法的運用，特別是 Excel 數據的處理。統計學涉及大量的數據處理工作，本書在統計工作的主要環節中都運用了 Excel 數據處理方法，可以有效幫助讀者掌握並使用相應的數據處理方法，為將來運用相關技術奠定堅實的基礎。

感謝甘倫知老師在本書編寫過程中提出的寶貴意見！感謝廣大讀者給予的大力支持與幫助！

由於水平有限，書中難免存在錯誤和疏漏之處。敬請讀者提出寶貴意見，以使我們在共同努力下，對《統計學》教材和統計教學進行完善和改進。

張春國

前 言

　　統計作為研究客觀事物數量的手段，被廣泛地運用於自然、社會、經濟、管理以及科學研究等諸多領域。統計學作為經濟類以及管理類各專業的基礎課程，其研究的內容主要涉及數據的搜集、數據的整理及圖表展示、統計數據的分析預測等方面。遵照面向21世紀教學內容及課程體系改革的精神，為進一步拓寬專業口徑，加強基礎課程教學，全面提高教育教學質量，培養理論知識與動手能力並重的素質型人才，我們編寫了這本教材。由於學時的限制，經濟與管理類各專業不可能開設太多的統計學課程，為此，我們認真總結了多年的教學經驗，對統計學課程改革進行了探索，並將其融入本教材的編寫中。

　　全書包含了描述統計和推斷統計的基本內容，共分為10章。它包括概論，統計數據的搜集、整理和顯示，描述分析的基本指標，概率和抽樣分佈，參數估計，假設檢驗，方差分析，相關與迴歸分析，時間數列分析以及統計指數。其中第1章、第2章、第3章、第9章、第10章由張春國老師編寫，第4章、第5章、第6章、第7章、第8章由甘倫知老師編寫。

　　在教材編寫過程中，我們注重吸收統計改革實踐和統計理論研究的最新成果，充分考慮社會實踐活動對統計方法的要求，將統計學理論與統計方法應用有機結合，盡可能將數據處理與大眾化的Excel運用相結合，使讀者能夠學習到較為系統、實用的數據處理方法與技術，增強教材的實用性。在教材的內容體系上，盡可能做到語言通俗易懂、知識由淺入深、內容前後呼應、內在邏輯性強等；同時力求少而精，理論聯繫實際，努力做到概念準確、條理清晰、層次分明。目的是使讀者具備基本的統計思想，掌握基本的數據處理方法，培育和提高讀者應用統計方法解決各種實際問題的能力。

　　感謝甘倫知老師在本書編寫過程中提出的寶貴意見！書中難免存在錯誤和疏漏之處。敬請讀者提出寶貴意見，以使我們在共同努力下，對該教材和統計教學進行完善和改進。

張春國

目 錄

第一章 概論 ……………………………………………………………（1）
  第一節 統計的含義 …………………………………………………（1）
  第二節 統計數據的類型 ……………………………………………（9）
  第三節 統計學中的幾個基本概念 …………………………………（10）

第二章 統計數據的搜集、整理和顯示 ……………………………（15）
  第一節 統計調查 ……………………………………………………（15）
  第二節 統計數據的整理 ……………………………………………（23）
  第三節 頻數分佈 ……………………………………………………（31）
  第四節 統計數據的圖示 ……………………………………………（37）
  第五節 統計圖與統計表的設計 ……………………………………（47）

第三章 描述分析的基本指標 ………………………………………（52）
  第一節 總量指標 ……………………………………………………（52）
  第二節 相對指標 ……………………………………………………（55）
  第三節 平均指標 ……………………………………………………（61）
  第四節 離中趨勢的測定 ……………………………………………（76）
  第五節 變量分佈的偏度和峰度 ……………………………………（84）

第四章 概率和抽樣分佈 ……………………………………………（88）
  第一節 事件及其概率 ………………………………………………（88）
  第二節 隨機變量的概率分佈 ………………………………………（90）
  第三節 大數定律與中心極限定理 …………………………………（98）
  第四節 抽樣分佈 ……………………………………………………（100）

第五章　參數估計 ……………………………………………………（105）
　　第一節　點估計 …………………………………………………（105）
　　第二節　總體均值的區間估計 …………………………………（107）
　　第三節　總體比例的區間估計 …………………………………（115）
　　第四節　總體方差的區間估計 …………………………………（116）
　　第五節　樣本容量的確定 ………………………………………（118）

第六章　假設檢驗 ……………………………………………………（121）
　　第一節　假設檢驗的基本問題 …………………………………（121）
　　第二節　總體均值的檢驗 ………………………………………（124）
　　第三節　總體比例的檢驗 ………………………………………（131）
　　第四節　總體方差的檢驗 ………………………………………（133）

第七章　方差分析 ……………………………………………………（136）
　　第一節　單因素方差分析 ………………………………………（136）
　　第二節　雙因素方差分析 ………………………………………（139）

第八章　相關與迴歸分析 ……………………………………………（146）
　　第一節　相關分析 ………………………………………………（146）
　　第二節　一元線性迴歸分析 ……………………………………（149）
　　第三節　多元線性迴歸分析 ……………………………………（155）
　　第四節　可線性化的非線性迴歸模型 …………………………（158）

第九章　時間數列分析 ………………………………………………（161）
　　第一節　時間數列的意義和種類 ………………………………（161）
　　第二節　時間數列水平分析指標 ………………………………（164）
　　第三節　時間數列速度分析指標 ………………………………（174）
　　第四節　現象發展的趨勢分析 …………………………………（177）

第十章 統計指數 ………………………………………………（198）

 第一節 統計指數的概念與種類 ……………………………（198）

 第二節 綜合指數 ……………………………………………（200）

 第三節 平均指數 ……………………………………………（204）

 第四節 指數體系與因素分析 ………………………………（207）

 第五節 平均指標指數及其因素分析 ………………………（212）

 第六節 幾種常用的經濟指數 ………………………………（217）

附表 ………………………………………………………………（224）

 附表1 標準正態分佈表 ……………………………………（224）

 附表2 卡方分佈表 …………………………………………（225）

 附表3 ι 分佈表 ……………………………………………（228）

 附表4 F 分佈表 ……………………………………………（230）

 附表5 隨機數字表（部分）…………………………………（231）

 附表6 F 分佈表續表（$\partial=0.05$）…………………………（232）

 附表7 F 分佈表續表（$\partial=0.1$）……………………………（234）

 附表8 隨機數字表（部分）…………………………………（235）

第一章 概論

【教學導讀】

類似以下問題在社會生活中經常遇到,有些問題需要由統計來回答,而有些問題則是由統計提出但統計本身不能解答,但都離不開統計。

1. 中國的綜合國力在世界上排第幾位?
2. CPI(消費物價指數)、PPI(生產者物價指數)、PMI(採購經理指數)、GDP(國內生產總值)是什麼?與我有關嗎?
3. 在校大學生中未婚同居的比例有多大?
4. 為什麼說「吸菸有害健康」?
5. 有人說「左撇子」聰明,你信嗎?理由呢?

……

可見,現代人都需要具備一定的統計知識。

本章將告訴我們什麼是統計,統計研究的對象是什麼,統計又是怎樣研究其對象的。學習本章需要明確統計研究的對象及其基本方法,瞭解統計產生及發展的歷史;熟悉統計數據的類型,掌握統計學中的幾個基本概念,特別要理清各概念之間的相互關係。

第一節 統計的含義

一、統計的含義

人們都知道,一個企業需要對其各方面經濟活動產生的數據特別是收入、成本、費用進行記錄,以反應其經營成果;一個國家也需要對人口、資源、教育以及社會經濟活動等各方面的數據進行記錄,以反應經濟社會發展的狀況。這就是人們通常理解的「統計」,統計就是與數字打交道。

「統計」一詞來源已久,其含義也有差異。漢語中「統計」原為合計或匯總計算的意思;英語中的「統計」最早出自拉丁語「Stutus」,指的是各種現象的狀態或狀況,后來「統計」一詞在英語中演變為「Statistics」,即統計學和統計資料。事實上,「統計」除了上述兩層含義外,還包括統計工作。

1. 統計工作

統計工作是指統計人員對社會、經濟以及自然現象的數量進行搜集、整理、分析以及開發利用等一系列工作的總稱。這裡面包含三層意思:一是從事統計工作的主體是統計

人員,包括企業統計人員、事業單位統計人員、政府機構統計人員等;二是統計工作研究的對象是社會、經濟以及自然現象的數量方面,社會經濟生活中,只要是管理、決策需要的數據都可能成為統計工作研究的對象;三是統計工作的主要過程包括統計數據的調查、統計數據的加工匯總、統計數據的分析利用等。

2. 統計資料

統計工作在各個階段取得的成果稱為統計資料,主要表現為各種數據。它包括統計調查階段取得的原始資料、統計加工匯總獲得的綜合資料以及統計分析階段形成的分析數據。數量性是統計資料的基本特徵。

【例1.1】國家統計局2012年2月22日發布:初步核算,2011年國內生產總值471,564億元,比上年增長9.2%。其中,第一產業增加值47,712億元,增長4.5%;第二產業增加值220,592億元,增長10.6%;第三產業增加值203,260億元,增長8.9%。第一產業增加值占國內生產總值的比重為10.1%,第二產業增加值比重為46.8%,第三產業增加值的比重為43.1%。中國2006年到2011年國內生產總值及其增值速度見圖1-1。

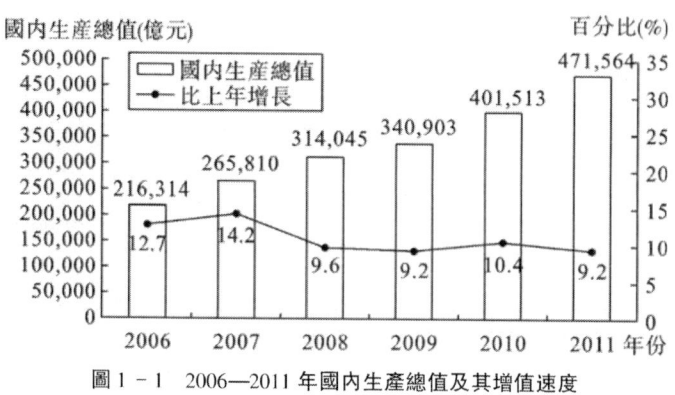

圖1-1　2006—2011年國內生產總值及其增值速度

3. 統計學

統計學是指統計工作的經驗累積到一定程度形成的知識體系,它是系統闡述數據搜集、整理、分析以及解釋等一系列理論、方法的科學,為我們研究數據提供科學的指導。《不列顛百科全書》對統計學的定義為:「統計學是關於搜集和分析數據的科學和藝術。」這裡所指的「藝術」是指統計方法應用的技巧,它在展現統計數據時應該體現出美感和實用。

當前,統計學已經應用到經濟、金融、資源、人口、文化教育、體育、科研、醫藥衛生、心理學等社會生活的諸多領域。

統計工作、統計資料、統計學三者的關係:統計工作是基礎,統計工作與統計資料之間是實踐活動與成果的關係;統計工作與統計學之間是實踐與理論的關係。

二、統計的研究對象及特點

統計工作的研究對象是社會、經濟以及自然現象的數量方面。就是說統計研究的落腳點是客觀事物的各種數量,具體體現在統計調查是搜集具體事物的數量,統計加工整

理是為了獲得調查對象的綜合數量,統計分析需要計算各種分析指標並運用指標去發現問題、分析問題和解決問題。

統計工作的研究對象具有以下四個特點:

1. 數量性

統計主要從以下三個方面研究客觀現象的數量。

(1) 數量多少。用來反應統計的結果,所有的統計活動都必然產生相應的結果。如一個國家或地區的人口數量、糧食產量、國內生產總值(GDP)等。

(2) 現象之間的數量關係。它是指相互關聯的現象之間的數量對比關係或數量依存關係。數量對比關係是在相互聯繫的現象之間進行數量對比的結果,如全部人口中的男女性別比例,GDP與人口總數量之間的比率,淨利潤與投資額之間的比率等。數量依存關係則是某種現象的數量變動引起另一種現象的數量發生相應的變動,比如人均GDP與全國商品零售總額之間的關係,父母身高與子女身高之間的關係等。

(3) 現象質與量之間互變的界限。統計研究現象的數量不是最終目的,而是通過研究現象的數量來反應事物的本質。那麼事物的數量累積到什麼程度才會發生質變,這是統計關注的問題。比如某地區居民貧困線標準,高考成績的一本大學分數線、二本大學分數線等。

2. 總體性

統計研究由大量相同性質的個別事物集合而成的整體,這樣的整體事物叫總體。通過對大量事物的觀察、研究,綜合地反應客觀事物的發展水平、速度、構成和比例關係,研究總體的綜合數量特徵,而不是研究個別事物(現象)的數量。但是對個體事物進行調查是統計研究的起點。

3. 具體性

具體性也叫客觀性。它是指統計活動所研究的各種客觀現象在特定條件下的具體數量,是客觀存在的,不是抽象和虛擬的,更不能編造。比如中國的總人口、國土面積以及GDP都是一個個客觀存在的數量,即使對這些數據的統計存在誤差,但不能否認這些數量的客觀存在。因此,統計研究的數量有別於純數學研究的抽象數量。

4. 變異性

變異性是指統計在研究總體事物的過程中,組成總體的個別單位事物之間是存在差異的,統計正是通過研究這種有差異的個別事物來反應總體的綜合特徵。總體內部事物之間的差異是必然的,也是客觀的。正是這種變異性構成了統計研究的前提條件。

三、統計學研究的基本方法

基本的統計研究方法主要有大量觀察法、實驗設計法、描述統計方法和推斷統計方法四種。

1. 大量觀察法

大量觀察法是指對所研究事物的全部或足夠多的單位進行觀察的方法,是統計研究最基本的方法。運用大量觀察法,是由研究對象的大量性和複雜性所決定的。大量的、複雜的客觀事物是在諸多因素的影響和作用下形成的,各單位的特徵及其數量表現有很大

的差別,不能任意選取個別或少數單位進行觀察。只有在對所研究對象進行定性分析的基礎上,確定調查對象的明確範圍,觀察全部或足夠多數的調查單位,使得影響個體的偶然因素相互抵消,才能顯示出現象的一般特徵,最終認識客觀事物的本質及其規律。

普查、抽樣調查、統計報表調查、重點調查、典型調查等調查形式都採用大量觀察法。

2. 實驗設計法

實驗設計法是指設計合理的實驗程序,通過控制實驗條件,以搜集某種專門的數據,比如汽車碰撞實驗、新藥臨床對比實驗等。通過實驗搜集到客觀、真實的數據,以此說明某種客觀事物或研究方法是否符合預定的研究目的和要求。大量科學研究的數據來自實驗設計。

3. 描述統計方法

描述統計方法是指對研究對象的基本狀況、特徵、數量關係、演變趨勢及其規律性進行研究的一種方法。它主要包括統計分組法、綜合指標法和統計模型法。

(1)統計分組法:按照某一標準將總體性事物劃分為性質不同的幾個部分(類型)。通過統計分組,便於對統計資料進行匯總,獲取基本的綜合數據。同時,也可以在統計分組的基礎上,研究現象的內部結構以及數量之間的相互關係,為統計分析奠定基礎。

(2)綜合指標法:對大量觀察所搜集到的數據進行匯總,獲得反應總體數量特徵的基本指標,並在此基礎上計算其他各種分析指標,以顯示現象在特定時間、地點、條件綜合作用下所表現出的結果。利用這些綜合指標,可以研究事物的狀況、特徵以及事物之間的數量關係,以幫助人們在實際工作中發現問題,找尋解決問題的辦法。

(3)統計模型法:根據客觀事物的內在聯繫,利用觀察到的統計數據,判斷其分佈特徵、趨勢或者是數量之間的相互關係形態,建立相應的數學模型,以研究事物的發展趨勢或者事物之間的數量關係。「建模」已成為統計研究複雜客觀事物數量關係的一種重要方法。

4. 推斷統計方法

推斷統計方法是指在一定置信度(把握程度)下,根據樣本資料的特徵對總體信息做出估計和預判的方法。推斷統計是現代統計學的重要方法之一。

(1)參數估計法:當總體參數未知時,利用樣本數據計算樣本統計量,並以此為依據對總體參數可能的取值或取值區間做出估計的一種方法。比如電視節目的收視率、居民家庭收支數據等都是參數估計的結果。

(2)假設檢驗法:在對總體情況不瞭解的情況下,可以事先對總體做出某種假設,然后根據樣本實際觀察的資料對所做假設進行檢驗,來判斷這種假設的真偽,以決定行動的取捨。比如採購商可以利用此法對供應商提供商品的質量進行假設檢驗,以決定是否下單採購。

四、統計學的產生和發展

統計學的產生與統計實踐活動的發展是密不可分的,統計作為一種社會實踐活動,是隨著記數活動而產生和發展起來的。統計發展的歷史可以追溯到遠古的原始社會,在那時,人們按部落居住在一起,打獵、捕魚后就要算算有多少人、多少食物,以便進行分

配，這是統計的雛形。中國夏禹時代就有了人口數據和土地數據的記載，這說明在夏朝就已經有了統計的萌芽。為了賦稅、徭役和兵役的需要，世界各國歷代都有田畝和戶口的記錄，在奴隸社會和封建社會主要是對人口、土地和財產進行統計。進入17世紀後，資本主義在歐洲大陸開始有了較大的發展，統計實踐活動也進入各個領域，人們不斷總結統計工作的經驗，將統計實踐活動上升到理論高度，逐步形成系統的理論和方法，成為一門系統的統計科學。從統計學的產生和發展過程來看，統計學大致可以劃分為古典統計學、近代統計學和現代統計學三個階段。

1. 古典統計學時期

17世紀中葉至18世紀中葉是古典統計學時期，在這一時期，統計學理論初步形成，並出現了兩大主要學術派別——國勢學派和政治算術學派。

（1）國勢學派

13世紀至16世紀中葉，歐洲各國資本主義出現不平衡發展，各國的國情也不一致，歐洲各主要國家都深感有調查國內外情況的必要，從義大利開始，各國相繼進行本國和他國的歷史沿革、地理條件、國家典章制度、財政收入、軍事實力、居民風俗習慣、國家工商業、交通運輸等國情調查。當各國調查資料累積到一定數量時，開始有學者將之匯編成冊，並開始初步研究。德國學者芒斯特（Sebastian Münster，1489—1552年）所編的《世界志》，是第一部反應這些國家財富調查的科學統計著作。隨后，義大利、英國等國也都有學者編著了有關世界各國或本國國情方面的著作。這些著作一方面為當政者或者準備從政者提供必要的國內外知識，另一方面也為國家制定方針政策以及資本家在國內外經商、爭奪海外市場和開拓殖民地提供一定的國內外知識。這些著作主要用簡單的文字記述方法來論述和反應國情方面的知識，缺少必要的比較、因果等分析方法。后人稱之為「國勢論」。

進入17世紀中葉以后，德國學者赫爾曼·康令（Hermann Conring，1606—1681年）把國勢學從法學、史學和地理學等學科中獨立出來，並在大學開設了「國勢學」課程，內容是各國社會秩序、立憲、行政、人口、土地、財政、國家組織與結構等所謂「國家顯著事項」，目的在於「授人以政治經營所需的知識」。在其所著的《國勢學》一書中，康令除了採用前人的記述方法外，還採用了分組法、比較法。儘管康令在該著作中沒有具體採用數據計算和比較，只採用籠統的比較說法，但其研究方式得到當時很多學者的歡迎和后來學者的繼承，並形成了一個獨有的派別——國勢學派，也稱記述學派。施梅茲爾（Martin Schmeitzel，1679—1747年）在耶拿、哈萊兩所大學講授的《政治統計學講義》繼承了康令的學說，且開始使用「Statisticum」（統計的）一詞，但他對國勢學的發展無實質上的貢獻。

國勢學派的主要繼承人和代表人物哥特弗萊德·阿亨瓦爾（Gottfried Achenwall，1719—1772年）在其著作《近代歐洲各國國勢學綱要》一書講述了「一國或多數國家的顯著事項」，主要採用對比分析的方法研究了國家組織、人口、軍隊、領土、居民職業、資源財富和國情國力，比較了各國實力的強弱，為德國的君主政體服務。1749年，阿亨瓦爾在其著作《歐洲最主要各國新國勢學概要》一書中，為自己所研究的這門學科，首創了一個新的德文詞彙——Statistik，即統計學，把他老師施梅茲爾提出的形容詞「Statisticum」（統計的）名詞化為Statistik（統計學）。「統計」一詞最初來源於中世紀拉丁語的Status，表示各

種現象的狀態和狀況，由這一詞根所組成的義大利語 Stato，表示國家或者各國的國家結構及國情等意思。國勢學後來被正式命名為「統計學」。由於國勢學派只是以文字對國情進行記述，只是用比較級和最高級的詞彙對事物的狀態進行描述，偏重事物性質的解釋，不研究事物的計量分析方法，不注重數量計算和數量對比，沒有借用數據資料去探索客觀現象的規律性，從而獲得了「有統計學之名，無統計學之實」的評價。但隨著資本主義市場經濟的不斷發展，對事物量的計算和分析顯得越來越重要，該學派後來發生了分裂，分化為圖表學派和比較學派。

（2）政治算術學派

16 世紀末到 17 世紀中，英國連續幾次遭遇瘟疫，居民生活衛生狀況出現嚴重危機，加之荷蘭、法國又趁機頻頻進攻，英國人開始對國家的現狀和前途產生了擔憂，悲觀情緒不斷加重。為此，為了救國救民，一些愛國人士開始大量搜集數據資料，並用圖表、分組、對比等方法撰寫文章和著作來證明英國能夠戰勝荷蘭和法國並走向富強。約翰·格朗特（John Graunt，1620—1674 年）和威廉·配第（William Petty，1623—1687 年）是其中的傑出代表，也是政治算術學派的主要代表人物。

約翰·格朗特以 1604 年的「死亡公報」為研究資料，1662 年發表了《對死亡表的自然觀察和政治觀察》一書。該書以人口問題為中心，通過對男女性別比例、各種原因的死亡人數占死亡總人數的比例關係等客觀現象的數量方面進行分析，揭示出一系列的統計規律。他提出一個要在多年內形成的規律，需要進行多次觀察，這體現了統計學中的大數法則的觀點。正是因為格朗特在該書中認識到大量觀察法的重要性，很多統計學家將該書譽為「真正統計科學的肇端」。

威廉·配第 1676 年完成了《政治算術》一書。在該書中，他對統計學研究的目的、任務和對象作出了初步的闡述，並認為社會現象和自然現象一樣存在著客觀規律，而「政治算術」則可以作為探索規律和法則的手段。他在該書中利用實際資料，運用數字、重量和尺度等統計方法對當時的英國、荷蘭、法國之間的「國富和力量」進行數量上的計算和比較，做出了前人沒有做過的從數量方面來研究社會經濟現象的工作，從而為統計學的形成和發展奠定了方法論基礎。因此，馬克思稱配第是「政治經濟學之父，在某種程度上也可以說是統計學的創始人」。

由於配第論述問題所涉及的理論和方法都被稱為「政治算術」，而不是「統計學」。而以格朗特和配第為代表的政治算術學派都是以數量分析為特徵，並且研究客觀現象數量關係，就其內容和方法來看應該是統計學的正統起源。因此，政治算術學派的觀點是「有統計之實，無統計之名」。

2. 近代統計學時期

近代統計學大約是從 18 世紀末到 19 世紀末，這一時期的統計學主要有數理統計學派和社會統計學派兩大學派。

（1）數理統計學派

隨著殖民地的開拓、航海運輸業的繁榮，保險業也得到了較快發展。保險業由於帶有賭博性質，具有極大的風險性，保險業的發展也促進了賭博數學和概率論的發展。18 世紀，瑞士的貝努里（Jokob Bernoulli，1645—1705 年）較全面論述了概率原理，並將概率論

建立在數學基礎上創立了貝努里定理。由於概率論的產生和發展，越來越多的人開始運用概率論來研究政治、經濟、法律和道德等社會問題。其中最具有代表性的是法國數學家兼統計學家拉普拉斯（Pierre Simon Laplace, 1749—1827 年）和比利時統計學家凱特勒（Adolphe Quetelet, 1796—1874 年）。

拉普拉斯在《概率論分析》一書中，把古典概率論引入統計學領域，使統計學逐漸形成一門成熟的科學。除此之外，拉普拉斯也發展了概率論，1786 年在《關於巴黎人口出生、婚姻和死亡》的文章中，採用了抽樣法，即以部分資料去推斷全部資料的計算方法，從而促進了統計學方法論的發展。

凱特勒完成了統計學和概率論的結合，他所著的《社會物理學》論述了社會生活中隨機偶然現象也貫徹著必然的規律性，要認識這些規律性必須通過實證的大量觀察法，並且可以用概率計算表明規律的存在形式。他在著作中把自然科學的研究方法引入社會領域，並用概率論、大數法則、誤差法則、正態分佈等數理方法研究社會現象，為統計學開闢了廣闊的道路。凱特勒也把德國的國勢學派，英國的政治算術派和義大利、法國的古典概率派加以統一，改造並融合成具有近代意義的統計學。由於凱特勒正式將概率論引入統計學，使統計學發生了質的飛躍，從古典統計學進入近代統計學。按其貢獻可以認為他是古典統計學的完成者，近代統計學的先驅，也是數理統計學派的奠基人，因此，有人推崇他為「近代統計學之父」。在凱特勒的影響和推動下，歐洲各國統計出現了以下積極變化：各國陸續建立國家統計機構，各國紛紛開展全方位的國情調查，民間統計學術團體開始形成，國際統計合作得以開展。

（2）社會統計學派

自凱特勒后，統計學的發展開始變得豐富而複雜起來。由於運用領域不同，統計學的發展呈現出不同的方向和特色。19 世紀后半葉，社會統計學派在德國異軍突起，該學派由德國大學教授克尼斯（K. G. A. Knies, 1821—1889 年）首創，主要代表人物為德國統計學家恩格爾（C. l E. Engel, 1821—1896 年）和梅爾（G. V. Mayr, 1841—1925 年）。克尼斯在其1850 年出版的著作《作為獨立科學的統計學》中提出了「國家論」與「統計學」科學分工的主張。他認為國家論是用文字記述的國勢學的科學命名，統計學則是用數值研究社會經濟規律的政治算術的科學命名。梅爾在 1877 年出版的《社會生活中的規律性》一書中指出，統計學的研究對象是總體而不是個別現象，這是因為社會現象具有複雜性和整體性，必須對總體進行大量觀察和分析，研究其內在聯繫，才能揭示現象的內在規律。他強調統計學是一門具有特殊研究方法的實質性社會科學，主張將統計方法與統計科學結合起來。恩格爾將統計過程分為統計調查、整理和分析三個階段，並通過對英、法、德和比利時等國工人家庭的調查，撰寫了《比利時工人家庭的生活費》一書，提出著名的恩格爾定律。

19 世紀后半葉到 20 世紀初，社會統計學派在歐洲大陸佔有優勢，並在世界各國傳播，對美、蘇、日、中等國家產生了不同程度的影響。1882 年起，社會統計學派與數理統計學派展開了關於實質性科學和方法論科學的爭論。由於社會經濟發展要求統計學提供更多的統計方法，社會科學本身的細化和量化也要求統計學能提供更有效的調查、整理和分析資料的方法，這使社會統計學派日益重視方法論的研究，再加上受數理統計學派的影響，

社會統計學派的性質逐漸發生了變化,由原來的實質性科學向方法論科學轉變。但是,社會統計學派仍然強調在統計研究中必須以事物的質為前提和認識事物質的重要性,這同數理統計學派的計量不計質的方法論性質是有本質區別的。

3. 現代統計學時期

現代統計學是從20世紀初到現在。19世紀末到20世紀初,進化論和能量守恒定律的出現促進了描述統計的完善,也使描述統計學派發展到巔峰。直到20世紀30年代,費舍爾(R. A. Fisher,1890—1962年)的推斷統計學才促使數理統計進入現代範疇。

(1) 歐美數理統計學

自然科學的迅速發展,促進了數理統計學的發展。20世紀20年代以後,細胞學的發展使統計學邁進了推斷統計的新階段,20世紀50年代,推斷統計的基本框架已經建成,並逐漸成為20世紀的主流統計學。1907年,英國的戈塞特(William Sealy Gosset,1876—1937年)提出了小樣本t統計量理論;英國的費舍爾對小樣本理論進一步發展,給出了F統計量、極大似然估計、實驗設計和方差分析等方法;英國的高爾頓(Francis Galton,1822—1911年)提出了相關與迴歸思想,明確給出相關係數的計算公式;英國的皮爾遜(Karl Pearson,1857—1936年)發展了擬合優度檢驗,還給出了卡方統計量及其極限分佈;波蘭的尼曼(Jerzy Splawa Neyman,1894—1981年)創立了區間估計理論,並和E·皮爾遜發展了假設檢驗理論;美國的瓦爾德(A. Wasld,1902—1950年)等提出了統計決策理論和多元分佈理論;美國的威爾科克森(Frank Wilcoxon)發展了一系列非參數統計方法,開闢了統計學的新領域。數理統計學的快速發展使其從統計學中分離出來自成一派。該學派由於是在英美等國發展起來,故又被稱為歐美數理統計學派。

20世紀50年代以後,計算機的出現是統計學的全面發展階段。由於受計算機和新興科學的影響,統計學越來越依賴計算技術,成為數量分析的方法論科學。這一時期統計學的研究和應用範圍越來越廣,使得在現代統計學史中很難找到權威性的代表人物。當今的統計學家只能限制在有限的專業領域內從事某方面的研究,這是現代統計學的主要特點,如科克倫(W. G. Cochran,1909—1980年)的實驗設計理論、安得森(Th. W. Anderson)的復變數分析等。

(2) 社會經濟統計學

十月革命勝利後,由於受社會統計學派的影響,蘇聯的大多數統計學家都認為統計學是一門實質性的社會科學。他們將統計學定義為在質與量的密切聯繫中研究大量社會現象的數量方面,研究社會發展規律在具體地點及時間條件下的數量表現的具有鮮明階級性的社會科學。這一定義對中國及東歐的社會主義國家都產生了很大影響,並最終形成了以馬克思政治經濟學為理論基礎的社會經濟統計學派。該學派是在反虛無論、反消亡論、反萬能科學論和反數學形式主義中形成的,認為數理統計學是數學,不是統計學,強調統計學的階級性。

20世紀50年代以後,是現代統計學的全面發展階段。由於計算機科學和新興科學的發展,統計學越來越依賴於計算技術,成為數量分析的方法論科學。統計學的研究和應用範圍也越來越廣,這使得現代統計學的發展有幾個明顯趨勢:第一,隨著現代數學的發展,越來越多的數學方法在統計學中得到廣泛應用;第二,統計學不斷向其他學科領域滲

透，使得以統計學為基礎的邊緣學科不斷形成；第三，伴隨著計算機技術在統計學中的應用，大量數理方法得以普及，並成為實證分析的主要工具；第四，統計學的作用和功能已從描述向推斷、預測及決策方向發展。它已從一門實質性的社會性學科，發展成為方法論的綜合性學科。

第二節　　統計數據的類型

統計數據有廣義和狹義兩種理解。狹義的統計數據僅指統計調查階段獲得的各種資料，廣義的統計數據是指統計調查、整理、分析各個工作階段所獲得的所有資料。多數場合下，統計數據都指狹義內涵。此處的分類也是針對狹義的統計數據。按照不同的標準，統計數據主要有三種分類方法。

一、統計數據按計量功能分類

統計數據按計量功能不同分為分類數據、順序數據、間距數據和比率數據四種。

1. 分類數據

分類數據也叫類型數據，用來描述事物的非數字型數據，用文字表現。例如人口的性別有男、女兩類，企業所屬的行業大類有工業、農業、建築、商品流通、交通運輸、金融等類型。分類數據只能用來對事物進行分類，表現事物的類別，不能對事物進行排序，也不能用數字表現。

2. 順序數據

順序數據也叫排序數據，用來描述事物的非數字型數據，用文字表現。例如有些科目的考試成績有優、良、中、及格、不及格五等，大學教師的職稱有教授、副教授、講師、助教四級。這類數據不僅可以用來對事物進行分類，還可以表現事物的高低、等級，但不能用數字表現。

3. 間距數據

間距數據是用來描述事物的數字型數據，用數值表現。該類數據不僅可以描述事物的類型、順序，還可以計算事物之間的差距，但不能計算比率。溫度是典型的間距數據，學號、手機號等表示號牌的數據也是間距數據。

間距數據如果取值「0」，表示「有」的意思。比如溫度在攝氏0度表示有溫度，0號車也有號牌。

4. 比率數據

比率數據用來描述事物的數字型數據，用數值表現。該類數據不僅可以描述事物的類型、順序、計算數據之間的差距，還可以計算數據之間的比率。絕大多數的數值型數據都是比率數據，比如月工資、銷售收入、職工人數等。

這類數據如果取值「0」，表示「沒有」的意思。

二、統計數據按搜集方法分類

統計數據按搜集方法分為觀測數據和實驗數據兩類。

1. 觀測數據

觀測數據是通過統計報表或專門組織的調查而搜集到的數據。它是在沒有對事物進行人為控制的條件下而得到的、對客觀事物進行直觀反應的統計數據。有關經濟與社會統計的數據幾乎都屬於觀測數據。

2. 實驗數據

實驗數據是通過設計專門的實驗方案,並且在實驗過程中人為控制實驗對象而搜集到的數據。比如,對一種新藥療效進行的臨床實驗,對一種新的農作物品種進行的田間實驗等。自然科學領域中的絕大多數數據都來自實驗結果。

三、統計數據按時間狀況分類

統計數據按時間狀況不同分為截面數據和序時數據兩類。

1. 截面數據

截面數據是搜集事物在相同或近似相同時間上的數據,描述事物之間在某一時間下的差異,比如,2011年中國各省、市、自治區的國內生產總值數據。

2. 序時數據

序時數據是搜集同一事物在不同時間上的數據,描述現象隨時間變化的情況,比如,2006—2011年中國國內生產總值數據。

第三節　　統計學中的幾個基本概念

統計學中涉及眾多概念,有幾個概念出現的頻率較高,在這裡加以集中介紹,主要包括統計總體、樣本、標誌、變量、統計指標等。

一、統計總體和樣本

1. 統計總體

統計總體簡稱總體,是指統計研究對象的全體,它是由許多具有同一性質的個別事物組成的整體。比如研究中國的人口情況,由所有中國人組成的整體就是總體;研究國有企業的經濟效益,由所有的國有企業組成的整體就是總體;研究某批次產品的質量情況,則該批次的所有產品就是總體。

構成總體的個別事物叫總體單位。前例中人口總體的總體單位就是每一個人,國有企業總體的總體單位是每一戶國有企業,產品總體的總體單位就是每一件(臺)產品。根據研究目的的不同,總體單位可以是人、物、機構等實物單位,也可以是行為、事件、時間等非實物單位。

一般情況下,總體是依據研究目的來確定的。在某一研究目的下,研究對象範圍內涉

及的所有個體事物就是總體。一旦確定總體，總體單位就很容易判斷了。

根據總體單位數目的多少，可以把總體分為有限總體和無限總體兩類。有限總體是指總體單位數目可數的總體，即總體單位是有限的。絕大多數情況下，統計總體都應該是有限的，比如人口、企業、產品等都是有限的，由它們構成的總體就是有限總體。無限總體是指總體單位數目不可數的總體，即總體單位是無限的。只有在特定情況下，才會形成無限總體，比如假定某企業連續不間斷地生產，其產品數量可能是無限的，構成無限總體。如果我們研究宇宙，宇宙中的星體也可以構成無限總體。

總體和總體單位的概念是相對而言的，隨著研究的目的不同，總體範圍不同，總體和總體單位之間可以相互轉化。同一個研究對象，在某種情況下為總體，但在另一種情況下就可能變成總體單位。比如研究某班學生的學習成績時，全班所有學生為總體，每一個學生為總體單位；而在全校範圍內評選優秀班集體時，所有教學班變成了總體，而每一個班就成了總體單位。

統計總體具有客觀性、同質性、大量性和變異性四個特徵。

（1）客觀性。客觀性是指統計總體和總體單位必須是客觀存在的，並可以實際觀察的。無論以什麼事物作為研究對象，即使這種事物非常複雜，也僅僅是給我們的統計研究工作增加難度，但其總體和總體單位依然是客觀性存在的。

（2）同質性。同質性是指組成統計總體的所有單位必須在某些方面具有完全相同的特徵，同質性是構成總體的前提條件。如工業企業總體，至少可以認為，每一個工業企業都是從事工業生產經營活動的基本單位，在這一點上，每一個工業企業是一致的。再如，研究國有工業企業總體，其每一個單位除都是「從事工業生產經營活動的基本單位」之外，還必須在「經濟性質」上具備「國有企業」這一特徵，它的範圍就比工業企業總體更小。

（3）大量性。大量性是指構成總體的總體單位必須有足夠的數量。大量性沒有一個具體的量化標準，但可以明確統計不會只研究某一個具體事物。根據研究的對象不同，某些總體的總體單位數量可以上萬、甚至上億，而某些總體的總體單位數量可能只有幾十甚至幾個。

（4）變異性。組成統計總體的各單位在某些特徵上必須是相同的，但在其他更多特徵上則必然存在差異，總體單位之間的差異稱為變異。正是因為總體單位之間的差異，才使得統計研究稱為必要，因此，變異是統計研究的前提條件。例如，企業職工總體中的每一個職工，可能在崗位、性別、年齡、工齡、文化程度、技術等級、月工資等方面都存在差異，這種差異構成了統計研究的內容。

2. 樣本

樣本又稱樣本總體、子樣，是指按照隨機原則從總體中抽選的總體單位組成的整體。樣本中的每一個總體單位稱為樣本單位，樣本中的總體單位數量稱為抽樣數目，或叫樣本容量。統計抽樣的目的就是根據樣本的信息去判斷、研究總體的數量特徵。

二、標誌和標誌表現

1. 標誌

標誌是說明總體單位特徵或屬性的名稱。作為總體單位，具有許許多多的特徵或屬

性，例如，以每一個企業職工為總體單位時，職工的性別、年齡、工齡、民族、崗位、文化程度、月工資等都是每個職工所具有的標誌，用來反應每個職工的特徵或屬性。

標誌按其表現形式不同，有品質標誌與數量標誌之分。品質標誌是說明總體單位品質屬性的名稱，這種標誌的表現形式屬於分類數據或順序數據，也就是以文字來表現。如每一個企業職工的性別、民族、崗位、文化程度等。數量標誌是說明總體單位數量特徵的名稱，其表現形式屬於間距數據或比率數據，也就是以數字來表現。如企業職工的年齡、工齡、技術等級、月工資等。極少數標誌會同時具有數量標誌和品質標誌雙重屬性，如「考試成績」標誌，有些科目的考試成績會以93分、75分、60分等數字形式表現出來，表現為數量標誌，而有些科目的考試成績又會以優秀、良好、中等、及格、不及格的文字形式表現出來，表現為品質標誌。品質標誌主要作為統計分組的依據，以便計算出不同組別的總體單位數。數量標誌除了作為分組依據計算總體單位數外，還可以計算總體標誌總量、平均指標以及變異指標等。

標誌按其在所有總體單位上的表現是否一致，可以分為不變標誌和可變標誌兩類。不變標誌是指各總體單位在某一特徵上表現出來的結果完全一致，總體的「同質性」特徵必然形成不變標誌。如對國有工業企業總體來說，各企業所處的「行業」「經濟性質」都是相同的，屬於不變標誌。可變標誌是指各總體單位在某一特徵上表現出來的結果不完全一致，總體的「變異性」特徵必然形成可變標誌。如國有工業企業總體中，各企業生產的產品品種、細分行業、職工人數、資產總額、工業增加值、營業收入、淨利潤額等都不盡相同，這些標誌屬於可變標誌。

2. 標誌表現

標誌表現是指總體各單位在某一特徵上表現出來的結果，也就是統計數據。品質標誌的標誌表現是文字，即分類數據和順序數據，比如性別標誌的標誌表現「男」「女」，大學教師職稱標誌的標誌表現有「教授」「副教授」「講師」「助理講師」。數量標誌的標誌表現是數字，即間距數據和比率數據，比如「年齡」標誌的表現可能是3歲、25歲、78歲、102歲等數字，企業「職工人數」標誌的標誌表現可能是12人、158人、987人、2,799人等數字。

通常把數量標誌的標誌表現叫標誌值。年齡標誌、職工人數標誌在總體單位上表現出來的那些數字既稱為標誌表現，也可以叫作標誌值。

三、變異和變量

1. 變異

變異是指總體單位之間的差異。統計研究對象中的個別事物因為在某些方面具有相同的性質而成為總體，但這些個別事物並不是在所有特徵上都具有相同的屬性，而更多地體現為差異性，這種差異性是一種普遍現象，總體單位之間的差異有的表現在品質屬性上，而更多地表現在數量特徵上。變異是統計研究的前提條件。

2. 變量

可變的數量標誌叫變量，變量同時具有數量標誌和可變標誌兩重屬性。比如職工的月工資是一個數量標誌，並且每個職工的月工資一定存在差異，因而可以稱為變量。

變量按取值不同分為連續型變量和離散型變量。連續型變量是指在一定的區間範圍

內可以連續、不間斷取值的變量,它的最大特徵是既可以取小數值,也可以取整數值。比如身高、月工資、營業收入、淨利潤等都是連續型變量。離散型變量是指在一定的區間範圍內只能間斷取整數值的變量,它的最大特徵是不能取小數值,只能取整數值。比如企業職工人數、圖書館藏書量、機器設備臺(套)數、生豬存欄數等都是離散型變量。

總體單位在某一變量上表現出來的結果叫變量值,變量值必須是標誌表現,也一定是標誌值。比如某企業職工人數 385 人、機器設備 78 臺(套)、淨利潤 755 萬元,這幾個數值就是變量值,同時也是標誌表現、標誌值。

四、統計指標

1. 統計指標的概念

統計指標簡稱指標,是指綜合說明總體現象數量特徵的概念和具體數值,說明總體特徵的概念叫指標名稱,說明總體的數值叫指標數值。統計指標有兩種理解和使用方法。一種是處於設計形態的統計指標,它是說明總體數量特徵的名稱,例如全國總人口、國內生產總值、工資總額、糧食總產量等都屬於這一類統計指標。另一種是處於完成形態的統計指標,它是把指標名稱和具體時間地點條件下的統計數值結合起來的統計指標。例如,某地區 2015 年國內生產總值 2,820 億元,某工業企業 2015 年職工工資總額 3,850 萬元就屬於這一類統計指標。一般在研究統計理論和進行統計設計時所稱的統計指標是設計形態的統計指標;在實際工作中,對統計數據進行加工整理、分析研究時所說的統計指標就是完成形態的統計指標。

完整意義的統計指標應包括五個基本要素:統計指標涉及的時間、空間範圍、指標名稱、指標數值、計量單位。例如,2016 年 1 月 19 日,國家統計局發布 2015 年全年國內生產總值初步核算數 676,708 億元,從指標的所屬時間看,是反應的 2011 年全年的數據,不是某一個季度或一個月,也不是其他年份;從指標的空間範圍看,是反應全國的數據,而不是某一個省、區、直轄市的;指標名稱是國內生產總值,不是社會商品零售總額、財政收入等其他指標;指標數值是 676,708 億,已經數字化的文字包含在指標數值中;計量單位是人民幣元,而不是美元、港幣等。五大要素完整的統計指標,能夠具體表明總體的狀況或特徵。

推斷統計中,說明總體的指標稱為參數,常用的參數主要有總體均值、總體標準差、總體比例等;說明樣本的指標稱為統計量,與參數對應的樣本統計量主要有樣本均值、樣本標準差、樣本比例等。

2. 統計指標的分類

統計指標可按照性質、表現形式以及作用進行分類。

(1) 統計指標按其性質不同分為數量指標和質量指標

數量指標又稱為絕對指標、絕對數、總量指標,是指反應總體現象在一定時間、地點條件下達到的總規模、總水平或者工作總量的統計指標。例如,一個國家的國土面積、國內生產總值、各種主要工農業產品的總產量等,某一地區的人口總數、工業企業總戶數、在職職工總人數等,某個企業的營業收入、職工工資總額、利潤總額等。數量指標所反應的是總體現象的絕對數量,它描述事物的基本狀況、特徵,是認識事物的起點。

质量指标是将两个相互联系的统计指标进行对比的结果,用来说明现象的相对水平或平均水平的统计指标。它反应总体内部结构、发展速度、比例关系以及一般水平等数量关系。例如,在某一地区的人口年龄构成、人口密度、职工平均工资等。质量指标数值的大小与总体范围的大小没有直接关系。例如,一个1,000萬人口城市的第三產業在國內生產總值所占的比重也可能小於某一個50萬人口城市的第三產業在國內生產總值中所占的比重。

(2) 統計指標按其表現形式不同分為總量指標、相對指標和平均指標

總量指標是數量指標的表現形式,它表明總體現象在某一具體時間、地點條件下達到的總規模、總水平或工作總量,例如人口總數、工業企業總數、國內生產總值以及各種工農業產品的總產量等。

相對指標又叫相對數,是將兩個相互聯繫的指標數值進行對比的結果,用來表明現象的結構、速度、程度以及比例關係的統計指標,比如人口增長率、成本計劃完成程度、第三產業在國內生產總值中所占比重、人口密度等。

平均指標又叫平均數,是表明同質總體各單位某一數量標誌在一定時間、地點條件下達到的一般水平的綜合指標,如職工平均工資、糧食平均畝產量等。

相對指標和平均指標是質量指標的兩種表現形式。

關於總量指標、相對指標和平均指標的更多內容將在第三章作更詳細的說明。

(3) 統計指標按其在管理上所起的作用不同分為考核指標與非考核指標。

考核指標是用來評定優劣、考核成績,作為獎懲依據的統計指標。它是從所有統計指標中精選出來的一部分指標。它對各地區、各部門、各單位以及勞動者個人的榮譽、物質利益以及勞動積極性都會產生直接的影響,這類指標的內涵、界限、計算方法等都需要有明確、具體的規定,指標的數量不宜規定過多,不然會產生考核重點不突出等問題。

非考核指標是用來瞭解基本情況和研究具體問題的統計指標,它的內涵、界限、計算方法隨總體現象的特點和研究目的而定。

3. 統計指標與標誌的區別和聯繫

(1) 統計指標與標誌的區別體現在兩個方面:第一,二者說明的對象不同,標誌是說明總體單位特徵的,而統計指標則是說明總體數量特徵的。第二,二者的表現形式不同,標誌既有不能用數值表示的品質標誌,也有能用數值表示的數量標誌,而統計指標必須是用數值表示,沒有不能用數值表示的統計指標。

(2) 統計指標與標誌的聯繫也體現在兩個方面:第一,基本的統計指標數值是通過總體各單位的標誌表現進行匯總而獲得的,如全國工業總產值指標就是從每個工業企業(即總體單位)的工業總產值(即標誌值)匯總得來的,對品質標誌表現「男」「女」分別進行匯總,可以得到男性人口總數量、女性人口總數量兩個指標。第二,統計指標與數量標誌之間可以相互轉化,這是由於總體和總體單位在一定條件下可以相互轉化,在某一條件下說明總體特徵的統計指標,就可能在另外一種條件下轉化為說明總體單位特徵的數量標誌;反之,在某一條件下說明總體單位特徵的數量標誌,也可能在另外一種條件下轉化為說明總體特徵的指標。

第二章 統計數據的搜集、整理和顯示

【教學導讀】

　　本章內容涉及統計工作中統計調查和統計資料整理兩個重要階段,統計調查是統計工作的起點,統計整理是統計工作的中繼。學習本章需要明確在什麼情況下使用何種調查組織形式和調查方法,能夠結合特定的調查主題設計科學、系統的抽樣調查方案,形成調查問卷或調查表;熟悉統計資料整理的內容和步驟,重點掌握對調查數據進行統計分組和編製分佈數列的方法;能夠針對不同類型的數據繪製相應的統計圖形,熟悉統計表格製作的基本規範。

第一節　統計調查

一、統計調查的概念

　　統計調查是指按照預定的要求,採用科學的方法,有組織、有計劃地向客觀實際搜集基礎數據的工作過程。統計調查搜集的數據有原始資料和次級資料兩種類型。

　　原始資料也叫一手資料,是指從各調查單位搜集到的、尚未經過加工整理的、直接反應總體單位特徵的各種資料。它是統計活動所取得的基礎統計資料,是最原始的統計信息,是進行統計整理、統計分析的依據。

　　次級資料也叫二手資料,是指統計調查活動搜集到的、已經被別人加工匯總過後形成的綜合資料。這些資料已經不是反應總體單位特徵的第一手材料,比如來自統計年鑒的數據,政府網站以及一些專業機構網站(數據庫) 的數據等。

　　多數情況下的統計調查,都指原始資料的搜集。統計實務中,二手資料是統計調查資料的重要來源。

　　統計調查的基本任務,就是取得準確、及時、全面、系統的基礎資料,以保證統計研究的質量。如果在統計調查階段搜集的資料出現較大差錯,或者資料零碎不全,那無論其後如何進行嚴格認真的統計整理和分析,都不能獲得客觀事物的正確結果。由此可見,統計調查是整個統計研究的基礎,決定著統計工作的成敗。

二、統計調查的種類

　　統計調查可根據調查對象的範圍、調查時間是否連續、調查組織形式以及調查方法

四個標準進行分類。

1. 統計調查按調查對象的範圍不同分為全面調查和非全面調查

全面調查就是對調查對象的全部總體單位無一例外地進行調查，以反應總體完整、翔實的信息。例如，要瞭解全國人口的數量及其詳細的分佈狀況，就必須對全國的人口進行普查。統計實務中使用的統計報表，多數情況下也屬於全面調查。

非全面調查是對總體中的一部分總體單位進行調查，以研究總體的相關信息或特徵。例如，為了研究出生嬰兒的性別比，在全國抽選一定數量的醫院、保健院，對其出生嬰兒的性別進行調查登記就可以了，並不一定要對全國每一個出生嬰兒進行調查登記。

2. 統計調查按調查時間是否連續分為經常性調查和一次性調查

經常性調查也稱為連續調查，是指對調查單位進行連續、不間斷地調查登記。如工業企業生產的產品、投入的原材料、消耗的能源等，必須在報告期內進行連續登記，為期末匯總相應的總量指標提供依據。可見經常性調查是為了獲取總體現象在一段時期內的總量，適用於對時期數量的調查。

一次性調查是指對調查單位進行間斷性調查登記，以研究總體現象在某一具體時點上的狀況。例如，工業企業設備擁有量、耕地數量、人口數量等，這些指標的數值在短期內急遽變化的可能性不大，不需要連續登記。一次性調查主要適用於時點數據。

3. 統計調查按調查的組織形式不同分為統計報表和專門調查

統計報表是以基層單位的原始記錄為依據，按照國家統一規定的表格形式、統一的指標和內容、統一的報送時間和程序，自上而下逐級布置，自下而上逐級報告社會經濟基本情況資料的一種調查組織形式。其基本功能是搜集經濟、社會各行各業的基本情況資料，為基層單位和各級管理者進行日常管理、制訂計劃、檢查計劃的執行情況提供依據。它是中國長期使用的、經過實踐檢驗、適合中國國情的、行之有效的一種全面調查方式。

專門調查是指為獲取某一特定資料而專門組織的調查。例如，當需要瞭解流水線上電子產品質量的時候，可以隨機抽取一部分產品進行質量檢驗；當需要瞭解本月中國汽車產銷的基本情況的時候，可以對中國主要汽車生產廠家進行重點調查；當需要瞭解中國人口較為準確的數量、結構及其分佈情況的時候，可以開展全國人口普查。可見，專門調查是根據需要而展開的，它可以是全面調查，也可以是非全面調查，它可以是經常性調查，也可以是一次性調查，使用起來較為靈活方便。專門調查主要有普查、抽樣調查、重點調查和典型調查四種形式。

（1）普查。普查是專門組織的一次性全面調查，用來搜集現象在某一時點上較為詳細的調查資料。普查的基本任務是搜集重大國情、國力和資源狀況的全面資料，為政府制定長遠規劃、重大方針政策提供依據。

（2）抽樣調查。抽樣調查是指按照隨機原則，從總體中抽選部分單位進行調查，並用觀察的結果研究總體數量特徵的一種非全面調查形式。抽樣調查的研究方向有兩個方面：一是利用樣本統計量推斷總體數量特徵，稱為參數估計；二是利用樣本統計量對事先假設的總體參數進行檢驗，稱為假設檢驗。

（3）重點調查。重點調查是指按照預定的目的，在對總體進行初步研究的基礎上有意識地選擇重點單位進行調查，以研究現象的基本情況。重點單位指在總體中具有舉足輕

重地位的總體單位,其變量值在總體標誌總量中佔有絕對比重。通過重點調查可以及時瞭解總體的大概情況,為主管部門指導工作服務。

(4) 典型調查。典型調查是在對總體進行初步研究的基礎上,有意識地選擇部分有代表性的單位進行調查,以研究現象的普遍趨勢或本質特徵。通過典型調查可以為研究某種特殊的社會經濟問題搜集詳細的第一手資料,借以認識事物的本質特徵、因果關係、變化趨勢,為理論和政策性問題研究提供依據。

4. 統計調查按搜集資料的方法不同分為直接觀察法、報告法、訪問法、問卷法和實驗法五種。

(1) 直接觀察法:由調查人員到特定的現場對調查對象直接進行觀察和計量,以取得原始資料的一種調查方法。如交警對交通事故進行的現場勘查、統計調查人員對農作物的產量進行實割實測等。其優點是取得的資料準確性較高,缺點是需要耗費較多的人力、物力和財力。

(2) 報告法:由報告單位根據原始記錄和核算資料,按照統計調查機構統一規定的表格形式、報送程序、報送內容提供統計資料的方法。中國的各級政府機構和管理部門都使用統計報表來搜集資料,就是運用的報告法。其優點是:從調查者的角度來說,比較省時省力;從被調查者的角度來說,可以促使其建立健全原始記錄制度,加強基層統計工作。缺點是在經濟利益多元化的條件下容易發生虛報、漏報、瞞報現象。

(3) 訪問法:調查人員事先準備好調查提綱,然后通過集會、個別訪問或者電話等方式向被調查者提出問題,並通過被訪問者的回答來搜集所需要的資料。例如人口普查中,可以是對每一個人逐項訪問登記,也可以對一個家庭、一個集體戶進行訪問登記。其優點是取得的資料比較準確,並且還可以瞭解到一些生動具體的情況,缺點是耗費的人力和時間比較多,電話訪問的成功率不是很高。

(4) 問卷法:以答卷形式提問、由被調查者自願回答的方式來搜集資料的一種調查方法。這種方法多用於對主觀項目的調查,習慣上叫作「民意測驗」。如果運用得好,對瞭解民意有重要作用。但問卷必須精心設計,問題的設計要簡明扼要,填寫答案不能耽誤被調查者太多時間,或者設計標準答案以便匯總整理。同時調查程序必須嚴密,能夠保證為被調查者保密(一般採取不記名形式),否則會影響問卷的回收率和答案的質量。由於互聯網的普及和廣泛使用,網上問卷成為一種高效、時尚的調查手段,被廣泛應用。

(5) 實驗法:設計專門的實驗方案,控制實驗對象和實驗條件,通過專門的實驗程序來獲取某種資料的方法。自然科學領域中的大量數據來自實驗。

三、抽樣調查

由於抽樣調查具有成本低、效率高,並具有較高的準確性,因而社會經濟調查中被大量採用。這裡多介紹一些有關抽樣調查的內容。

1. 抽樣調查的特徵

(1) 按隨機原則抽選調查單位。重點調查、典型調查與抽樣調查都屬於非全面調查,但三者在選取調查單位上有顯著區別。重點調查是根據調查者的主觀判斷選取重點單位進行調查,典型調查是根據調查者的主觀判斷選取有代表性的單位進行調查,而抽樣調

查是根據隨機原則抽選調查單位,要保證每個總體單位被抽中的概率相等。

(2) 以樣本數據研究總體數據。抽樣調查的目的不是得出樣本統計量,而是要利用樣本數據推斷總體參數或者利用樣本統計量對總體參數進行假設檢驗,其最終目的都是獲取總體的有關信息。

(3) 抽樣調查會產生誤差,但誤差可以計算並控制。抽樣調查中,由於樣本結構可能與總體結構不一致而產生抽樣誤差,抽樣誤差是抽樣調查中不可避免的代表性誤差。產生抽樣誤差並不可怕,因為抽樣誤差不僅可以計算,而且可以控制。將抽樣誤差控制在能夠接受的範圍內,就能保證抽樣調查的質量,也正是如此,抽樣調查才被廣泛地運用於社會經濟生活的各個方面。

2. 抽樣調查的適用範圍

(1) 需要獲得全面資料,但又不可能進行全面調查的場合。例如產品質量的檢驗、特別是產品壽命的檢驗往往帶有破壞性,因而對企業的產品質量檢驗大多採用抽樣調查。

(2) 需要獲得全面資料,沒必要進行全面調查的場合。例如居民家庭收支調查、糧食產量調查等,理論上是可以做到全面調查,但由於全面調查需要消耗的人力、財力以及時間太多,使得調查成本過高,不劃算,對這類事物的調查也主要採用抽樣調查。

(3) 需要獲得全面資料,而時間緊迫。某些現象的數據需要在盡可能短的時間內出結果,例如國家領導人的民意支持率、電視節目的收視率等,只能採用抽樣調查。

(4) 對全面調查的結果進行修正。全面調查,特別是普查,由於調查範圍廣,且調查內容較多,難免在調查過程中出現調查單位的重複、遺漏以及數據差錯等問題。例如人口普查中就可能出現某些人被重複登記,而某些人又被遺漏掉,還有某些人的信息出現登記錯誤等,為了檢查和糾正這些問題,就需要在正式普查完成後,需要隨機抽選某些地區再進行一次人口登記,將人口抽查的結果與前次普查的結果進行對照,就可以發現並糾正普查數據。

3. 抽樣調查中的有關概念

(1) 總體和樣本

這裡的總體又叫全及總體,它是抽樣調查所要研究對象的全體,是由許多具有同一性質的個別事物組成的整體。其總體單位數一般用 N 表示。總體具有確定性和唯一性。

樣本又叫樣本總體,是指按照隨機原則從總體中抽出的總體單位所組成的整體。

樣本中的總體單位又叫樣本單位,樣本單位的數目一般用 n 表示。n 大於 30 的樣本稱為大樣本。樣本具有不確定性、隨機性。

(2) 總體參數和樣本統計量

總體參數簡稱參數,是指說明總體數量特徵的各種指標。

常用的總體參數一般有:總體均值(μ)、總體標準差(σ)、總體方差(σ^2)、總體比率(π)。總體參數是確定的、唯一的。

某些事物可以分為具有某種特徵和不具有某種特徵兩類,例如產品可以分為合格與不合格,政治面貌有黨員與非黨員之分,婚姻狀況有已婚和未婚兩類。總體比例就是總體中具有某種特徵的總體單位數(N_1)占總體單位總數(N)的比重,即:

$$\pi = \frac{N_1}{N} \times 100\% \qquad (2.1)$$

樣本統計量簡稱統計量,是指說明樣本數量特徵的各種指標。

常用的樣本統計量一般有:樣本均值($\bar{X}$)、樣本標準差(S)、樣本方差(S^2)、樣本比例(P)。樣本統計量是隨機的、不確定的。各樣本統計量的計算方法可以參照總體參數相關指標的計算。

(3) 重複抽樣和不重複抽樣

抽樣調查的方法有重複抽樣和不重複抽樣兩種。

重複抽樣是指每一次抽中的總體單位進行登記後又放回總體中進行下一次抽樣,直到抽夠預先確定的樣本單位數。這種方法下每個總體單位都有多次被抽中的機會。

不重複抽樣是指每一次抽中的總體單位不再放回總體,而從剩下的總體單位中抽選下一個樣本單位,這種方法下每個總體單位只有一次被抽中的機會。

【例2.1】從 A、B、C、D 四個單位中抽選兩個單位進行調查,按照重複抽樣和不重複抽樣,並在考慮順序和不考慮順序情況下,可能的樣本見表 2-1。

表 2-1　　從 A、B、C、D 四個單位中抽選兩個單位的可能樣本

抽樣方法	考慮順序		不考慮順序	
	可能樣本	樣本數目	可能樣本	樣本數目
重複抽樣	AA、AB、AC、AD BA、BB、BC、BD CA、CB、CC、CD DA、DB、DC、DD	$16(N^n)$	AA、AB、AC、AD BB、BC、BD CC、CD DD	10
不重複抽樣	AB、AC、AD BA、BC、BD CA、CB、CD DA、DB、DC	$12(A_4^2)$	AB、AC、AD BC、BD CD	$6(C_4^2)$

(4) 樣本容量和樣本數目

這是抽樣調查中極易混淆的兩個概念。

樣本容量也叫抽樣數目、樣本單位數,是指樣本中包含的總體單位數,或者說從總體中抽選的總體單位數,一般用 n 表示。

樣本數目是指從總體抽選樣本的過程中,能夠產生多少個可能的樣本。樣本數目通常是一個排列或組合數。

4. 抽樣組織形式

抽樣組織形式是指從總體中隨機抽取總體單位組成樣本的組織類型。注意不要與抽樣方法混淆。

(1) 簡單隨機抽樣

簡單隨機抽樣是指直接從總體中隨機抽取總體單位組成樣本的一種組織形式。直接抽取、抽簽以及利用隨機數字表進行抽樣都屬於這種組織形式。由於簡單隨機抽樣完全按照隨機原則抽取樣本單位,因而也被稱為純隨機抽樣。

（2）等距抽樣

等距抽樣是指將總體單位按照一定的標準排序后，在相等的間隔上抽取總體單位組成樣本的一種組織形式。

$$抽樣間隔 K = \frac{總體單位總數目 N}{抽樣數目 n} \quad (2.2)$$

常見的等距抽樣方式有以下三種：隨機起點等距抽樣；半距起點等距抽樣；對稱起點等距抽樣。由於等距抽樣每一次都是在間隔相等的位置上抽取樣本單位，因而也被稱為機械抽樣。

（3）類型抽樣

類型抽樣又叫分層抽樣，是指選擇一個或幾個標誌將總體劃分為若幹組，再按照隨機原則從每組中抽取樣本單位組成樣本的一種抽樣組織形式。

如果按照相關標誌進行分組，類型抽樣獲得的樣本對總體的代表性是最高的，因而其抽樣誤差也是最小的。

（4）整群抽樣

整群抽樣又稱為集團抽樣，是指隨機從總體中抽取若幹群體，並對抽中群體的所有總體單位進行全面調查的一種組織形式。例如從某校隨機抽取若幹個教學班，並對抽中班的所有學生進行調查。

四、統計調查方案

由於客觀事物的複雜性，對客觀事物進行統計調查的過程也是複雜的，特別是對於大規模調查，更是如此。因此，為保證統計調查能夠取得準確、及時、全面、系統的原始資料，保證統計調查活動有組織、有計劃地進行，必須設計一套嚴密、系統的統計調查方案。統計調查方案就是為獲得預期統計調查資料而制訂的一整套統計調查工作計劃，主要包括以下五個方面的內容：

1. 明確統計調查目的和任務

對客觀事物進行調查，首先應明確統計調查的目的，即明確進行這樣一項調查是為了解決什麼問題。通常情況下，社會經濟統計調查的目的是為管理和決策服務，為管理者的重大決策提供依據。在設計統計調查目的時，應盡量簡明扼要，突出要點。

統計調查的任務是指為達成統計調查目的，需要獲取那些方面的資料，這些資料主要以指標名稱的方式表現出來。確定統計調查任務時，必須區分主次，突出主要指標，特別是核心指標。

2. 確定統計調查對象、調查單位和報告單位

所謂統計調查對象，就是統計調查所要研究事物的全體，即總體。它是根據調查目的和調查任務確定的需要調查研究的某種客觀事物的全體。確定調查對象的目的，就是為統計調查設定一個範圍，只有包含在調查對象範圍內的事物，才是統計調查要關注和研究的事物，不屬於調查對象範圍內的事物，就應該排除在外。因此，對調查對象的描述應準確、具體。比如2000年中國第五次人口普查的對象是具有中華人民共和國國籍、在中華人民共和國境內常住的自然人，2010年第六次人口普查對象為在中華人民共和國境內的

自然人以及在中華人民共和國境外但未定居的中國公民,不包括在中華人民共和國境內短期停留的境外人員。由此可以看出,同樣是人口普查,第六次人口普查的範圍就比第五次人口普查的範圍大。

調查單位是指被調查的總體單位。調查對象中包含了所有總體單位,只有在全面調查的情況下,才會調查到每一個總體單位,此時的每一個總體單位都是調查單位;而在非全面調查的情況下,只會調查一部分總體單位,其餘總體單位則不會被調查,此時只有一部分總體單位成為調查單位。調查單位是統計調查資料的承擔者,即統計調查中需要登記的各項數據均來自調查單位。明確調查單位的目的就是要弄清楚應該調查誰。比如工業企業設備普查的調查單位是所有工業企業中的每一臺(套)設備,產品質量檢驗中的調查單位是抽樣選中的每一件產品;中國第五次人口普查的調查單位是每一個具有中華人民共和國國籍、在中華人民共和國境內常住的自然人,第六次人口普查的調查單位是在中華人民共和國境內常住的每一個自然人以及在中華人民共和國境外但未定居的每一個中國公民。

報告單位是指負責調查登記、向調查機構提供調查資料的單位,也就是調查資料的提供者。明確報告單位就是讓調查機構明白應該向誰索取調查資料。比如工業企業設備普查中的報告單位是擁有工業生產設備的每一個工業企業,人口普查中的報告單位則是人口普查登記單位「戶」,包括家庭戶和集體戶。統計調查中的調查單位和報告單位有時是一致的,有時又不一致。

3. 確定調查項目,擬定調查表

調查項目是指統計調查所要搜集資料的名稱,也就是標誌,包括品質標誌和數量標誌。在設計調查項目時,調查項目的含義要明確,對於用一個定義無法表達清楚的調查項目,要採用列舉的辦法逐一列舉。例如,企業職工的學歷,如果用一個定義就無法表達清楚,我們可以逐一列舉:文盲或半文盲、小學、初中、中專(高中)、大學專科、大學本科、碩士研究生、博士研究生等。

在設計調查項目時,是選擇品質標誌還是數量標誌,選擇多少標誌,要根據調查目的和研究對象本身的特點來確定。要注意以下幾點:① 擬定的項目應當是滿足調查目的所必需的,可有可無的項目或備而不用的項目不應列入。② 擬定調查項目應本著需要與可能相結合的原則,只需要列出能得到確切答案的項目,對項目的提法要明確、具體,不能模棱兩可。③ 確定的項目之間應盡可能保持互相聯繫,以便於核對答案的準確性。④ 調查項目中問題的提法應盡可能是被調查者能回答的問題。例如,「荒山面積」這一項目,沒有精密的測量儀器是無法給予準確回答的,如果把它列入農村基本情況調查表內,發給農民是得不到準確調查結果的。⑤ 調查項目中所提的問題應該是被調查者願意回答的問題,應盡量避免被調查者的抵觸情緒,否則即使被調查者回答了,也會得出不盡翔實的答案。⑥ 調查項目中問題的提法應盡量不帶傾向性和誘導性。⑦ 調查項目要有明確的表現形式,包括文字式、數字式、是否式等,注意本次調查項目與過去同類調查項目之間的銜接,以便進行動態對比分析。

調查表是將所有調查項目按照一定的結構和順序排列而成的表格,它是調查項目的具體化。作為搜集原始資料的基本工具,調查表的設計應科學,項目不宜過多,排列要注

依邏輯順序。調查表示例見表2-2。

表2-2　　　　　　　　　高等學校學生及家庭情況調查表

學校：_____（二級）學院(系)：_____ 專業：_____ 年級：_____

<table>
<tr><td rowspan="4">學生本人基本情況</td><td>姓名</td><td></td><td>性別</td><td></td><td colspan="2">出生年月</td><td></td><td>籍貫</td><td></td></tr>
<tr><td>身分證號碼</td><td></td><td colspan="2">政治面貌</td><td></td><td>入學前戶口</td><td></td><td colspan="2">□城鎮 □農村</td></tr>
<tr><td>家庭人口數</td><td></td><td colspan="2">畢業學校</td><td></td><td>個人特長</td><td></td><td colspan="2"></td></tr>
<tr><td>孤殘</td><td>□是 □否</td><td>單親</td><td colspan="2">□是 □否</td><td>烈士子女</td><td></td><td colspan="2">□是 □否</td></tr>
</table>

<table>
<tr><td rowspan="2">家庭通訊訊息</td><td colspan="3">詳細通訊地址</td></tr>
<tr><td>郵遞區號</td><td>聯繫電話</td><td>（區號）-</td></tr>
</table>

<table>
<tr><td rowspan="6">家庭成員情況</td><td>姓名</td><td>年齡</td><td>與學生關係</td><td>工作(學習)單位</td><td>職業</td><td>年收入（元）</td><td>健康狀況</td></tr>
<tr><td></td><td></td><td></td><td></td><td></td><td></td><td></td></tr>
<tr><td></td><td></td><td></td><td></td><td></td><td></td><td></td></tr>
<tr><td></td><td></td><td></td><td></td><td></td><td></td><td></td></tr>
<tr><td></td><td></td><td></td><td></td><td></td><td></td><td></td></tr>
<tr><td></td><td></td><td></td><td></td><td></td><td></td><td></td></tr>
</table>

影響家庭經濟狀況有關訊息

家庭人均年收入：_____（元）。學生本學年已獲資助情況：_____
_____。
家庭遭受自然災害情況：_____ 家庭遭受突發意外事件：_____
家庭成員因殘疾、年邁而勞動能力弱情況：_____
家庭成員失業情況：_____ 家庭欠債情況：_____
其他情況：_____

<table>
<tr><td rowspan="2">簽章</td><td>學生本人</td><td>學生家長或監護人</td><td>學生家庭所在地鄉鎮或街道民政部門</td><td>經辦人簽字：
單位名稱：
（加蓋公章）
　　年　月　日</td></tr>
<tr><td></td><td></td><td></td><td></td></tr>
</table>

<table>
<tr><td rowspan="2">民政部門訊息</td><td colspan="3">詳細通訊地址</td></tr>
<tr><td>郵遞區號</td><td>聯繫電話</td><td>（區號）-</td></tr>
</table>

註：此表可複印使用。請如實填寫，並到家庭所在地鄉鎮或街道民政部門蓋章后，交到學校。

調查表擬定以後，為了保證調查資料的科學性和統一性，需要編寫填表說明和項目解釋，其內容包括每個項目的含義、計算範圍和計算方法、分類目錄及應注意的事項等。

調查表的形式有單一表和一覽表兩種。單一表是指每份調查表只登記一個調查單位的資料。它的優點是可以容納較多的調查項目，而且便於分類和匯總整理，基層統計報表一般採用單一表的形式，表 2 - 2 就是單一表。一覽表是指在一張表上登記多個調查單位的資料，但是調查內容不能過多。比如某班期末考試成績登記表就屬於一覽表。

4. 確定調查時間和調查工作期限

調查時間是指調查資料的所屬時間，即調查資料所反應的現象客觀存在的時間。這裡有兩種情況：① 資料屬於時期數據，調查資料應該反應客觀事物發生過程的起訖時間，調查時間是一段期間。如 GDP、產品產量、利潤總額等，都要明確規定調查時間的長短，如一天、一月、一季、一年等，或者明確規定調查時間從何年何月何日起至何年何月何日止。② 資料屬於時點數據，即調查資料所反應的是客觀事物在某一時點上的狀況。如職工人數、產品庫存數、銀行存款餘額等，需要明確規定統一的標準時點，如某年 12 月 31 日 24 時，或另一年的 1 月 1 日零時。中國第五次、第六次人口普查統一規定的普查標準時點為普查年度 11 月 1 日零時。調查時間需要根據調查目的、調查對象和調查內容等情況，審慎研究確定。

調查工作的期限簡稱調查期限，是指調查登記工作的起訖及持續時間，包括觀察、登記資料和報送調查結果的整個工作過程所需要的時間。比如中國第五次、第六次人口普查統一規定的普查期限為當年 11 月 1 日至 11 月 10 日。一般說來，任何一項調查都應在保證準確性的前提下，盡可能縮短調查工作期限，以保證統計資料的及時性。

5. 制訂調查工作的組織實施計劃

為保證統計調查工作順利進行，還必須制訂統計調查的組織實施計劃。這主要包括：

（1）調查機構的設置和人員的配備。在調查組織實施計劃中要明確由什麼機構負責和組織領導調查工作以及對調查人員的管理工作。特別是大規模的調查，往往需要動員較多單位和人員參與，組織工作顯得尤為重要。

（2）經費預算和落實。每一項統計調查活動都需要一定的資金支持，統計調查方案需要制定每一個階段、每一個環節乃至整個統計工作的資金預算，並確保預算資金能夠落實到位，以支撐統計工作的各個步驟能夠順利進行。當然，資金預算應遵循節約原則。

（3）調查前的準備工作。它包括調查的宣傳工作、人員培訓、文件印製以及試點調查等。

（4）其他方面的組織工作。它包括統計調查方法的運用、確定調查地點、調查資料的報送辦法、公布調查成果的時間等。

第二節　統計數據的整理

統計調查階段搜集得到大量的原始資料，只能反應總體單位的特徵或屬性，這些資料是分散、不系統的，不能反應總體的綜合數量特徵。統計研究客觀事物的目的不在於認

識個體事物的狀況，而是以個體事物的研究為起點，通過個體來認識總體。因此，需要將調查階段獲得的數據進一步整理成為系統化、條理化的，能夠綜合反應客觀事物總體數量特徵的統計指標。

一、統計整理的概念及作用

1. 統計整理的概念

統計整理是指按照預定的要求，對統計調查階段取得的數據進行加工、匯總，將零星、分散的反應總體單位特徵的數據轉化為系統、綜合的反應總體特徵的綜合指標。絕大多數情況下的統計整理是指對原始資料的整理，有時候也可能是對二手資料的整理。

2. 統計整理的作用

統計整理是統計工作的第二個主要工作階段，是從統計調查到統計分析的中間環節，是統計調查工作的繼續，又是統計分析的前提，起著承上啓下的作用。統計調查所取得的原始資料，只有經過統計整理之后，才可能得出對總體數量特徵的認識。統計活動既是一種從個體的具體反應到總體的綜合反應的認識過程，同時也是從對現象的感性認識上升到對現象的規律性認識的過程。統計調查雖然已經收集到大量的原始資料，但從這些反應個體的零散的資料只能得出不全面的感性認識，只有通過統計整理，才能提供全面系統的資料，使我們對現象的感性認識深化到理性認識。所以，統計整理是統計認識過程中的一個重要階段，是統計分析的基礎。

二、統計整理的內容和步驟

統計整理是一項細緻而周密的工作，必須有組織、有計劃地進行，以保證統計數據的質量。統計整理的一般內容和具體步驟如下：

1. 設計統計整理方案

統計整理方案包括兩個方面的內容：一是要確定通過統計整理，需要獲得哪些指標，以及為獲得這些指標需要按什麼標誌進行分組，還要確定用什麼樣的圖表來展示統計整理的結果。二是制訂出具體可行的工作計劃，包括統計人員的配備、培訓、分工，統計整理工作進度安排以及技術設備保障等，以確保每個工作環節能夠正常開展，各環節之間相互銜接、井然有序。

2. 對原始資料進行審核

在統計調查過程中，往往會因種種原因出現一些誤差。要保證統計工作的質量，必須在統計整理之前對調查數據進行審核。審核的內容主要是資料的完整性和準確性。

完整性審核主要是審核事先確定的調查單位是否有遺漏，調查數據填寫是否齊全，各種調查表格是否按規定履行手續等。準確性審核主要審核調查數據是否真實、準確，數據之間的邏輯關係是否吻合，各種數量的計算範圍、計算方法、計算單位等是否符合規定等。使用電子計算機匯總時，因有些項目需要編碼，對代碼的審核也很重要。對於查出來的問題，應按規定的辦法進行處理和更正。

3. 統計分組

統計分組就是選擇一個或幾個標誌將研究的總體劃分為幾個性質不同的組成部分

或類型，統計分組是統計數據匯總的前提條件，選擇不同的分組標誌，可以得到不同的統計指標，可見統計分組是統計整理的關鍵環節。統計分組法不僅運用於統計整理階段，還運用於統計分析環節。

4. 統計匯總

在統計分組的基礎上，可以分別匯總每一組和總體的單位總數量以及標誌值的總數量，在計算機廣泛普及的今天，統計數據的匯總是一件相對簡單的工作。

5. 製作統計圖表

經過統計匯總獲得的統計指標，就是統計整理的成果。這些指標可以根據其自身的特點不同，用相應的統計表或者統計圖展示出來，統計圖表是表現統計信息和傳遞統計信息的重要工具。

6. 發布統計數據，累積統計資料

經過統計整理獲得的各種數據，一方面，應該按照規定的程序提供給相關使用者，包括基層單位的管理者、政府主管部門以及政府統計機構等；另一方面，還應該將這些數據整理成冊，分類歸檔管理，為將來調用這些數據提供方便。作為一些有特色的統計數據，在不違反保密原則的前提下，還可以建立專門的數據庫，作為商品有償提供給某些數據的研究、使用人員。

三、統計分組

1. 統計分組的概念

統計分組是指按照統計研究的目的，選擇若幹標誌，將總體劃分為性質不同而又相互聯繫的若幹組成部分或類型。比如選擇「職稱」標誌可以將大學教師分為教授、副教授、講師、助理講師四種類型，選擇「考試成績」標誌可以將學生劃分為60分以下、60～70分、70～80分、80～90分、90分以上一共五個組。

統計分組同時具有「分」與「合」兩層含義。一方面在某一分組標誌下，將性質相同或相近的總體單位合在一起，構成同一個組或類型，這是「合」。比如大學教師按職稱分組的時候，就是把職稱相同的大學教師合為一個組，對學生按考試成績分組的時候，也是將成績相同或相近的學生合為一個組。另一方面又在同一分組標誌下，將性質不同或有明顯差異的總體單位分開，劃分為不同的組或類型，這就是「分」。比如大學教師按職稱分組的時候，就是把職稱不同的大學教師分在不同的組，對學生按考試成績分組的時候，也是將成績有明顯差異的學生分在不同的組。統計分組以後，每一組內的總體單位具有同質性，各組之間的總體單位具有差異性。

2. 統計分組的作用

統計分組的作用主要表現在以下三個方面：

（1）劃分總體現象的類型。不論選擇數量標誌分組，還是選擇品質標誌分組，只要把總體分為幾個組，就相當於把總體分為幾種類型。比如前例中，將大學教師按職稱分為四個組，就是說從職稱這個角度看，大學教師就只有四種類型；將學生按考試成績分為五個組，相當於把學生分為不及格、及格、中等、良好、優秀五種類型。多數情況下，選擇數量標誌對總體進行分組，只能近似地把總體分為性質不同的幾種類型。

(2) 研究總體現象的內部結構。反應總體內部構成的統計分組,稱為結構分組。它是將總體單位按照某一標誌或某幾個標誌分組以後,分別匯總各組的總體單位數目,並計算各組單位數占總體單位總數的比重,以反應客觀現象內部的構成及其特徵。比如國民經濟按三次產業分組以研究國內生產總值中各產業的比重及其變化。

(3) 揭示現象之間的相互依存關係。分析客觀現象之間依存關係的統計分組,叫作分析分組。客觀現象是一個複雜的整體,儘管各種現象之間存在諸多差異,但是它們不是絕對孤立的,有些現象之間存在著數量上的相互聯繫、相互制約關係。利用統計分組,可以揭示這種現象之間的數量依存關係,並利用這種關係促成事物朝著人們預期的方向演變。

3. 統計分組的原則

統計分組應遵循科學性、完整性和互斥性三項原則。

(1) 科學性。科學性就是要體現組內同質性、組間差異性,即每一組內的總體單位要有完全相同或相近的性質,各組之間的總體單位必須體現出顯著的差異。統計分組科學性的關鍵在於正確選擇分組標誌和合理劃分各組界限。

(2) 完整性。完整性就是統計分組的結果必須包含所有總體單位,即任何一個總體單位都必須包含在相應的統計分組內,不能有遺漏。

(3) 互斥性。互斥性是指組與組之間在界限上不能有交叉或共同點,換句話說就是一個總體單位只能納入特定的某一組內,而不允許歸屬於兩個或兩個以上的組。

4. 統計分組的種類

(1) 按選擇分組標誌的性質不同分為品質分組和變量分組

品質分組是指選擇品質標誌對總體進行分組。按品質標誌分組后,各組之間能夠直接體現出質的差異。比如人口按性別分組、專業技術人員按職稱分組、企業按所屬行業分組等。

【例2.2】人口按性別分組,見表2-3。

表2-3　　　　　　　　　　　人口按性別分組

性別	人數(人)	比重(%)
男		
女		
合計		

變量分組也叫數量分組,是指選擇數量標誌對總體進行分組。按數量標誌分組后,各組之間能夠直接體現出量的差異,並通過現象在數量上的差異來反應事物質的差異,比如學生按身高分組、職工按月工資分組、企業按職工人數分組等。

【例2.3】某班學生統計學考試成績分組情況,見表2-4。

表 2－4　　　　　　　　某班統計學考試成績分組

考試成績(分)	人數(人)	比重(%)
60 以下		
60～70		
70～80		
80～90		
90 以上		
合計		

（2）按選擇分組標誌的多少以及排列方式不同分為簡單分組、平行分組與複合分組

簡單分組是指選擇一個標誌對總體進行的分組。上述【例2.2】【例2.3】均屬於簡單分組。絕大多數情況下，統計分組都採用簡單分組。

平行分組是指選擇兩個及兩個以上的標誌對總體進行並列分組。所謂並列就是各分組標誌獨立進行分組，相互之間不產生交叉和關聯。平行分組後形成的總組數等於各個分組標誌分組形成的組數之和。

【例2.4】大學教師按職稱、性別進行平行分組，見表2－5。

表 2－5　　　　　　　　大學教師按職稱、性別進行平行分組

按職稱和性別分組	人數(人)	比重(%)
1. 大學教師按職稱分組		
教授		
副教授		
講師		
助理講師		
2. 大學教師按性別分組		
男		
女		
合計		

複合分組是指選擇兩個及兩個以上的標誌對總體進行的交叉分組。所謂交叉就是不同的分組標誌融合在一起，複合分組後形成的總組數呈幾何級數增加。如果不是特別需要，一般不採用複合分組。

【例2.5】大學教師按職稱、性別進行複合分組，見表2－6。

表 2-6　　　　　　　　大學教師按職稱、性別進行複合分組

按職稱和性別分組	人 數(人)	比重(%)
1. 教授 　　男 　　女		
2. 副教授 　　男 　　女		
3. 講師 　　男 　　女		
4. 助理講師 　　男 　　女		
合計		

5. 統計分組的方法

科學的統計分組是統計整理的前提條件，而正確選擇分組標誌又是統計分組的關鍵。

(1) 正確選擇分組標誌的原則

① 根據研究的目的選擇分組標誌。統計研究是帶有目的性的，選擇的分組標誌必須與研究目的相吻合、一致，才能達成預期。比如研究企業職工的收入水平，可以直接選擇「月工資」作為分組標誌。

② 選擇最能反應事物本質特徵的標誌作為分組標誌。反應事物本質特徵的標誌就是眾多標誌中最主要或者說最重要的標誌，而不能隨意地選擇那些無關緊要的標誌進行分組，唯其如此才能更好地實現統計研究的目的。

③ 考慮現象所處的具體歷史條件選擇分組標誌。隨著事物本身的不斷變化，判別事物的標準也可能發生變化，因此在研究同類事物的時候，需要根據變化后的情況選擇分組標誌。比如研究農民問題，在新中國成立初期我們更關注農民的政治面貌，因而選擇「成分」標誌進行分組，而現在我們最關注的是農民的收入，因而選擇「收入水平」作為分組標誌。

(2) 統計分組的方法

① 品質標誌分組的方法

品質標誌分組要區分簡單的品質標誌和複雜的品質標誌兩種情況。

簡單的品質標誌可以按其標誌表現直接進行分組，也就是按一般常識分組，比如人口按性別分組、某類專業人員按職稱分組等。

複雜品質標誌需要參照有關行業主管部門制定的分類標準進行分組，如職工按文化程度分組、從業人員按職業分組、企業按所屬行業分組等。

② 數量標誌分組的方法

數量標誌有單項式分組和組距式分組兩種方法。

單項式分組是指以一個數值代表一個組的分組方法。它適用於變動範圍小、數值非常集中的離散型變量，比如對家庭人口數、家庭兒童數等標誌進行的分組。

【例2.6】某市家庭按人口數量分組，見表2－7。

表2－7　　　　　　　　　　某市家庭按人口數量分組

家庭人口數(人)	家庭數(戶)	比重(%)
1		
2		
3		
4		
5		
6		
合計		

組距式分組是指以一個區間值代表一個組的分組方法，它適用於變動範圍比較大的離散型變量和所有連續型變量。

【例2.7】某企業職工按月工資分組，見表2－8。

表2－8　　　　　　　　　　某企業職工按月工資分組

月工資(元)	職工人數(人)	比重(%)
3,000 以下		
3,000 ~ 5,000		
5,000 ~ 7,000		
7,000 ~ 9,000		
9,000 以上		
合計		

組距式分組涉及以下幾個概念：組限、上限、下限、組距、等距分組、異距分組、組中值、同限分組和異限分組等。

組距式分組中，每一組的區間值都有一個最大值和一個最小值，這兩個值統稱為組限，其中的最大值叫上限，最小值叫下限。缺上限或下限的組叫開口組，它的主要功能是用來安排那些極端分散的少數變量值。開口組只能出現在首組或尾組(參考表2－8)，不能出現在中間組的位置。上限和下限都完備的組叫閉口組。

每一組上限和下限之間的差距稱為組距，即：

$$組距 = 上限 - 下限 \tag{2.3}$$

由於開口組缺一個組限，因而不能用公式2.3確定組距。統計上規定：開口組的組距等於相鄰組，即如果第一組是開口組的，其組距等於第二組，最後一組是開口組的，其組距等於倒數第二組。

如果各組的組距完全相等，稱為等距分組(參考表2－8)，等距分組適合於標誌值變動比較均勻的場合，如職工月工資、糧食畝產量、職工工齡等。如果各組的組距不完全相等，稱為異距分組(參考表2－9)。異距分組適合於以下三種情形：標誌值分佈不很均勻的場合，如考試成績分佈；標誌值按一定比例演變的場合，如企業職工人數；標誌值在不同階段代表不同的意義，如人口在年齡上的變化特徵等。

組中值是指位於每一組上、下限中間位置的變量值。即：

$$組中值 = \frac{上限 + 下限}{2} \tag{2.4}$$

開口組的組中值可以根據已知的一個組限及其組距來推算：

$$缺下限的開口組：組中值 = 上限 - \frac{組距}{2} \tag{2.5}$$

$$缺上限的開口組：組中值 = 下限 + \frac{組距}{2} \tag{2.6}$$

組距式分組以後，一般假定各組變量值在組內是均勻分佈的，就可以用組中值代替各組的變量值，從而為平均值及變異指標的計算奠定了基礎。

組距式分組中，相鄰兩組上、下限重疊在一起的叫同限分組(參考表2－8)，同限分組既適用於連續型變量、也適用於離散型變量。同限分組時，應遵循「上限不在內」的原則，即在同限分組的條件下，每一組均不包含最大變量值，但包含最小變量值。異限分組是指相鄰兩個組的上、下限之間相差1(參考表2－9)，異限分組只適用於離散型變量。異限分組時，每一組的上、下限變量值均包含在組內。

【例2.8】某市工業企業按職工人數分組，見表2－9。

表2－9　　　　　　某市工業企業按職工人數分組

職工人數(人)	企業數(戶)	比重(%)
99以下		
100～499		
500～999		
1,000～1,999		
2,000～4,999		
5,000～9,999		
10,000以上		
合計		

採用異限分組時，組距的計算方法應調整如下：

$$組距 = 本組上限 - 相鄰較小組上限 \tag{2.7}$$

或者：

$$組距 = 本組上限 - 本組下限 + 1 \tag{2.8}$$

(3) 合理劃分各組的界限

　　正確選擇分組標誌之後，就需要科學、合理地劃分各組界限。一般來講，品質標誌分組形成的各組之間的界限，相對比較容易劃分，即便是較為複雜的品質標誌，我們也可以參照相關部門制定的分類標準進行分組。而數量標誌分組形成的各組之間的界限，相對難以劃分，這更多地要依靠個人的知識和經驗來判斷。比如對職工按月工資分組，就需要判斷在特定條件下的工資水平，在哪個範圍是高工資和較高工資，在哪個範圍是中間水平，在哪個範圍是較低工資和低工資，這完全憑藉個人的經驗來判斷。但是某些數量標誌分組的時候，會產生代表質變界限的數量，比如「考試成績」分組的時候，60 分是必須作為組限使用的，因為 60 分是及格與不及格之間的界限；按「計劃完成程度」標誌分組的時候，100% 必須作為組限，因為 100% 是完成計劃、未完成計劃和超額完成計劃三者之間的界限。

第三節　　頻數分佈

一、頻數分佈的概念

　　頻數分佈又稱為分配數列、分佈數列，是指在統計分組的基礎上，分別列出各組的總體單位數目，用來表明總體單位分佈情況的統計數列。

　　在品質標誌分組的基礎上編製而成的分佈數列叫品質數列（見表 2－10）；在數量標誌分組的基礎上編製而成的分佈數列叫變量數列（見表 2－11）。

【例 2.9】依據【例 2.2】編製品質數列，見表 2－10。

表 2－10　　　　　　　某市 2015 年年末人口分佈表

性別	人數（萬人）	比重（%）
男	161	51.44
女	152	48.56
合計	313	100

【例 2.10】依據【例 2.3】編製變量數列，見表 2－11。

表 2－11　　　　　　　某班統計學考試成績分佈表

考試成績（分）	人數（人）	比重（%）
60 以下	2	4
60～70	7	14

表2-11(續)

考試成績(分)	人數(人)	比重(%)
70～80	13	26
80～90	20	40
90以上	8	16
合計	50	100

頻數分佈有兩個構成要素：一是總體按照某一個或幾個標誌分組後形成的各組，即統計分組，這部分要素一般位於分佈數列的左邊；二是各組的頻數或頻率，頻數就是各組總體單位出現的次數，頻率是指根據各組頻數計算的各組總體單位數所占的比重。在頻數分佈中，頻數和頻率可任選其一，也可以同時出現。

二、變量數列的編製

在頻數分佈中，品質數列的編製相對簡單，因而我們重點介紹變量數列的編製方法。

1. 變量數列的分類

選擇數量標誌對總體分組以後，分別列出各組總體單位的數目，表明總體單位在各組分佈情況的統計數列就叫變量數列。

變量數列分為單項式變量數列和組距式變量數列兩類。單項式變量數列是指以一個數值作為一個組，再分別列出各組總體單位數目，所形成的頻數分佈；組距式變量數列是指以一個區間值作為一個組，再分別列出各組總體單位數目，所形成的頻數分佈。組距式變量數列又分為等距數列和異距數列兩類，等距數列就是各組組距完全相等的頻數分佈，異距數列就是各組組距不完全相等的頻數分佈。

2. 單項式變量數列

單項式變量數列適用於變動範圍很小、變量值高度集中的離散型變量。即使在總體單位特別多的情況下，符合上述條件的離散型變量，都應該編製單項式變量數列。

【例2.11】參照【例2.6】編製單項式變量數列，見表2-12。

表2-12　　　　　　　某市家庭按人口分佈表

家庭人口數(人)	家庭數(萬戶)	比重(%)
1	6	5
2	28	23.33
3	57	47.5
4	24	20
5	5	4.17
合計	120	100

編製單項式變量數列只需要簡單的三個步驟：按變量值的表現進行單項式分組；匯

總各組頻數並計算頻率;繪製表格。實際上,品質數列的編製也可以參照這三個步驟。

3. 組距式變量數列的編製

組距式變量數列適用於變動範圍較大的離散型變量以及所有的連續型變量。

一組原始數據,如果編製組距數列,需要經過以下四個步驟:

(1) 將所有原始數據按大小順序排列,並計算全距

全距就是最大變量值與最小變量值之間的差距。即:

$$全距 = 最大變量值 - 最小變量值 \tag{2.9}$$

計算出全距就等於弄清楚整組原始數據的變動範圍,組距數列就是要把全距劃分為幾個區間段,並把每一個區間段上分佈的總體單位統計出來。

(2) 確定組數和組距

不同事物的數據,其波動範圍的大小、反應事物的特徵及規律等方面都具有較大的差異,因此,根據不同現象的數據編製而成的組距數列,其組數和組距都會有差異。但是組距數列的組數既不宜太多,也不宜太少,組數太多就會把相同或相近性質的事物劃分在不同的組裡面,而組數太少又會把不同性質的事物劃分在同一個組裡。所以大多數情況下,組距數列的組數為 5 ~ 8 個。

也可以參照斯塔杰斯(Sturges,1926)公式確定組距數列的組數,其公式為:

$$K = 1 + 3.322 \lg(N) \tag{2.10}$$

式中,K 代表參考組數,N 代表總體單位數目。

斯塔杰斯公式存在一個明顯的不足,它把組距數列的組數與總體單位總數直接關聯,總體單位總數越多,組數相應越多,試想一下全國 13 億多人口的年齡分組是不是一定要比一個縣人口的年齡分組多出很多組呢?答案顯然是否定的。因此,斯塔杰斯公式只能做一個參考,不能生搬硬套。

根據全距和已經確定好的組數就可以確定參考組距,計算方法如下:

$$參考組距 = \frac{全距}{組數} \tag{2.11}$$

組距的實際取值應該在參考組距的基礎上調整,比參考值適當大一點或小一點都可以,盡可能使用整數,如果允許的話,盡可能取 5 或 10 的整倍數。

(3) 確定各組組限

作為分組界限的變量值,首先要符合統計分組的原則,比如最小組的下限不能大於最小變量值,最大組的上限不能小於最大變量值,以保證分組資料的完整性;要保證相鄰組的組限互不相容,以科學劃分事物質的界限。

具體操作上,可以用原始資料中的最小變量值作最小組的下限,也可以用比最小值更小的值作最小組的下限,如果最小值過於小而且小標誌值較為分散,也可以在最小組使用開口組;組限盡可能取整數,凡能代表質變的數值,必須作為組限,如考試成績中的 60 分;相鄰兩組的上、下限盡可能重疊,即採用同限分組的方法,如果變量是離散型的,相鄰兩組的上、下限可以用整數斷開,即採用異限分組的方法;如果最大值過大,可以在最大組使用開口組。

(4) 匯總各組總體單位數量,計算各組頻率,形成組距式變量數列

組距式變量數列舉例。

【例2.12】某公司120名職工的月工資數據如下，據以編製變量數列。

4,300	4,800	2,500	4,400	2,200	3,500	3,500	4,400	4,200	3,800	3,600
4,460	3,500	3,500	2,800	4,500	3,400	3,200	5,200	4,610	4,300	5,000
3,840	4,400	4,650	4,800	4,600	4,670	5,800	4,700	3,300	4,710	4,100
4,200	3,500	3,800	4,700	6,100	3,900	4,000	4,500	3,900	4,720	4,600
2,900	5,100	3,200	3,800	4,100	5,300	4,400	3,800	4,700	5,700	2,600
4,000	4,700	4,780	5,600	4,300	6,000	5,800	4,500	4,200	5,600	5,200
4,100	5,200	3,900	4,800	2,300	3,200	4,810	3,700	5,500	4,200	3,700
2,900	3,100	4,000	4,830	3,000	5,200	3,600	4,850	4,050	5,100	4,700
4,300	4,880	5,400	5,700	4,600	4,900	5,100	4,800	3,400	5,500	5,100
4,910	4,500	5,000	4,700	4,400	3,700	4,200	4,800	4,940	5,400	3,000
4,000	5,300	5,500	4,970	5,300	2,000	6,500	6,300	5,400	5,900

1）對月工資進行排序，並計算全距

在此使用Excel工作表對工資數據進行排序，將120個原始數據錄入A1：A120單元格，使用「升序排序」方法，排序結果的部分截圖見圖2-1。

	A	B	C
1	2 000		
2	2 200		
3	2 300		
4	2 500		
5	2 600		
6	2 800		
7	2 900		
8	2 900		
9	3 000		
10	3 000		
11	3 100		
12	3 200		
13	3 200		
14	3 200		
15	3 300		
16	3 400		
17	3 400		
18	3 500		
19	3 500		
20	3 500		

圖2-1　月工資按升序排序截圖

排序結果最小月工資2,000元出現在A1單元格，最大月工資6,500元出現在A120單元格，由此計算出全距為4,500元。

2）確定組數和組距

組數一般為5～8個，此處確定為6個組，相當於高工資、較高工資、中高工資、中低工

資、較低工資和低工資。在此基礎上確定參考組距:

$$參考組距 = \frac{4,500}{6} = 750$$，這個值已經是整數，並且是 50 的整倍數，可以直接作為組距。

3) 確定各組組限

最小組的下限取最小月工資 2,000，在此基礎上加組距 750 構成最小組的上限，這樣最小組的變量值就確定為 2,000 ~ 2,750；採用同限分組的方法，以 2,750 作為第二組的下限，在此基礎上加組距 750 構成其上限，第二組的變量值就確定為 2,750 ~ 3,500；照此下去，第三組至第六組的變量值分別為 3,500 ~ 4,250、4,250 ~ 5,000、5,000 ~ 5,750、5,750 以上(注意第六組不能表示為 5,750 ~ 6,500，因為按照同限分組的規則，在採用閉口組的情況下，最高月工資 6,500 不包含在 5,750 ~ 6,500 組內。)

4) 匯總各組的總體單位數

根據排序結果可以直接看出，落在第一組內的變量值有 5 個，也就是分佈在第一組的總體單位數位為 5，以此類推，第二組至第六組的總體單位數分別為 12、31、42、23、7。根據各組的頻數計算頻率，形成組距式變量數列，見表 2 - 13。

表 2 - 13　　　　　　　　　職工月工資分佈表

職工月工資(元)	職工人數(人)	比重(%)
2,000 ~ 2,750	5	4.17
2,750 ~ 3,500	12	10
3,500 ~ 4,250	31	25.83
4,250 ~ 5,000	42	35
5,000 ~ 5,750	23	19.17
5,750 以上	7	5.83
合計	120	100

4. 累計頻數和累計頻率

在變量數列的基礎上可以編製累計頻數數列和累計頻率數列。在累計頻數和頻率的過程中，有向上累計和向下累計兩種方式。向上累計是從最小組變量值開始，依次由變量值低的組向變量值高的組進行累加；向下累計是從最大組變量值開始，依次由變量值高的組向變量值低的組進行累加。

【例2.13】根據表 2 - 13 組距數列編製的累計頻數數列和累計頻率數列見圖 2 - 2。

向上累計頻數(頻率) 表明對應組上限以下的總頻數(頻率)，比如向上累計頻數 48 表示月工資在對應組上限 4,250 元以下的職工總人數，向上累計頻率 75% 表示月工資在對應組上限 5,000 元以下的職工占全部職工的比重；向下累計頻數(頻率) 表明對應組下限以上的總頻數(頻率)，比如向下累計頻數 103 表示月工資在對應組下限 3,500 元以上的職工總人數，向下累計頻率 60% 表示月工資在對應組下限 4,250 元以上的職工占全部

職工的比重。

	A	B	C	D	E	F	G
1							
2	職工月工資（元）	職工人數（人）	比重（%）	累計頻數（人）		累計頻數（%）	
3				向上	向下	向上	向下
4	2 000～2 750	5	4.17	5	120	4.17	100
5	2 750～3 500	12	10	17	115	14.17	95.83
6	3 500～4 250	31	25.83	48	103	40	85.83
7	4 250～5 000	42	35	90	72	75	60
8	5 000～5 750	23	19.17	113	30	94.17	25
9	5 750以上	7	5.83	120	7	100	5.83
10	合計	120	100	—	—	—	—

圖2-2　累計頻數及累計頻率截圖

三、頻數分佈的類型

　　頻數分佈是統計分析的一種重要方法。由於各種社會經濟現象的性質不同，它們的頻數分佈也存在差異，從而體現出各種不同的分佈特徵。概括起來，社會經濟現象的分佈特徵主要有三種類型：鐘形分佈、U形分佈和J形分佈。

　　1. 鐘形分佈

　　鐘形分佈的特徵是「兩頭小，中間大」，即靠近中間的變量值的頻數越大，而分佈在兩端變量值的頻數越小。其分佈形態宛如一口倒扣的古鐘，見圖2-3。

（Ⅰ）　　　　　（Ⅱ）　　　　　（Ⅲ）

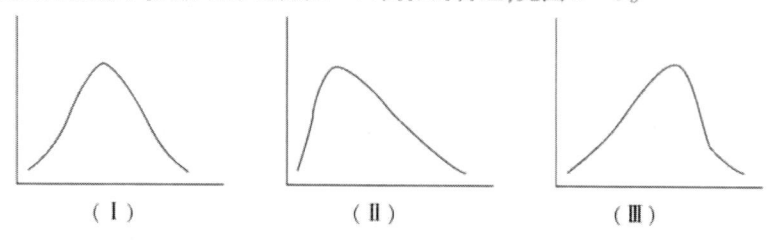

圖2-3　鐘形分佈示意圖

　　如圖2-3(Ⅰ)所示，其分佈特徵是以平均數為對稱軸，左右兩側對稱，兩側變量值分佈的次數隨著與平均數距離的增大而漸次減小，統計學中稱這種分佈為正態分佈。圖2-3中(Ⅱ)、(Ⅲ)兩種類型為非對稱分佈，它們各有不同的偏向。一般稱圖(Ⅱ)形態為正偏(右偏)分佈，稱圖(Ⅲ)形態為負偏(左偏)分佈。客觀事物中，絕大多數社會經濟現象都近似地服從於正態分佈，例如企業銷售收入的分佈、職工工資的分佈、居民消費支出的分佈等。

　　2. U形分佈

　　U形分佈的形態與鐘形分佈正好相反，靠近中間的變量值分佈頻數少，而靠近兩端的

變量值分佈頻數多,形成「兩頭大,中間小」的 U 形特徵。例如,人口死亡率的分佈特徵就是比較典型的 U 形分佈,嬰幼兒和老年人的死亡率高,而中間青壯年的死亡率低。U 形分佈見圖 2－4。

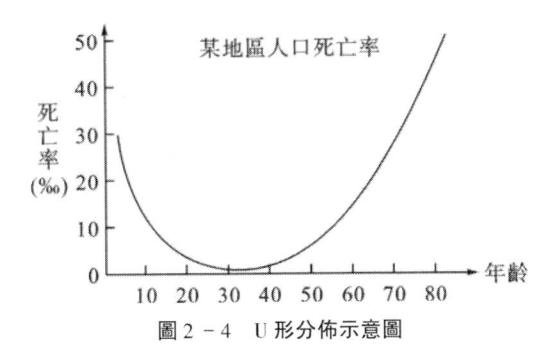

圖 2－4　U 形分佈示意圖

3. J 形分佈

J 形分佈有兩種類型,一種是頻數隨變量的增大而增加,比如商品供應量隨商品價格的提高而增大,稱為正 J 形分佈;另一種是頻數隨變量的增大而減少,比如商品需求量隨商品價格的提高而減少,稱為反 J 形分佈。J 形分佈見圖 2－5。

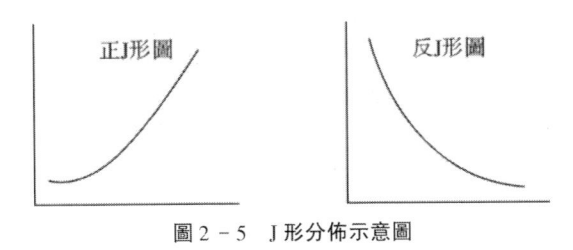

圖 2－5　J 形分佈示意圖

第四節　　統計數據的圖示

統計整理獲得的數據都需要用圖表顯示出來,編製頻數分佈數列的結果已經形成了統計表,因此這裡主要說明統計圖的運用。

一、品質數列的圖示方法

品質數列包括以分類數據和順序數據為基礎編製的頻數分佈數列。其中分類數據頻數分佈的圖示方法主要有條形圖、柱形圖、帕累托圖以及餅圖,而順序數據除了可以使用分類數據的圖示方法以外,還可以使用累計頻數(頻率)分佈圖、環形圖等。

1. 條形圖和柱形圖

條形圖是用寬度相同的長方條形的高度或長度來表示數據多少的一種圖形。條形圖可以橫置也可以縱置,把長方條形置放於縱柱上時,稱為條形圖;而把長方條形置放於橫

柱上時,稱為柱形圖。

【例2.14】某手機銷售店一月份銷售主要手機品牌的數量見表2－14,借助Excel製作的分佈條形圖和柱形圖分別見圖2－6、圖2－7。

表2－14　　　　　　　　主要手機品牌銷售量

手機品牌	銷售量(臺)	比重(%)
三星	261	15.53
蘋果	365	21.71
Nokia	133	7.91
金立	186	11.07
LG	152	9.04
Motorola	227	13.50
聯想	168	9.99
中興	189	11.25
合計	1,681	100

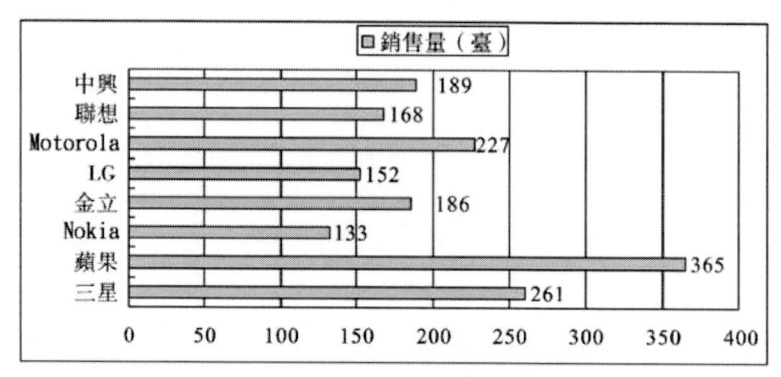

圖2－6　不同品牌手機銷售量條形圖

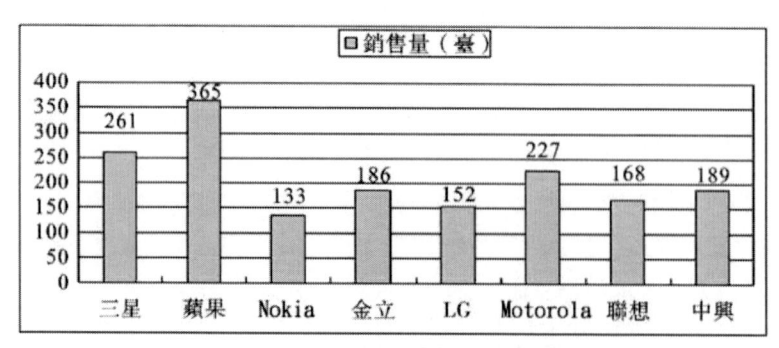

圖2－7　不同品牌手機銷售量柱形圖

當分類變量分佈在不同空間或時間上時,還可以製作對比柱形圖,用來比較事物在不同空間上的差異或隨時間變化的趨勢。

【例2.15】某手機銷售店一、二月份銷售主要手機品牌的數量見表2-15,借助Excel製作的對比柱形圖見圖2-8。

表2-15　　　　　　　　主要手機品牌銷售量　　　　　　　　單位:臺

手機品牌	一月份	二月份
三星	261	284
蘋果	365	411
Nokia	133	145
金立	186	223
LG	152	167
Motorola	227	235
聯想	168	191
中興	189	218
合計	1,681	1,874

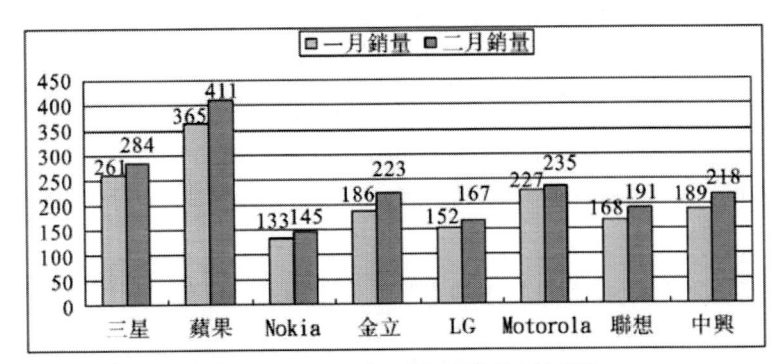

圖2-8　不同品牌手機銷售量對比柱形圖

2. 帕累托圖

帕累托圖又叫排序圖、主次圖,是以義大利經濟學家帕累托(Pareto)的名字命名的。它是按照各類別數據頻數的大小順序繪製的柱形圖,通過柱形圖的排序,可以找出事物的主次。帕累托圖比較廣泛地應用於質量控制研究,用來判別產生質量問題的主要原因。根據表2-14一月份各品牌手機銷售量製作的帕累托圖見圖2-9,通過該圖能夠看出各手機品牌的市場地位。

3. 餅圖

餅圖是用圓形及圓內扇形的角度大小來表示數值大小的圖形,特別適合於反應事物內部各組成部分占全部事物的比重,用於研究事物的內部結構。在繪製餅圖時,事物各組成部分所占的百分比用圓內各扇形的大小來表示。根據表2-14各主要手機品牌占銷售

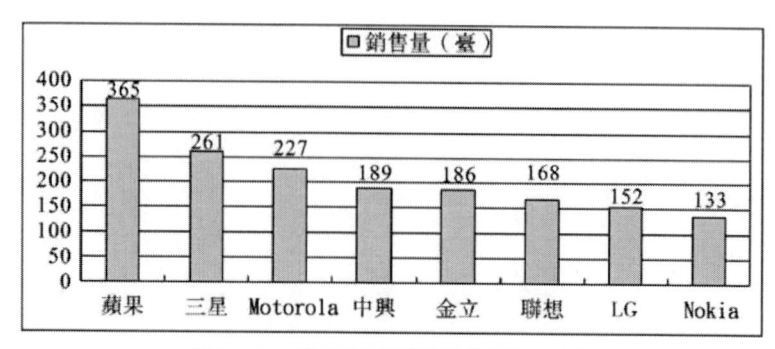

図2-9　不同手機品牌銷售量的帕累托圖

量比重數據繪製的圓餅圖見圖2-10。

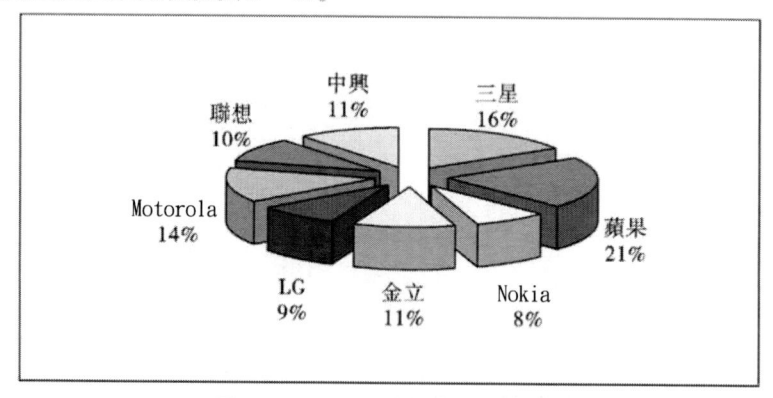

圖2-10　不同手機品牌銷售量圓餅圖

4. 累計頻數(頻率)分佈圖

累計頻數(頻率)分佈圖只適用於順序數據編製的頻數分佈數列,不適合分類數據編製的頻數分佈數列。

【例2.16】調查某大學教師的職稱情況,得到職稱分佈數據見表2-16。

表2-16　　　　　　某大學教師職稱分佈表

大學教師職稱	教師人數(人)	比重(%)	累計頻數(人) 向上	累計頻數(人) 向下	累計頻率(%) 向上	累計頻率(%) 向下
助理講師	125	9.26	125	1,350	9.26	100
講師	312	23.11	437	1,225	32.37	90.74
副教授	529	39.19	966	913	71.56	67.63
教授	384	28.44	1,350	384	100	28.44
合計	1,350	100	—	—	—	—

根據表2-16中向上累計頻數和向下累計頻率製作的向上累計頻數分佈圖和向下累

計頻率分佈圖見圖 2－11。

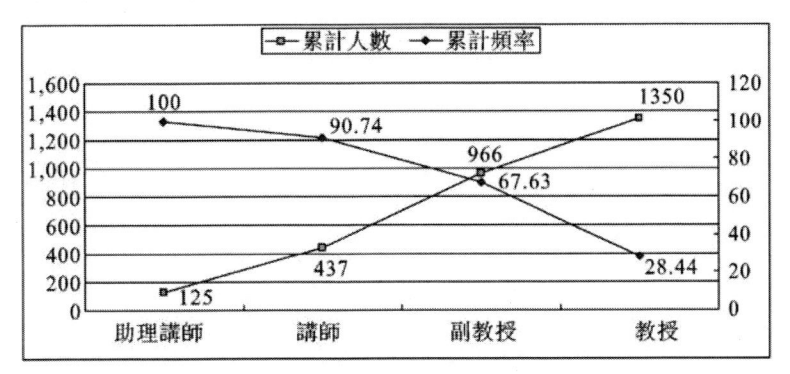

圖 2－11 向上累計頻數、向下累計頻率分佈圖

從圖 2－11 中看出，講師及以下職稱的教師總人數為 437 人，副教授及以下職稱的教師總人數為 966 人；副教授及以上職稱的教師占教師總人數的 67.63%，講師及以上職稱的教師占教師總人數的 90.74%。

根據累計頻率分佈曲線，可用於研究社會財富分配是否公允。這種累計頻率分佈曲線圖最早由美國學者洛倫茲（Lorenz）博士提出，故又稱洛倫茲曲線。其繪製方法如下：

（1）將分配的對象（如財富、土地、工資等）和接受分配者（如職工、居民等）的數量均轉化為結構相對數，並進行向上累計。

（2）縱軸和橫軸均為百分比尺度，縱軸自下而上，用以標註分配對象；橫軸由左向右以標註接受分配者的數量。

（3）根據計算所得的分配的對象和接受分配者的向上累計百分比，在坐標圖中標註出相應的繪示點，用平滑的曲線依次連接各點，所得曲線即是洛倫茲曲線。

現以某年某國家庭收入資料（見圖 2－12）為例，說明洛倫茲曲線的繪製方法。

	A	B	C	D	E	F	G
1							
2	收入水平	人口			收入		
3		人口數(萬人)	結構(%)	向上累計(%)	月收入(億美元)	結構(%)	向上累計(%)
4		(1)	(2)	(3)	(4)	(5)	(6)
5	最低	128.50	12.85	12.85	1.57	5	5
6	較低	348.00	34.80	47.65	4.08	13	18
7	中等	466.90	46.69	94.34	16.33	52	70
8	較高	45.60	4.56	98.90	7.54	24	94
9	最高	11.00	1.10	100.00	1.88	6	100
10	合計	1 000.00	100.00	—	31.40	100	—

圖 2－12 某國人口及家庭收入數據截圖

在繪製洛倫茲曲線時，先將第（1）欄人口數和第（4）欄收入額分別換算為結構相對數，見第（2）欄和第（5）欄；然后根據第（2）欄和第（5）欄分別編製向上累計頻率數列，見

第(3)欄和第(6)欄；最后在比率曲線圖格上根據累計百分比標出繪示點，將收入比率累計頻率依次用曲線連接起來就是洛倫茲曲線。具體情況見圖2－13。

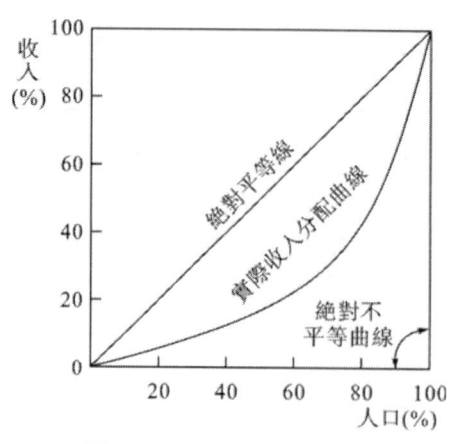

圖2－13　洛倫茲曲線示意圖

圖2－13中的曲線為實際收入分配曲線，對角線為絕對平等線，橫軸與右縱軸構成絕對不平等線。用實際收入分配線與絕對平等線所構成的面積對比總面積，計算基尼系數，可以衡量收入分配平等與否。基尼系數值越小，即實際收入分配曲線越接近絕對平等線，則收入分配越平等；反之，基尼系數值越大，即實際收入分配曲線越接近絕對不平等線，則收入分配越不平等。

5. 環形圖

環形圖與餅圖類似，但又有區別，環形圖中間有一個「空洞」，總體中每一個部分的數據用環中的每一段表示。圓形圖只能顯示一個總體的各個部分所占的比重，而環形圖則可以同時反應多個總體的數據系列，每一個總體的數據系列構成一個環。因此，環形圖可以顯示多個總體的各個部分所占的比例，從而有利於進行對比研究。

【例2.17】調查A、B兩所大學教師的職稱情況，得其職稱分佈數據見表2－17。根據兩所大學各類職稱教師的比重製作的環形圖見圖2－14。

表2－17　　　　　　　A、B兩所大學教師職稱分佈表

大學教師職稱	A大學		B大學	
	教師人數(人)	比重(%)	教師人數(人)	比重(%)
助理講師	125	9.26	112	9.74
講師	312	23.11	237	20.61
副教授	529	39.19	435	37.83
教授	384	28.44	366	31.83
合計	1,350	100	1,150	100

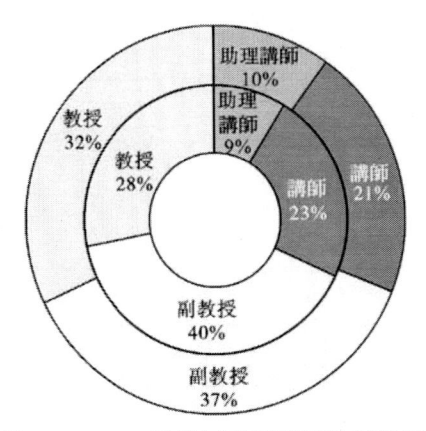

圖 2-14　A、B 兩所大學教師職稱構成環形圖

二、數值型數據的圖示方法

數值型數據的圖示方法主要有散點圖、直方圖和折線圖、時間數列線圖、氣泡圖、雷達圖等類型。

1. 散點圖

散點圖是在二維坐標中用坐標點描述兩個變量之間數量關係形態的一種圖形。它主要在兩種情況下使用，一是用來反應某種現象隨時間發展變化的趨勢，二是用來研究自變量隨因變量變化的形態特徵。

【例 2.18】中國 2006—2011 年國內生產總值及其增長率數據見表 2-18。

表 2-18　中國 2006—2011 年國內生產總值及其增長率數據

年份	2006 年	2007 年	2008 年	2009 年	2010 年	2011 年
國內生產總值 (億元)	216,314	265,810	314,045	340,903	401,513	471,564
GDP 增長率 (%)	12.7	14.2	9.6	9.2	10.4	9.2

數據來源：國家統計局 2012 年 2 月 22 日發布的 2011 年度國民經濟和社會發展統計公報。

根據表 2-18 製作的國內生產總值散點圖，見圖 2-15。

從散點圖可以看出，中國 2006—2011 年國內生產總值呈現出較為明顯的增長趨勢。

【例 2.19】某地區 2010—2015 年人均 GDP 與社會商品零售總額數據見表 2-19。

表 2-19　某地區 2010—2015 年人均 GDP 與社會商品零售總額數據

年份	2010 年	2011 年	2012 年	2013 年	2014 年	2015 年
人均 GDP (元)	21,392	23,730	26,067	29,535	33,151	37,156
社會商品零售總額 (億元)	123	141	164	191	225	256

根據表 2-19 製作的人均 GDP 與社會商品零售總額之間的散點圖見圖 2-16。

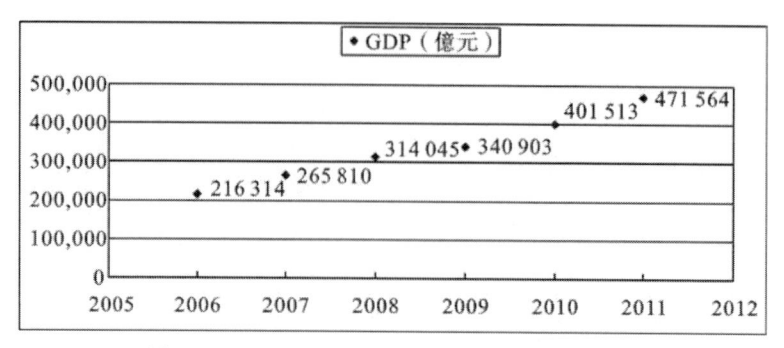

圖 2－15　中國 2006—2011 年國內生產總值散點圖

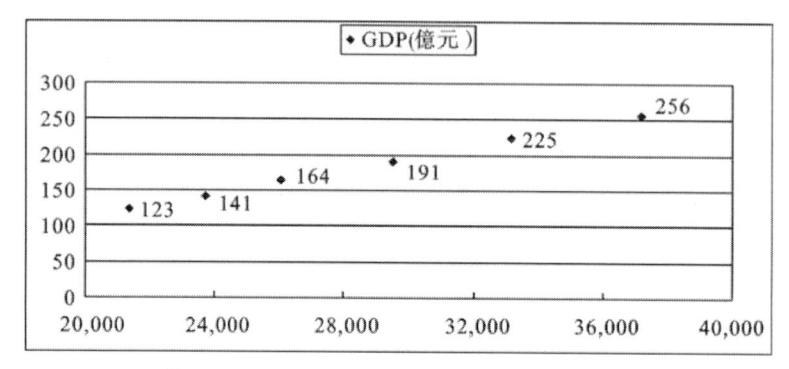

圖 2－16　人均 GDP 與社會商品零售總額散點圖

　　從圖中看出，社會商品零售總額與人均 GDP 之間存在明顯的正相關。
　2. 直方圖和折線圖
　　直方圖是使用矩形的寬度和高度來表示頻數分佈的圖形。在平面直角坐標中，分組數據列於橫軸上，即各組組限，縱軸列示各組頻數（一般標註在圖形左邊）或頻率（一般標註在圖形右邊），如果不列示頻率則只保留左側的頻數。由一個個寬度依次連接在一起、用高度代表頻數的矩形就構成了直方圖。
　　直方圖與條形圖的區別：① 條形圖在橫置時是以條形的長度表示各類別的頻數，表示類別的寬度是固定的；直方圖用是用矩形的面積表示頻數分佈，其中矩形的寬度表示各組的組距，矩形的高度表示各組的頻數，矩形的寬度和高度都有具體含義。② 由於分組數據具有連續性，直方圖的各個矩形通常是連接排列的，而條形圖中的各個條形則是分開排列的。
　　折線圖是在直方圖的基礎上，把直方圖頂部的中點依次用線段連接而成的圖形。
　　根據表 2－13 中的職工人數製作的直方圖和折線圖，見圖 2－17。
　3. 時間數列線圖
　　將現象在不同時間下的同類數值按時間先后順序排列的結果就叫時間數列。在直角坐標上，將現象在不同時間下的數據用線段依次連接而成的圖形叫時間數列線圖，它主要用來說明現象隨時間變化的趨勢。

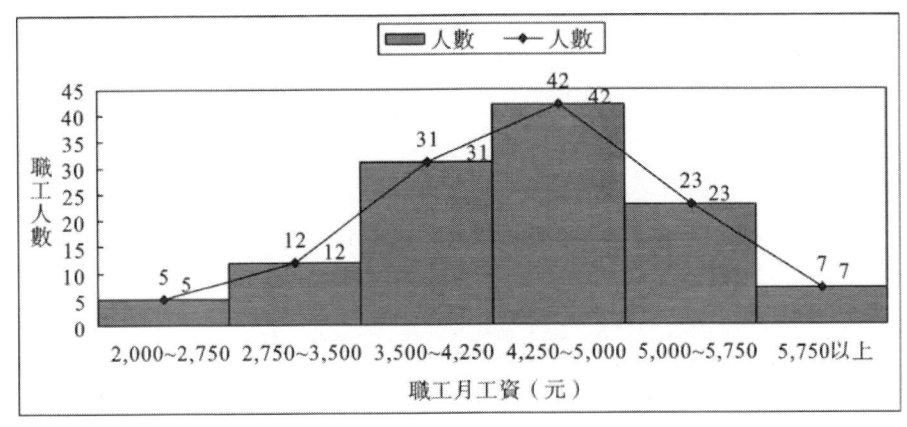

图 2-17　职工月工资分佈直方圖和折線圖

根據表 2-18 製作的中國 2006—2011 年國內生產總值及其增長率指標線圖見圖 2-18。

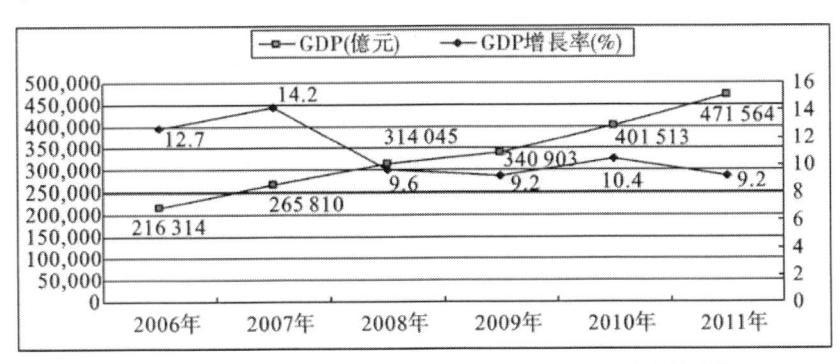

图 2-18　中國 2006—2011 年國內生產總值及其增長率數據線圖

從圖 2-18 中看出，國內生產總值的演變趨勢與其增長率的演變趨勢是不一致的，其原因在於國內生產總值指標是按現價計算的，而國內生產總值增長率指標是按不變價格計算的。從理論上講，按不變價格計算的國內生產總值增長率指標更能準確地反應經濟增長的實際情況。也就是說，中國經濟在 2007 年產生了一個拐點，之前是高增長，之後變為平穩增長。

4. 氣泡圖

氣泡圖是用於揭示三個變量之間數量關係的統計圖形，通常情況下，三個變量之間有兩個自變量，一個因變量。它與散點圖類似，繪製時將一個自變量置放於橫柱，另一個自變量置放於縱柱，而因變量的數據則用氣泡的大小來表示。

【例 2.20】某企業勞動生產率、單位成本以及利潤率數據見表 2-20。

表2-20　　　　　　　某企業勞動生產率、單位成本以及利潤率數據

勞動生產率(件/人)	單位成本(元)	利潤率(%)
220	78	10
245	76	12
273	74	15
295	73	16
324	71	18
350	70	19

根據表2-20製作的氣泡圖見圖2-19。

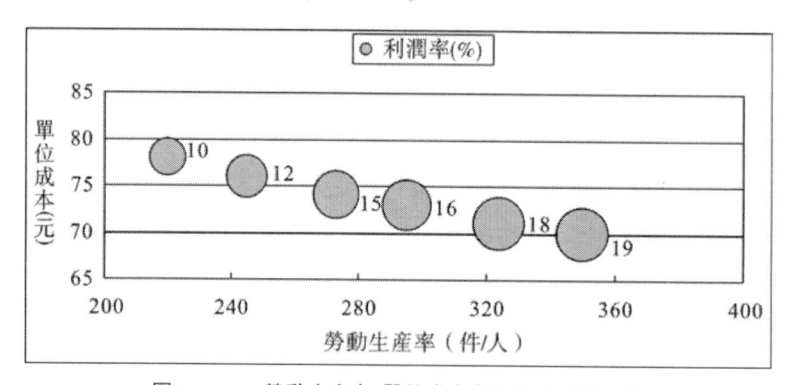

圖2-19　勞動生產率:單位成本與利潤率的氣泡圖

從圖2-19看出,隨著企業勞動生產率的不斷提高,企業單位成本隨之降低,導致企業利潤率不斷提高。

5. 雷達圖

雷達圖又稱為蜘蛛網圖,是用來顯示多個變量的常用圖示方法。假設有 n 組樣本 S_1, $S_2, S_3, \cdots, S_n$,每個樣本測得 P 個變量 $X_1, X_2, X_3, \cdots, X_P$,要製作 P 個變量的雷達圖。具體做法是:先做一個圓,然後將圓 P 等分,得到 P 個點,令這 P 個點分別對應 P 個變量。再將這 P 個點與圓心連線,得到 P 個輻射狀的半徑,這 P 個半徑分別作為 P 個變量的坐標柱,每個變量值的大小由半徑上的點到圓心的距離表示,再將同一樣本的值在 P 個坐標上的點連線。這樣 n 個樣本形成的 n 個多邊形就構成一個雷達圖。

雷達圖在顯示或對比各變量數值的總和時十分有用。假定各變量的取值具有相同的正負號,則總的絕對值與圖形所圍成的區域成正比。此外,利用雷達圖也可以研究多個樣本之間的相似程度。

【例2.21】2010年中國城鄉居民人均消費支出構成數據見表2-21。

表 2 – 21　　　　　　2010 年中國城鄉居民人均消費支出構成

項目	城鎮居民(%)	農村居民(%)
食品	35.66	34.03
衣著	10.72	6.82
居住	9.89	20.76
家庭設備用品及服務	6.74	6.05
醫療保健	6.47	11.95
交通和通訊	14.73	9.5
教育文化娛樂服務	12.08	8.45
其他食品和服務	3.71	2.44

數據來源：http://www.stats.gov.cn/tjsj/ndsj/2011/indexch.htm。

根據表 2 – 21 製作雷達圖，見圖 2 – 20。

圖 2 – 20　2010 年中國城鄉居民人均消費支出雷達圖

　　從圖中可以看出以下幾點：無論是城鎮居民還是農村居民，人均消費支出中食品支出的比重都是最大的，其他食品和服務支出的比重都是最小的；除居住和醫療保健支出項目外，城鎮居民的其餘支出項目所占比重均高於農村；城鎮居民和農村居民在消費支出結構上具有很大的相似性。

第五節　　統計圖與統計表的設計

　　在日常社會生活中，經常需要將各種各樣枯燥的數字或文字信息轉換為統計圖或統計表，通過統計圖表傳遞統計信息，可以使人們對客觀事物產生更加直觀的認識和準確的理解，從而留下深刻的印象。因此，科學、合理的設計，使用統計圖表是統計工作的基本技能。

一、統計圖設計的要求

為了更好地達成展示統計數據、傳遞統計信息的目的,設計統計圖需滿足以下要求:

(1) 統計圖要能真實、準確地顯示統計數據,並能在不同數據之間進行比較。

(2) 統計圖應當經過精心設計,突出重點,有助於洞察問題的實質,服務於一個具體而又明確的目的。

(3) 統計圖應當將複雜的觀點轉化為簡明、確切、高效的闡述。

(4) 統計圖應當以最快的時間,盡可能簡單的圖形給讀者以最多的信息量。

(5) 統計圖形應當是多維的,同時有對圖形的統計描述和文字說明。

製作統計圖形時,應避免一切不必要的修飾。過於花哨的修飾往往會使人關注圖形本身,而忽略了圖形所要傳遞的信息。圖形體現的視覺效果應與數據所體現的事物特徵相一致,否則有可能歪曲數據,給人留下錯誤的印象。

二、統計表的設計

1. 統計表的結構

將反應客觀事物的各種數據,按照一定的要求進行整理、歸類后,將結果按照一定的順序列入表格,這種表格稱為統計表。統計表是展示統計整理結果的基本方式,它能夠清楚、集中地顯示統計資料,直觀地反應客觀事物的特徵。

統計表的結構可以從外表形式和內容兩個方面來認識。

(1) 從外表形式上看,統計表是由縱橫交叉的線條組成的一種表格,包括總標題、縱欄標題、橫行標題和指標數值四個部分。必要時,統計表的下方還可以加上表外附註。

總標題是統計表的名稱,它指明統計表反應對象的時間、範圍以及基本內容。總標題一般位於表格上方的正中間。縱欄標題也叫縱標目,是統計表各列的名稱,它是指標數值說明的內容,也就是指標名稱,一般放在表格的上方。橫行標題也叫橫標目,是統計表各行的名稱,它是指標數值說明的對象,通常代表總體各組或各總體單位的名稱,一般放在表格的左方。指標數值位於橫行標題和縱欄標題的交叉點上,用來說明總體及其各組成部分的數量特徵,它是統計表格的核心組成部分。表外附註位於統計表的下方,主要說明數據的來源以及對指標進行必要的註釋或說明。

(2) 從內容上看,統計表由主詞欄和賓詞欄兩個部分組成。

主詞欄是統計表所要說明的總體及其各組成部分,一般位列統計表的左邊。

賓詞欄是統計表說明事物數量特徵的名稱和數值,即指標名稱和指標數值。一般位列統計表的右邊。例如中國2015年各級各類學校、教職工和專任教師情況見表2-22。

表2-22　　2015年中國各級各類學校、教職工和專任教師統計表

按辦學層次分組	學校數(所)	教職工數(人)	專任教師(人)
普通高等教育	2,358	2,156,601	1,343,127
中等教育	85,063	7,096,276	5,922,960

表2-22(續)

按辦學層次分組	學校數(所)	教職工數(人)	專任教師(人)
初等教育	290,597	6,175,629	5,645,777
工讀學校	77	2,576	1,737
特殊教育	1,706	49,249	39,650
學前教育	150,420	1,849,301	1,144,225
合計	530,221	17,329,632	14,097,476

數據來源:http://www.stats.gov.cn/tjsj/ndsj/2011/indexch.htm。

2. 統計表的分類

(1) 統計表按主詞欄分組的情況不同分為簡單表、簡單分組表和複合分組表三類

簡單表是指主詞欄未經任何分組的統計表。一般來講，主詞欄按時間順序排列或者按總體單位排列形成的統計表都是簡單表。例如某大學所屬各二級學院基本情況見表2-23。

表2-23　　　　某大學所屬各二級學院基本情況統計表

二級學院	專職教師數量(人)	現有本科專業數量(個)	在校本科生人數(人)
A學院	126	5	540
B學院	78	8	368
C學院	145	7	783
…	…	…	…
合計	2,567	116	19,647

簡單分組表是指主詞欄按一個標誌進行分組形成的統計表。絕大多數的統計表其主詞欄都是按一個標誌進行分組的，所以簡單分組表是應用最為廣泛的統計表。比如前例中的表2-11、表2-12、表2-13都是簡單分組表。

複合分組表是總體按兩個及兩個以上標誌進行交叉分組形成的統計表。這種表的格式較為複雜，除非特別需要，一般不建議使用。比如某企業職工按年齡和性別分組形成的複合分組表見表2-24。

表2-24　　　　某企業職工人數統計表

職工按年齡和性別分組		職工人數(人)
30歲以下	男	38
	女	23
30~40歲	男	57
	女	39

表2-24(續)

職工按年齡和性別分組		職工人數(人)
40～50歲	男	46
	女	55
50歲以上	男	23
	女	17
合計		298

(2) 統計表按用途不同分為調查表、整理表和分析表

調查表就是統計調查階段用於登記原始記錄資料的表格。

整理表就是統計整理階段用來進行統計分組、匯總和記錄整理結果的表格。

中國統計實務中使用的統計報表，站在接受單位的角度來講是調查表，而站在填報單位的角度來講，則是整理表。

分析表就是統計分析階段用來記錄計算結果的統計表。

3. 統計表賓詞欄的設計

賓詞設計主要是關於統計表指標體系的設計，一般有平行排列和層疊排列兩種。平行排列是指各賓詞指標在分組的時候相互獨立，不交叉、不重疊，見表2-25。

表2-25　　　　　賓詞指標平行排列的統計表

經濟類型	企業數	職工人數	性別		工齡(年)			
			男	女	10以下	10～20	20～30	30以上
(甲)	(1)	(2)	(3)	(4)	(5)	(6)	(7)	(8)
國有企業								
民營企業								
股份制企業								
中外合資企業								
外商獨資企業								
其他								
合計								

層疊排列是指各賓詞指標在分組的時候，採用交叉、多層次重疊方式排列。這種情況較為複雜，見圖2-21。

通過對比表2-25與圖2-21可以發現，在賓詞指標採用層疊排列的情況下，指標列數明顯增加，表格也顯得更為複雜。

4. 統計表設計的要求

統計表的設計必須目的明確、內容具體、美觀簡潔、清晰明瞭、科學實用。具體應注意

	A	B	C	D	E	F	G	H	I	J	K	L	M	N	O	P	Q
1																	
2	經濟類型	企業數	職工人數			工齡（年）											
3						10以下			10～20			20～30			30以上		
4			男	女	小計	男	女	小計	男	女	小計	男	女	小計	男	女	小計
5	（甲）	(1)	(2)	(3)	(4)	(5)	(6)	(7)	(8)	(9)	(10)	(11)	(12)	(13)	(14)	(15)	(16)
6	國有企業																
7	民營企業																
8	股份制企業																
9	中外合資企業																
10	外商獨資企業																
11	其他																
12	合　計																

圖 2－21　賓詞指標層疊排列截圖

以下幾點：

（1）標題設計要簡明扼要，能準確反應所要表達的內容，包括統計數據所屬的時間、空間以及主要內容。

（2）縱橫各欄各行的排列，要注意它們之間內在的邏輯關係和排列順序。各欄各行需要合計時，一般將合計列在最后一行或最后一列。

（3）應清楚標明計量單位。當表中只有一種計量單位時，可在表的右上方註明。如果有幾個不同的計量單位，橫行的計量單位可專設「計量單位」一欄，也可與縱欄各指標標註在一起。

（4）如果表的欄數較多，通常要加編號。主詞欄和計量單位欄可用（甲）（乙）（丙）等文字表示，賓詞欄可用（1）（2）（3）等數碼表示。必要時，應表明各欄之間的數量關係，例如（6）＝（1）＋（3）等。

（5）表中數字應填寫整齊，上下行個位數要對齊。數字為 0 時要寫上，無數字或不用填寫的數字要在格內填上「—」，缺數據的格內要填上「……」。

（6）統計表的表式為開口式，即表的左右兩端不畫縱線，上下邊線畫粗線或雙線。

（7）必要時，要給統計表加註說明或註釋，以備查考。

第三章　描述分析的基本指標

【教學導讀】

　　描述分析的基本指標包括總量指標、相對指標、平均指標、變異指標、偏度和峰度指標等。學習本章需要瞭解各種描述分析指標的含義、基本功能及其計算方法，並在此基礎上正確區分不同類型的總量指標，熟悉各種相對指標中比數與基數之間的相互關係，掌握各種平均指標運用的條件，熟悉變異指標是如何評價總體內部的差異性和平均指標的代表性，正確使用偏度指標、峰度指標評價變量分佈的偏態類型和峰度特徵。

第一節　總量指標

　　總量指標是最基本的統計分析指標，其他分析指標都是在總量指標的基礎上計算、演化而來的。

一、總量指標的概念和作用

　　總量指標是說明現象在一定時間、地點條件下達到的總規模、總水平或者工作總量的統計指標，因其使用絕對數來表示，也稱為絕對指標、絕對數。比如一個企業的占地面積、職工總數、資產總額、產品產量、營業收入、利潤總額等都屬於總量指標。

　　總量指標的作用主要表現在以下三個方面：

　　（1）總量指標是認識事物的起點。人們認識一個事物，是從瞭解事物的基本情況開始的，客觀現象的基本情況首先表現為總量。比如，要正確認識一個國家的基本國情國力和社會發展狀況，就需要瞭解這個國家在特定時間、條件下經濟社會發展的規模和水平，包括人口總數、勞動力數量、國土面積、各種資源儲量、各種工農業產品產量、國內生產總值等。因此，總量指標是認識客觀現象的起點，也是瞭解國情、國力的基礎。

　　（2）總量指標是基層單位和各級政府管理的依據。借助總量指標提供的各種信息，基層管理人員可以瞭解本單位的具體情況，各級政府管理人員可以瞭解社會、經濟發展的狀況和特徵，從而為基層管理人員和各級政府管理人員進行日常管理，為制訂計劃和檢查計劃的執行情況提供依據。

　　（3）總量指標是計算其他指標的基礎。運用總量指標可以計算相對指標、平均指標以及變異指標，由此說明總量指標是最基本的統計分析指標。

二、總量指標的分類

總量指標可以根據說明總體的內容和時間狀況不同進行分類。

1. 總量指標按說明總體的內容不同分為總體單位總量和總體標誌總量

總體單位總量是反應總體單位數目的統計指標,簡稱總體總量。總體單位總量不僅包含說明總體所有總體單位數目的指標,還包含說明總體某一類(組)總體單位數目的指標。比如人口總體中,人口總數是總體單位總量,反應每一類人口總數的指標同樣也是總體單位總量,如男性人口總數、女性人口總數以及任何一個年齡組、民族等的人口總數。

總體標誌總量是指總體各單位同類標誌值的總和,簡稱標誌總量,比如企業總體中,所有企業的職工總人數、營業總收入、利潤總額等。

注意某些總量指標因為說明不同的總體,可能有時是總體單位總量,有時又會成為總體標誌總量。比如「職工總人數」指標,在說明職工總體的時候是總體單位總量,而在說明企業總體的時候,就變成總體標誌總量了。

2. 總量指標按說明總體的時間狀況不同分為時期指標和時點指標

時期指標的全稱是時期總量指標,它是反應總體在某一段時期內累積的總量,又叫流量指標。比如某企業的產品產量、產品銷售量、營業收入,某國的 GDP、進出口貿易總額、財政收入、社會商品零售總額等指標。統計實務中,時期指標的時間一般表述為「年」「季」「月」等期間概念,也可以是更短的期間,如「旬」「日」「小時」等。時期指標有三個主要特徵:① 時期指標的原始資料必須連續登記,如果間斷,很可能導致時期數據遺漏,而不能獲得完整的時期總量;② 時期指標數值的大小與時間間隔長短有直接的關係,一般是時間間隔越長,時期指標的數值越大,時間間隔越短,時期指標的數值越小;③ 時期指標的數值既可以縱向相加,也可以橫向相加。縱向相加表示更長時期的總量,橫向相加表示更大範圍總體的時期總量。

時點指標的全稱是時點總量指標,它是反應總體在某一具體時刻存在的總量,又叫存量指標,表示事物在某一具體時間存在的數量,也可以理解為「剩餘量」。比如企業的職工人數、資產總額、商品庫存量,某國的國土面積、各種自然資源的蘊藏量、在校大學生人數等。統計實務中,時點指標的時間一般表述為「年初(末)」「季初(末)」「月初(末)」等時點概念。時點指標也有三個主要特徵:① 時點指標的原始資料不需要連續登記,如果需要瞭解現象在某個時點上的數據,就在某個時點展開調查;② 時點指標數值的大小與時間間隔長短無直接關係,因為時點指標數值在兩個時點之間既可能產生增加的數量,也可能產生減少的數量,如果增加的數量大於減少的數量,其變動的結果就是增加的,反之就是減少的;③ 時點指標的數值不能縱向相加,但可以橫向相加。縱向相加的結果無意義,橫向相加的結果表示更大規模總體的時點總量。

三、總量指標的計算方法

總量指標有直接計算、推算與估算兩種計算方法。

1. 直接計算方法

總量指標的直接計算方法主要在統計整理階段使用,它是在統計分組的基礎上,分

別對每一組的總體單位和標誌值進行匯總,獲得相應的總體單位總量和總體標誌總量的方法。

2. 推算與估算法

總量指標的推算與估算方法是指在特定條件下,根據已知的某些指標來推算其他總量指標的方法。常用的方法有以下四種:

(1)平衡推算法。它是利用時期指標與時點指標之間的相互關係來推算總量指標的一種方法。某些時期指標與時點指標之間存在如下相互關係:

$$期末數 = 期初數 + 本期增加數 - 本期減少數 \qquad (3.1)$$

四個總量指標中,已知其中三個指標就可以推算另一個指標。比如會計核算中,在對資產、負債以及所有者權益有關帳戶進行連續登記的基礎上,就可以根據各帳戶的期初餘額、本期增加總額和本期減少總額推算期末餘額。有時候也可能會利用期初數、本期增加總數和期末數倒推本期減少數。

(2)因素推算法。它是根據某些總量指標的影響因素來推算總量指標的一種方法。比如:工資總額 = 職工平均人數 × 平均工資,糧食總產量 = 播種面積 × 平均畝產量,如果已知工資總額、糧食產量的影響因素指標,推算總量指標是一件非常容易的事情。

(3)抽樣推算法。它是在一定的概率保證程度下,根據抽樣調查獲得的樣本統計量推斷總體參數的一種方法,該方法的具體運用將在第五章參數估計中介紹。

(4)插值推算法。它是根據某些客觀的或者人為的標準,並參照有關條件運用比例推算的方法來獲取有關總量指標的方法。這種方法常常運用於評估計算。

【例3.1】假定某電子產品質量標準規定,產品壽命為50,000 ~ 70,000 小時的,產品質量分為80 ~ 90 分。調查某企業該種產品的平均壽命為62,000 小時,計算其質量分。

解析:我們可以這樣理解,如果產品壽命剛好50,000 小時,產品質量分就是80 分,如果產品壽命剛好70,000 小時,產品質量分就是90 分。現在的情況是62,000 小時在50,000 小時與70,000 小時之間,相當於在50,000 小時與70,000 小時之間插入62,000 小時,那麼就應該在80 分與90 分之間插入對應的質量分。插值推算如下:

$$80 + \frac{90 - 80}{70,000 - 50,000} \times (62,000 - 50,000) = 86(分)$$

四、總量指標的計量單位

根據總量指標所反應的客觀事物的性質不同,其計量單位有實物單位、勞動時間單位和價值單位三種形式。

1. 實物單位

描述事物實物形態的單位稱為實物單位。具體有以下四種形式:

(1)自然單位。它是根據事物的自然屬性或物理屬性而採用的實物計量單位。如人口以「人」為單位、汽車以「輛」為單位、服裝以「件」為單位等。

(2)度量衡單位。它是以長度、重量以及在長度基礎上計算的面積、體積等作為計量單位。如糧食以「噸」為單位、房屋以「平方米」為單位、天然氣以「立方米」為單位等。

(3)雙重單位。它是把兩個實物單位連接在一起形成的計量單位。如貨物週轉量以

「噸千米」為單位、旅遊景點接待遊客以「人次」為單位等。

（4）標準實物單位。它是把用途相同,而型號、規格或有效成分不同的物品按照同一個標準折合以後形成的計量單位。比如統計實務中,將發熱量不同的各種能源,按照發熱量每29,260千焦耳折合為1千克標準煤。將含氮量不同的氮肥,按照含氮量100%折合為標準氮肥等。

以實物單位計量的統計指標稱為實物指標,它能夠具體說明現象的數量特徵。

2. 勞動時間單位

它是以勞動時間為計量單位來度量事物的工作總量,如工日、工時、臺時等。以勞動時間計量的總量指標稱為勞動量或工作量指標。

3. 價值單位

它是以貨幣為計量單位來度量事物的數量,如國內生產總值、營業收入、工資總額、利潤總額等。以價值單位計算的總量指標稱為價值指標。

價值指標與實物指標相比較,可以使不能直接加總的現象的數量過渡到可以加總,用以綜合說明具有不同使用價值現象的總規模、總水平,具有廣泛的綜合性和概括能力。

第二節　　相對指標

一、相對指標的概念和作用

1. 相對指標的概念及基本公式

相對指標又叫相對數,是兩個相互聯繫的指標數值進行對比而得到的比值,用來表明現象的結構、速度、比例關係以及相互關係的統計分析指標。基本公式為：

$$相對指標(相對數) = \frac{比數(子項)}{基數(母項)} \quad (3.2)$$

2. 相對指標的表現形式

相對指標有無名數和有名數兩種具體表現形式。無名數是一種抽象化的無量綱數據,如系數、倍數、百分數或千分數等;有名數是將相對指標中比數與基數指標的計量單位同時使用,是一種複合單位,如人口密度用「人／平方千米」表示、人均GDP用「元／人」表示等。

3. 相對指標的作用

統計相對指標是統計分析的重要方法,具有廣泛的用途。

（1）相對指標能夠反應現象的相對水平、普遍程度、比例關係、內部結構等。比如使用相對指標可以研究國民經濟發展速度、投入與產出的關係、產業結構等問題。

（2）相對指標可以使一些不能直接對比的現象找到共同的比較基礎,從而判斷事物之間的差別程度。比如生產的產品不同、生產條件不同或生產規模不同的企業之間,其產量、產值等總量指標不能直接對比,但以各自的計劃指標為依據,計算計劃完成程度相對指標,就可以比較和評價企業的工作成績了。

（3）相對指標是進行宏觀經濟管理和評價企業經濟活動狀態的重要指標。例如，在宏觀經濟管理中，廣泛運用各種相對指標檢查、監督和分析國民經濟發展的速度、比例、效益等。企業生產經營活動中，作為評價、考核企業經營狀況的各項技術經濟指標也大都是相對指標。

二、相對指標的種類及計算

根據對比的基數不同，相對指標可以分為計劃完成程度相對指標、結構相對指標、比例相對指標、比較相對指標、強度相對指標和動態相對指標六大類。下面分別加以介紹：

1. 計劃完成程度相對指標

（1）計劃完成程度相對指標的概念及基本公式

用現象的實際完成數與計劃任務數進行對比，表明計劃完成好壞的統計分析指標稱為計劃完成程度相對指標。基本公式如下：

$$計劃完成程度相對指標 = \frac{實際完成數}{計劃完成數} \times 100\% \qquad (3.3)$$

當計劃數為絕對數或平均數時，可以直接使用上述公式計算計劃完成程度。

【例3.2】某公司2015年計劃實現淨利潤2,500萬元，實際完成3,100萬元。則：

$$淨利潤計劃完成程度 = \frac{實際淨利潤}{計劃淨利潤} \times 100\% = \frac{3,100}{2,500} \times 100\% = 124\%$$

即超計劃24%完成任務。

（2）計劃數為增減百分數

有時候計劃數不是以絕對數或平均數的形式出現，而是以上年為基數，在上年基礎上增長或降低相應的百分數，這時的計劃完成程度應按如下公式計算：

$$計劃完成程度 = \frac{實際達到上年的百分數}{計劃達到上年的百分數} \times 100\% = \frac{1 \pm 實際\begin{matrix}提高\\降低\end{matrix}百分數}{1 \pm 計劃\begin{matrix}提高\\降低\end{matrix}百分數} \times 100\%$$

$$(3.4)$$

【例3.3】某公司2015年勞動生產率計劃比2014年提高10%，實際比2014年提高21%，則：

$$勞動生產率計劃完成程度 = \frac{實際達到上年的百分數}{計劃達到上年的百分數} \times 100\%$$

$$= \frac{1+21\%}{1+10\%} \times 100\%$$

$$= 110\%$$

即超計劃10%完成勞動生產率計劃，計劃完成得好。

【例3.4】某公司2015年主要產品單位成本計劃比2014年降低6%，實際降低了9%，則：

$$單位成本計劃完成程度 = \frac{實際達到上年的百分數}{計劃達到上年的百分數} \times 100\%$$

$$= \frac{1-9\%}{1-6\%} \times 100\%$$

$$= 96.81\%$$

計算結果表明,實際單位成本比計劃低3.19%,計劃完成得好,可以理解為超計劃3.19%完成任務。

關於百分點:百分數減去一個不是基數100%的同類百分數稱為百分點。【例3.3】中實際勞動生產率比計劃多提高了11個百分點,但超計劃10%完成任務;【例3.4】中實際單位成本比計劃多降低3個百分點,超計劃3.19%完成任務。

(3) 計劃完成程度相對指標的評價方法

從【例3.3】和【例3.4】的計算結果可以看出,不同指標計劃完成程度的評價標準是不一致的。一般評價標準是:

對於產出和成果類指標,該類指標的計劃數代表最低控制數,以實際數大於計劃數也就是計劃完成程度大於100%為好,超出100%的部分為超額完成任務的部分。

對於消耗和成本類指標,該類指標的計劃數代表最高控制數,以實際數低於計劃數也就是計劃完成程度小於100%為好,不足100%的部分為節約。

(4) 計劃完成進度的計算

計劃完成進度是指自計劃期初至檢查之日止的累計實際完成數與全期計劃數之間的比率,表明某一階段完成全期計劃的程度。其主要目的是檢驗任務進度與時間進度是否吻合。計算公式如下:

$$計劃完成進度 = \frac{期初至檢查之日止累計實際完成數}{全期計劃數} \times 100\% \qquad (3.5)$$

【例3.5】某公司2015年產量計劃為3,000噸。各季度實際完成產量見表3-1。

表3-1　　　　　　　某公司2015年各季度實際產量數據

時間	一季度	二季度	三季度	四季度	合計
實際產量(噸)	720	800	900	850	3,270

根據表3-1的數據計算如下:

$$一季度產量計劃完成進度 = \frac{720}{3,000} \times 100\% = 24\%$$

沒有跟上時間進度,說明企業需加強管理,否則不能完成全年計劃。

$$上半年產量計劃完成進度 = \frac{720+800}{3,000} \times 100\% = 50.67\%$$

略微超過時間進度,說明二季度加強管理取得了成效。

$$前三季度產量計劃完成進度 = \frac{720+800+900}{3,000} \times 100\% = 80.67\%$$

超過時間進度,有望超額完成全年計劃。

$$2015年產量計劃完成程度 = \frac{3,270}{3,000} \times 100\% = 109\%$$

超計劃9%,較好地完成了全年計劃。

(5) 中長期計劃的檢查

中長期計劃是指計劃期在五年及以上的計劃,比如五年計劃、十年計劃等。中長期計劃的表現方式有水平法和累計法兩種。

① 水平法。水平法只規定中長期計劃的最后一年應完成的任務。水平法適用於時點指標以及趨勢比較穩定的時期指標,比如國內生產總值、產品產量、人均國民收入等。其計劃完成程度計算公式如下:

$$中長期計劃完成程度 = \frac{中長期計劃最后一年實際完成數}{中長期計劃數} \times 100\% \qquad (3.6)$$

檢查中長期計劃的執行情況,還需要確定中長期計劃提前完成的時間。水平法下確定中長期計劃提前完成時間的方法是:在中長期內某一天開始的連續一年時間(可以跨年度計算)內的累計實際完成數剛好等於最后一年的計劃數(但在此之前無任何連續一年的實際完成數達到最后一年的計劃數),則該中長期計劃就在該年度內完成,餘下的時間就是提前完成計劃的時間。

	A	B	C	D	E	F	G	H	I	J	K	L	M
1												單位:億元	
2	時間	2011年	2012年	2013年		2014年				2015年			
3				上半年	下半年	一季度	二季度	三季度	四季度	一季度	二季度	三季度	四季度
4	產量	730	835	465	475	255	275	300	315	310	330	365	375

圖3-1　某地區「十二五」計劃期間各年國內生產總值截圖

【例3.6】某地區「十二五」計劃規定最后一年的國內生產總值應達到1,200億元,各年國內生產總值實際完成數見圖3-1。計算該地區國內生產總值「十二五」計劃完成程度以及五年計劃提前的時間。

$$國內生產總值「十二五」計劃完成程度 = \frac{310 + 330 + 365 + 375}{1,200} \times 100\% = 115\%$$

超計劃15%完成五年計劃。

從圖3-1看出,自2011年至2014年當中的任何一年都沒有完成最后一年的計劃數1,200億元。自2014年第二季度起至2015年第一季度止的連續一年時間內的累計實際完成數剛好達到最后一年的計劃數1,200億元(275 + 300 + 315 + 310 = 1,200),因此國內生產總值的「十二五」計劃提前於2015年第一季度末完成,提前3個季度完成五年計劃。

② 累計法。累計法是規定中長期計劃各年累計應完成的任務數,適用於計劃期內上下波動比較大的時期指標,比如造林面積、固定資產投資額等指標。其計劃完成程度計算公式如下:

$$中長期計劃完成程度 = \frac{中長期計劃各年累計實際完成數}{中長期計劃數} \times 100\% \qquad (3.7)$$

提前時間的確定:從中長期計劃的第一天算起,截至某一天的累計實際完成數剛好

等於中長期計劃數,則截止日期就是完成任務的時間,餘下的時間為提前時間。

【例3.7】某鄉鎮「十二五」計劃期間計劃完成基本建設投資額300億元,各年實際完成投資額見表3–2。檢查該鄉鎮基本建設投資額「十二五」計劃完成情況以及提前時間。

表3–2　　　　　某鄉鎮「十一五」計劃期間實際完成基本建設投資額

年份	2011年	2012年	2013年	2014年	2015年 一季度	二季度	三季度	四季度
投資額(億元)	45	55	70	85	20	25	30	30

$$基本建設投資「十二五」計劃完成程度 = \frac{45+55+70+85+20+25+30+30}{300} \times 100\% = 120\%$$

超計劃20%完成「十二五」計劃。

從表3–2看出,自2011年至2015年第二季度止的累計實際完成數剛好達到「十二五」計劃規定的300億元(45+55+70+85+20+25=300),因此基本建設投資額的「十二五」計劃提前於2015年第二季度末完成,提前兩個季度完成五年計劃。

2. 結構相對指標

結構相對指標是在統計分組的前提下,用總體某一組的數量除以總體總數量的結果,一般用百分數表示。計算公式如下:

$$結構相對指標 = \frac{總體某一組的數量}{總體的總數量} \times 100\% \qquad (3.8)$$

比如產品合格率、優質品率,男、女性別職工比重,考試成績的及格率、優秀率等指標都是結構相對指標。某些事物的結構相對指標能夠深刻地揭示事物的特徵和本質,比如居民消費支出中,食品消費支出占消費總支出的比重(恩格爾系數)可以揭示居民收入及財富的貧富狀況,在現實生活中被廣泛使用。

結構相對指標的特點:任何結構相對指標的取值都為0～1,且任何分組標誌下形成的各組結構相對指標相加都等於1。

3. 比例相對指標

比例相對指標是在統計分組的前提下,用總體某一組的數量與總體另一組的數量進行對比的結果,用來表明總體內部各部分之間的比例關係。它的最大特點是在數字之間用比例符號「:」來表示,如3:1等。計算公式如下:

$$比例相對指標 = \frac{總體某一組的數量}{總體另一組的總數量} \qquad (3.9)$$

比如一個國家或地區的男女性別比例(或新生嬰兒性別比)、國民經濟三次產業之間的比例、國民收入中消費與累積之間的比例等都屬於比較重要的比例相對指標。硝酸鉀、硫黃、木炭之間按不同比例配合可以獲得不同用途的火藥。

4. 比較相對指標

比較相對指標是同類指標數值在同一時間下的兩個總體之間進行對比的結果,用來

揭示事物之間的差距。計算公式如下：

$$比較相對指標 = \frac{某一總體的指標數值}{同一時間下另一總體的同類指標數值} \qquad (3.10)$$

比較相對指標一般用百分數、系數或倍數表示。通過計算比較相對指標，較強的一方總是希望保持自己的優勢，而較弱的一方則找到了自己的潛力以及追趕的對象。

比如兩個國家或地區在同一時間下的總人口、GDP、糧食總產量等指標進行的對比，就可以反應國家、地區之間的差異。

5. 強度相對指標

強度相對指標是兩個性質不同而又相互聯繫的總體總量指標數值進行對比的結果，用來表明一種事物在另一種相關事物中分佈的密度、強度或普遍程度。計算公式如下：

$$強度相對指標 = \frac{某一總體的總量}{另一性質不同而又有聯繫總體的總量} \qquad (3.11)$$

強度相對指標有時用無名數表示，如投資利潤率(%)、人口出生率(‰)、死亡率(‰)以及自然增長率(‰)等；有時候用名數表示，如人口密度(人／平方千米)、人均GDP(元／人)等，習慣上把這種用分數線連接的比數、基數計量單位稱為複合單位。

此外，某些強度相對指標的比數、基數可以交換位置，從而形成正指標與逆指標。正指標是指指標數值的大小與強度相對指標的效果成正比，比如用人口總數與土地面積對比獲得的「人口密度」指標；逆指標是指指標數值的大小與強度相對指標的效果成反比，比如用土地面積與人口總數對比獲得的「人口密度」指標。

6. 動態相對指標

動態相對指標又叫發展速度，是同一總體在報告期的指標數值與基期指標數值進行對比的結果，用來表明現象發展變化的程度。計算公式如下：

$$動態相對指標 = \frac{現象在報告期的指標數值}{現象在基期的指標數值} \times 100\% \qquad (3.12)$$

比如某企業某年度的營業收入與上年度營業收入進行對比的結果，某公司某季度的淨利潤與上季度或去年同期淨利潤進行對比的結果，都屬於動態相對指標(發展速度)，借助該指標可以研究現象發展變化的能力。關於發展速度的更多內容將在第九章時間數列分析中介紹。

三、計算和運用相對指標應注意的問題

正確計算和運用統計相對指標，應注意以下問題：

1. 正確選擇基數

基數就是相對指標的分母(母項)。計算相對指標主要根據研究的目的選擇基數，比如要反應現象的計劃完成程度就需要選擇相應的計劃指標作為基數，要進行橫向對比，就應該選擇另一對應現象在相同時間下的同類指標作為基數，計算比較相對指標。

2. 注意保持基數、比數之間的可比性

相對指標是兩個有聯繫的統計指標數值的比值，用作對比的兩個統計指標是否具有可比性，是計算結果能否正確反應現象之間的數量關係、能否運用計算結果正確分析問

題的重要條件。因此比數和基數必須在指標內涵、總體範圍、時間、計算方法、計量單位等方面保持一致。

3. 相對指標與總量指標結合運用

不同指標具有不同功能,相對指標用比值反應現象之間的聯繫,但它把現象的絕對水平抽象化了,不能說明現象之間絕對量上的差異。因此,在進行對比分析時,必須把相對指標與總量指標結合運用,既看到相對變動程度,又看到絕對數量水平,以達到全面、深入分析研究問題的目的。

4. 各種相對指標結合運用

一種相對指標只能說明現象某一方面的聯繫,而客觀現象之間的聯繫是複雜的,一個現象的變化往往是由多種因素引起的,同時又影響著與之相聯繫的其他現象的變化。因此,只有把各種相對指標結合起來分析,從不同的角度、不同側面觀察和分析問題,進行多方面的比較,才能做出正確的判斷,以達到全面認識事物的目的。

第三節　　平均指標

一、平均指標的概念

平均指標簡稱平均數,是說明同質總體各單位某一數量標誌在一定時間、地點條件下達到的一般水平的綜合指標,比如職工平均月工資、糧食平均畝產量、學生平均考試成績等。

總體各單位在數量標誌上存在差異是一種普遍現象,用來反應總體在某一數量標誌上一般水平的代表值就是平均數,因此平均指標可以理解為對某一數量標誌水平的概括性、一般性認識。

平均指標具有以下兩個特徵:

(1) 表明變量值的一般水平或集中趨勢,平均指標是總體各單位在某一數量標誌上的代表值。

(2) 把總體單位之間的差異抽象化了,換句話說,就是平均指標把總體各單位之間的差異掩蓋起來了。因此,在使用平均指標的時候,要注意總體各單位之間實際存在的差異。

二、平均指標的作用

平均指標在統計研究中應用得很廣,其作用主要有以下幾個方面:

(1) 通過反應變量分佈的一般水平,幫助人們對客觀事物的一般數量特徵有一個客觀的認識。例如,要想瞭解某城市居民的收入水平,一一列出每家每戶每人的收入顯然是不可能、也不必要的,只要計算平均指標就可以瞭解該城市居民收入高低的基本狀況。

(2) 利用平均指標可以對客觀事物在不同空間的發展水平進行比較,消除因總體規模不同而不能直接比較的因素,以反應它們之間總體水平上存在的差距,進而分析產生

差距的原因。

（3）利用平均指標可以對某一現象總體在不同時間上的發展水平進行比較，以說明這種現象發展變化的趨勢或規律性。

（4）利用平均指標可以分析現象之間的依存關係或進行數量上的推算。例如將某城市樣本居民按收入分組，計算出各組居民的平均收入與平均消費支出，就可以觀察居民消費支出與收入之間的依存關係，還可以以樣本居民的平均收入、平均消費支出去推算（估計）該城市居民的平均收入、平均消費支出。

（5）平均指標還可以作為研究和評價事物的一種數量標準或參考。在比較、評價不同總體的水平時，不能以各總體某一個體的水平為依據，而要看總體平均水平；在研究、評價個體事物在同類事物中的水平時，也必須以總體的平均水平為依據。在基層管理工作中，各種定額多是參照實際平均數制定出來的。

三、平均指標的種類

（1）平均指標按計算方法不同分為算術平均數、調和平均數、幾何平均數、中位數和眾數。其中算術平均數、調和平均數、幾何平均數又稱為計算平均數，中位數和眾數又稱為位置平均數。

（2）平均指標按反應的時間狀況不同分為靜態平均數和動態平均數。靜態平均數是對現象在相同時間下的數量計算的平均數，動態平均數是對現象在不同時間下的數量計算平均數。本章主要介紹靜態平均數，有關動態平均數的內容將在第九章時間數列分析中介紹。

四、計算平均數

1. 算術平均數

算術平均數是指總體標誌總量除以總體單位總量的結果。基本公式如下：

$$算術平均數 = \frac{總體標誌總量}{總體單位總量} \quad (3.13)$$

現實生活中的平均數絕大多數情況下都是用算術平均方法計算的。

【例3.8】某企業一月份工資總額為380萬元，平均職工人數為620人。則平均月工資為：

$$平均月工資 = \frac{3,800,000}{620} = 6,129.03(元)$$

某些人均指標是算術平均數，而某些人均指標是強度相對指標。算術平均數與強度相對指標既有區別，也有聯繫。

區別：①算術平均數是同一總體的標誌總量除以總體單位總量的結果；而強度相對指標是兩個性質不同但有聯繫總體的總量指標進行對比的結果。②算術平均數的分子、分母之間存在一一對應關係，即分母中的總體單位與分子中的標誌值是一一對應的；而強度相對指標的分子、分母之間不存在一一對應關係。

聯繫：某些強度相對指標帶有平均的意思，正是如此容易導致強度相對指標與算術平均數之間的混淆。

算術平均數按具體計算方法不同分為簡單算術平均數與加權算術平均數。

(1) 簡單算術平均數

簡單算術平均數是在標誌值未分組的條件下，直接把每個總體單位的標誌值相加獲得總體標誌總量，再除以總體單位總數的結果。計算公式如下：

$$\bar{x} = \frac{x_1 + x_2 + x_3 + \cdots + x_n}{n} = \frac{\sum_{i=1}^{n} x_i}{n} \qquad (3.14)$$

式中，$\bar{x}$ 代表算術平均數，x_i 代表第 i 個標誌值($i = 1, 2, \cdots, n$)。

【例 3.9】某生產班組 10 名工人日產量數據(件) 如下：18, 27, 19, 20, 25, 23, 21, 26, 22, 25。計算平均日產量。

解：

10 名工人的平均日產量為：

$$平均日產量 = \frac{\sum_{i=1}^{n} x}{n} = \frac{18 + 27 + 19 + 20 + 25 + 23 + 21 + 26 + 22 + 25}{10}$$
$$= 22.6(件)$$

(2) 加權算術平均數

加權算術平均數是在變量值分組的情況下，根據各組變量值和頻數計算的平均數。假定將變量值分為 n 個組，各組變量值(或組中值) 為 $x_1, x_2, x_3, \cdots, x_n$，各組的頻數分別為 $f_1, f_2, f_3, \cdots, f_n$，則加權算術平均數的計算公式為：

$$\bar{x} = \frac{x_1 f_1 + x_2 f_2 + x_3 f_3 + \cdots + x_n f_n}{f_1 + f_2 + f_3 + \cdots + f_n} = \frac{\sum_{i=1}^{n} x_i f_i}{\sum_{i=1}^{n} f_i} \qquad (3.15)$$

加權算術平均數中的頻數又稱為權數、次數。如果加權算術平均數各標誌值的頻數 f 相等，就可以演變為簡單算術平均數，可見簡單算術平均數是加權算術平均數的特殊形式。

【例 3.10】某公司 2,500 名職工的月工資資料見表 3 - 3，計算平均月工資。

表 3 - 3　　　　　　　　　某公司月工資數據

月工資(元)	職工人數(人)
3,000 以下	50
3,000 ~ 5,000	350
5,000 ~ 7,000	600
7,000 ~ 9,000	950
9,000 ~ 11,000	400
11,000 以上	150
合計 $\sum$	2,500

解:

根據表3-3編製平均工資計算表,見圖3-2。

	A	B	C	D
1				
2	月工資(元)	組中值 x	職工人數 f	工資總額 xf
3	3 000以下	2 000	50	100 000
4	3 000~5 000	4 000	350	1 400 000
5	5 000~7 000	6 000	600	3 600 000
6	7 000~9 000	8 000	950	7 600 000
7	9 000~11 000	10 000	400	4 000 000
8	11 000以上	12 000	150	1 800 000
9	合計 Σ	—	2 500	18 500 000

圖3-2 平均工資計算表截圖

平均月工資:

$$\bar{x} = \frac{\sum_{i=1}^{n} x_i f_i}{\sum_{i=1}^{n} f_i} = \frac{18,500,000}{2,500} = 7,400(元)$$

加權算術平均數的計算公式可以做如下變形:

$$\bar{x} = \frac{x_1 f_1 + x_2 f_2 + x_3 f_3 + \cdots + x_n f_n}{f_1 + f_2 + f_3 + \cdots + f_n}$$

$$= x_1 \cdot \frac{f_1}{\sum_{i=1}^{n} f_i} + x_2 \cdot \frac{f_2}{\sum_{i=1}^{n} f_i} + x_3 \cdot \frac{f_3}{\sum_{i=1}^{n} f_i} + \cdots + x_n \cdot \frac{f_n}{\sum_{i=1}^{n} f_i}$$

$$= \sum_{i=1}^{n} x_i \cdot \frac{f_i}{\sum_{i=1}^{n} f_i} \qquad (3.16)$$

從公式3.16可以看出,加權算術平均數的影響因素中,變量值(或組中值)是直接影響加權算術平均數的,任何一組變量值(或組中值)增加(或減少),都會引起平均數相應的增加(或減少)。而頻數不是直接以絕對值的形式影響加權算術平均數,而是以頻率的形式去影響加權算術平均數。即如果大變量值(或組中值)的頻率越大,平均數偏大;如果小變量值(或組中值)的頻率越大,平均數偏小。頻率在此實際上就是權重。

同一資料按公式3.15和公式3.16計算的結果是一致的。

【例3.11】根據表3-3,用加權平均數的變形公式計算平均月工資。

解:

根據表3-3編製平均工資計算表,見圖3-3。

	A	B	C	D	E
1					
2	月工資（元）	組中值x（元）	職工人數f（人）	頻率$\frac{f}{\sum f}$	$x \cdot \frac{f}{\sum f}$
3	3 000以下	2 000	50	0.02	40
4	3 000～5 000	4 000	350	0.14	560
5	5 000～7 000	6 000	600	0.24	1 440
6	7 000～9 000	8 000	950	0.38	3 040
7	9 000～11 000	10 000	400	0.16	1 600
8	11 000以上	12 000	150	0.06	720
9	合計$\sum$	—	2 500	1	7 400

圖3－3　以頻率為權數的平均工資計算表截圖

平均月工資：

$$\bar{x} = \sum_{i=1}^{n} x \cdot \frac{f_i}{\sum_{i=1}^{n} f_i} = 7,400（元）$$

可見，用兩個公式對同一數據計算的平均數是相等的。

為了區分兩個公式，可以把3.15式 $\bar{x} = \frac{\sum_{i=1}^{n} xf}{\sum_{i=1}^{n} f}$ 稱為以頻數f_i為權數的加權算術平均數，而把3.16式 $\bar{x} = \sum_{i=1}^{n} x \cdot \frac{f}{\sum_{i=1}^{n} f}$ 稱為以頻率 $\frac{f}{\sum_{i=1}^{n} f}$ 為權數的加權算術平均數。實際上，只需要把公式 $\bar{x} = \frac{\sum_{i=1}^{n} xf_i}{\sum_{i=1}^{n} f_i}$ 中的頻數f_i替換為頻率 $\frac{f_i}{\sum_{i=1}^{n} f_i}$ 就可以得到公式 $\bar{x} = \sum_{i=1}^{n} x \cdot \frac{f}{\sum_{i=1}^{n} f}$。

2. 調和平均數

調和平均數又叫倒數平均數，它是總體各單位標誌值倒數的算術平均數的倒數。

按照具體計算方法不同，調和平均數分為簡單調和平均數和加權調和平均數兩種。

（1）簡單調和平均數。它是在各變量值的權數都相等的情況下計算的調和平均數。計算公式如下：

$$\bar{x}_H = \frac{1}{\frac{\frac{1}{x_1} + \frac{1}{x_2} + \frac{1}{x_3} + \cdots + \frac{1}{x_n}}{n}} = \frac{n}{\sum_{i=1}^{n} \frac{1}{x_i}} \quad (3.17)$$

式中，$\bar{x}_H$代表調和平均數，x代表標誌值，n代表總體單位數量，$\sum$為累加符號。

（2）加權調和平均數。它是在各變量值的權數不相等的情況下計算的調和平均數，計算公式如下：

$$\bar{x}_H = \cfrac{1}{\cfrac{\frac{1}{x_1} \cdot m_1 + \frac{1}{x_2} \cdot m_2 + \frac{1}{x_3} \cdot m_3 + \cdots + \frac{1}{x_n} \cdot m_4}{m_1 + m_2 + m_3 + \cdots + m_n}} = \cfrac{\sum_{i=1}^{n} m_i}{\sum_{i=1}^{n} \frac{m_i}{x_i}} \quad (3.18)$$

式中，m_i 代表加權調和平均數的權數。不難看出，如果加權調和平均數各權數 m_i 相等，就可以演變為簡單調和平均數，可見簡單調和平均數是加權調和平均數的特殊形式。

注意觀察公式，在 $m_i = x_i f_i$ 的條件下，調和平均數與算術平均數之間有何種關係？

【例3.12】三種蘋果每千克單價分別為 5 元、8 元、10 元。計算以下四種情況下的平均價格。

1）三種蘋果各買 2 千克。

2）三種蘋果分別購買 2 千克、3 千克、5 千克。

3）三種蘋果各買 10 元。

4）三種蘋果各買 15 元、10 元、18 元。

5）根據以上四種情況計算的平均價格，歸納出算術平均數、調和平均數的運用條件。

解：

按照一般理解，平均價格應該用購買蘋果的總金額除以購買蘋果的總重量，所以：

1）三種蘋果各買 2 千克的平均價格：

$$\text{平均價格} = \frac{\text{購買總金額}}{\text{購買總數量}} = \frac{5 \times 2 + 8 \times 2 + 10 \times 2}{2 + 2 + 2} = \frac{5 + 8 + 10}{3} = 7.67(元)$$

可以看出，在各種蘋果重量相等的情況下，可以直接採用簡單算術平均的方法。

2）三種蘋果分別購買 2 千克、3 千克、5 千克的平均價格：

$$\text{平均價格} = \frac{\text{購買總金額}}{\text{購買總數量}} = \frac{5 \times 2 + 8 \times 3 + 10 \times 5}{2 + 3 + 5} = 8.4(元)$$

可以看出，在各種蘋果重量不相等的條件下，應該採用加權算術平均的方法。

3）三種蘋果各買 5 元的平均價格：

$$\text{平均價格} = \frac{\text{購買總金額}}{\text{購買總數量}} = \frac{10 + 10 + 10}{\frac{10}{5} + \frac{10}{8} + \frac{10}{10}} = \frac{3}{\frac{1}{5} + \frac{1}{8} + \frac{1}{10}} = 7.06(元)$$

可以看出，在各種蘋果購買金額相等的條件下，可以直接採用簡單調和平均的方法。

4）如果三種蘋果各買 15 元、10 元、18 元的平均價格：

$$\text{平均價格} = \frac{\text{購買總金額}}{\text{購買總數量}} = \frac{15 + 10 + 18}{\frac{15}{5} + \frac{10}{8} + \frac{18}{10}} = 7.11(元)$$

可以看出，在各種蘋果購買金額不相等的條件下，應該直接採用加權調和平均的方法。

5）根據以上四種假設計算的平均價格，可以歸納出如下結論：

① 不論是算術平均數還是調和平均數，都是用總體標誌總量除以總體單位總量的結果。

② 如果已知變量值 x 及其頻數 f 計算平均數,應採用算術平均的方法。其中如果各變量值 x 的頻數 f 相等,用簡單算術平均公式;如果各變量值 x 的頻數 f 不相等,用加權算術平均公式。由此得出的另一推論是:簡單算術平均數是加權算術平均數的特殊形式。

③ 如果已知變量值 x 及其標誌總量 $m(m = xf)$ 計算平均數,用調和平均的方法。其中如果各變量值 x 的標誌總量 m 相等,用簡單調和平均公式;如果各變量值 x 的標誌總量 m 不相等,用加權調和平均公式。由此得出的另一推論是:簡單調和平均數是加權調和平均數的特殊形式。

實際應用中,應根據平均指標計算的對象以及 $m = xf$ 這一數量關係所表現出來的經濟意義,科學地判斷已知條件中什麼因素是變量值 x,什麼因素是頻數 f,什麼因素又是標誌總量 m。唯其如此,才能科學地計算平均指標。

【例3.13】某市 140 戶國有企業 2015 年利潤計劃完成情況見表 3 - 4,計算全部國有企業的平均利潤計劃完成程度。

表 3 - 4　　　　　某市國有企業 2015 年利潤計劃完成情況

利潤計劃完成程度(%)	企業數(戶)	實際利潤(萬元)
80 ~ 90	7	540
90 ~ 100	15	1,480
100 ~ 110	64	15,490
110 ~ 120	36	13,770
120 以上	18	7,630
合計 $\sum$	140	38,910

解析:已知的三項條件中,利潤計劃完成程度是按組距式分組的,可以用組中值代替每一組企業利潤計劃完成水平,企業數與另外兩項已知條件之間沒有直接的數量關係,而實際利潤與利潤計劃完成程度有直接關係。即:實際利潤 = 計劃利潤 × 利潤計劃完成程度。因此,該例中的實際利潤對應標誌總量 m,計劃利潤對應變量值 x,利潤計劃完成程度對應頻數 f。本題相當於已知變量值 x 及其標誌總量 m,且各組標誌總量 m 不相等,應採用加權調和平均數計算平均利潤計劃完成程度。編製平均利潤計劃完成程度計算表,見圖 3 - 4。

國有企業平均利潤計劃完成程度為:

$$\bar{x}_H = \frac{\sum_{i=1}^{n} m}{\sum_{i=1}^{n} \frac{m}{x}} = \frac{38,910}{35,023.48} \times 100\% = 111.10\%$$

可見,利潤計劃的平均完成程度等於所有企業的實際利潤總和與所有企業的計劃利潤總和之比,即等於所有企業的利潤計劃完成程度。

如果將本題中「實際利潤」改為「計劃利潤」,平均利潤計劃完成程度又該如何計算?

	A	B	C	D
1				
2	利潤計劃完成程度（%）	組中值 x（%）	實際利潤 m（元）	計劃利潤 $\frac{m}{x}$（萬元）
3	80～90	85	540	635.29
4	90～100	95	1 480	1 557.89
5	100～110	105	15 490	14 752.38
6	110～120	115	13 770	11 973.91
7	120以上	125	7 630	6 104.00
8	合　計∑	—	38 910	35 023.48

圖 3-4　平均利潤計劃完成程度計算表截圖

這個問題留給讀者思考。

3. 幾何平均數

幾何平均數是指若幹個變量值連乘積的項數次方根。

統計上的算術平均數、調和平均數與幾何平均數在使用的條件上有較大的差異。當現象的「總數」是以累加的方式獲得的時候，其平均數就要用除法運算，這種情況下就會使用算術平均數或者調和平均數；當現象的「總數」是以連乘積的方式獲得的時候，其平均數就只能使用開方的方法了，乘幾個數就開幾次方。

幾何平均數主要應用於：若幹個連續比率的連乘積等於一個總比率，計算平均比率的情形。主要用途：對連續作業車間或工序計算平均合格率；計算現象的平均發展速度或平均增長速度；分段按複利計算利息的平均利息率等。

根據掌握的資料不同，幾何平均數有簡單幾何平均數和加權幾何平均數兩種。

(1) 簡單幾何平均數：每個比率在乘積過程中的次數相等，應採用簡單幾何平均的方法。

$$\bar{x}_G = \sqrt[n]{x_1 \cdot x_2 \cdot x_3 \cdots x_n} = \sqrt[n]{\prod x_i} \quad (3.19)$$

式中，$\bar{x}_G$ 代表幾何平均數，x_i 代表比率，n 代表總體單位數量，$\prod$ 為連乘積符號。

(2) 加權幾何平均數：每個比率在乘積過程中的次數不相等，應採用加權幾何平均的方法。

$$\bar{x}_G = \sqrt[\sum f]{x_1^{f_1} \cdot x_2^{f_2} \cdot x_3^{f_3} \cdots x_n^{f_n}} = \sqrt[\sum f]{\prod x_i^{f_i}} \quad (3.20)$$

式中，f_i 代表各比率的頻數，$\sum f$ 代表各比率頻數之和。

【例3.14】某企業有鑄鍛、初加工、精加工和裝配四個連續作業車間，加工1,000件產品，經過四個車間加工后的合格品數量分別為 980 件、970 件、950 件、945 件。試計算四個車間的平均合格率。

解析：各車間的合格率分別為 $\frac{980}{1,000}$、$\frac{970}{980}$、$\frac{950}{970}$、$\frac{945}{950}$。整個企業加工 1,000 件產品，最終合格 945 件，總合格率為 $\frac{945}{1,000}$。很明顯，企業總合格率等於各車間合格率的連乘積，即：

$$\frac{980}{1,000} \times \frac{970}{980} \times \frac{950}{970} \times \frac{945}{950} = \frac{945}{1,000}$$，計算平均合格率就只能對總合格率開高次方。

$$平均合格率 = \sqrt[4]{\frac{980}{1,000} \times \frac{970}{980} \times \frac{950}{970} \times \frac{945}{950}} \times 100\% = \sqrt[4]{\frac{945}{1,000}} \times 100\% = 98.60\%$$

【例3.15】某企業從銀行取得一筆1,000萬元的10年期貸款,按複利計算利息:第1年的利率為6%,第2～3年的利率為7%,第4～6年的利率為8%,第7～10年的利率為10%。試計算該筆貸款的平均年利率。如果按單利計算利息,平均年利率又是多少?

解析:該筆貸款到期的本利為$1,000 \times 1.06 \times 1.07^2 \times 1.08^3 \times 1.1^4$,10年期總的利本率 $= \dfrac{1,000 \times 1.06 \times 1.07^2 \times 1.08^3 \times 1.1^4}{1,000} = 1.06 \times 1.07^2 \times 1.08^3 \times 1.1^4$。也就是說10年期的總利本率等於各年利本率的連乘積,計算平均利本率只需要對總利本率開10次方就可以了。即:

$$平均利本率 = \sqrt[10]{1.06 \times 1.07^2 \times 1.08^3 \times 1.1^4} \times 100\% = \sqrt[10]{2.238,3} \times 100\%$$
$$= 108.39\%$$

$$平均年利率 = 108.39\% - 100\% = 8.39\%$$

如果該筆貸款按單利計算,則10年期的總利息為:

$$1,000 \times (6\% + 7\% \times 2 + 8\% \times 3 + 10\% \times 4)$$

10年期的總利率為:

$$\frac{1,000 \times (6\% + 7\% \times 2 + 8\% \times 3 + 10\% \times 4)}{1,000} = 6\% + 7\% \times 2 + 8\% \times 3 + 10\% \times 4$$

也就是說10年期的總利率等於各年利率之和,計算平均年利率只需要用總利率除以10年就可以了。即:

$$平均年利率 = \frac{6\% + 7\% \times 2 + 8\% \times 3 + 10\% \times 4}{1 + 2 + 3 + 4} = 8.4\%$$

雖然兩種情形下計算的平均年利率非常接近,但是兩種情形下企業負擔的利息卻相差甚大。

關於平均發展速度與平均增長速度計算的相關內容,將在第九章時間數列分析中介紹。

4. 算術平均數、調和平均數與幾何平均數之間的關係

算術平均數、調和平均數與幾何平均數是統計平均指標計算中三種不同的方法,它們各自適用於特定的運算條件。因此,統計實務中,必須分析掌握資料的特點,選擇相應的平均指標計算公式,才能科學地計算平均指標。

算術平均數與調和平均數的關係更密切一些,因為它們實際上都是以總體標誌總量除以總體單位總量的結果,僅僅在計算形式上有所差異。在$m = xf$的條件下,加權調和平均數可以轉換為加權算術平均數。有人據此認為,調和平均數是算術平均數的變形。

僅從純數學意義上看,根據一組抽象數據計算的算術平均數、調和平均數與幾何平均數之間存在如下數量關係:

$$\bar{x}_H \leq \bar{x}_G \leq \bar{x}$$

例如,任意 3 個抽象的數字 18、20、25,它們的算術平均數、幾何平均數與調和平均數分別為 21、20.8、20.61,符合上述數量關係。而如果這是三個同學的年齡,則只能用簡單算術平均數 $\left(\bar{x}=\dfrac{18+20+25}{3}=21\right)$ 或加權調和平均數 $\left(\bar{x}_H=\dfrac{18+20+25}{\frac{18}{18}+\frac{20}{20}+\frac{25}{25}}=21\right)$ 計算平均年齡,而且兩種方法對同一資料計算的平均數是相等的。

五、位置平均數

位置平均數主要包括中位數、分位數與眾數。

1. 中位數與分位數

(1) 中位數

中位數是將所有總體單位的變量值按大小順序排列后,處於中間位置的變量值,用符號 M_e 表示。由於它居於數列的中間位置,而平均數又是反應變量值集中趨勢的,所以也就可以用中位數來代表變量值的一般水平。中位數既可用以測定順序數據的集中趨勢,也可用以測定數值型數據的集中趨勢,但不適用於分類數據。中位數的確定,因所掌握的數據條件不同而分為兩種情況:一是根據未經分組的原始數據確定中位數,二是根據變量分佈數列來確定。

1) 根據未經分組的原始數據確定中位數

在原始數據未經分組的情況下,先將 n 個原始數據按大小順序排列,確定中位數的位置,然后確定中位數。如果數據為奇數個,中位數的位置在 $\dfrac{n+1}{2}$ 處;如果數據為偶數個,則處在最中間位置的數據有兩個,它們的位置分別在 $\dfrac{n}{2}$、$\dfrac{n}{2}+1$ 處,取這兩個位置數據的算術平均數就是中位數。

【例 3.16】A 班 7 位任課教師中有 2 位講師,3 位副教授,2 位教授;B 班 8 位任課教師中有 2 位講師,3 位副教授,3 位教授。確定 A、B 兩班任課教師職稱的中位數。

解:

A 班 7 位任課教師的職稱按升序排列的結果是:講師,講師,副教授,副教授,副教授,教授,教授。最中間位置在 $\dfrac{n+1}{2}=\dfrac{7+1}{2}=4$,而處在第 4 個位置的教師職稱是「副教授」。因此「副教授」就是 A 班任課教師職稱的中位數。

B 班 8 位任課教師的職稱按升序排列的結果是講師,講師,副教授,副教授,副教授,教授,教授,教授。最中間的兩個位置在 $\dfrac{n}{2}=\dfrac{8}{2}=4$、$\dfrac{n}{2}+1=\dfrac{8}{2}+1=5$,而處在第 4、第 5 兩個位置的教師職稱都是「副教授」。因此 B 班任課教師職稱的中位數也是「副教授」。

【例 3.17】根據【例 3.9】中 10 名工人的日產量數據確定中位數。

解:

將 10 名工人的日產量數據按升序排列結果為:18,19,20,21,22,23,25,25,26,27。最中間的兩個位置分別是第 5、第 6。處在這兩個位置上的日產量分別是 22,23,因此全部工

人日產量的中位數為22.5。

2）根據變量數列確定中位數

根據變量數列確定中位數包括單項式變量數列和組距式變量數列兩種情形。

① 根據單項式變量數列確定中位數

對於單項式變量數列,先採用向上(或向下)累計頻數,確定中位數所在的組,中位數應該在累計頻數剛好超過$\dfrac{\sum_{i=1}^{n} f_i}{2}$的那一組,然後確定中位數,中位數就是中位數所在組的變量值。

【例3.18】根據教材第二章【例2.10】表2-11資料,確定家庭人口的中位數。

解:

根據表2-11編製累計頻數數列,見表3-5。

表3-5　　　　　　　　某市家庭按人口分佈表

家庭人口數(人)	家庭數(萬戶)	累計家庭數(戶)	
		向上	向下
1	6	6	
2	28	34	
3	57	91	86
4	24		29
5	5		5
合計	120	—	—

從累計頻數數列看出,不論是向上累計家庭數91還是向下累計家庭數86都是在第3組的位置剛好超過家庭總戶數的一半(60戶),因此第3組就是中位數組,第3組變量值「3」就是家庭人口的中位數,即$M_e = 3$人,也就是說以中位數表示的家庭平均人口數為3人。

② 根據組距式變量數列確定中位數

對於組距式變量數列,先採用向上(或向下)累計頻數,確定中位數所在的組,中位數應該在累計頻數剛好超過$\dfrac{\sum_{i=1}^{n} f_i}{2}$的那一組,然後用插值推算法按比例計算中位數的近似值。具體計算公式有下限公式和上限公式兩個,計算結果都一樣。

下限公式:

$$Me = L + \dfrac{\dfrac{\sum_{i=1}^{n} f_i}{2} - S_{m_e - 1}}{f_{m_e}} \times d \qquad (3.21)$$

式中,M_e代表組中值,L為中位數所在組的下限,f_{m_e}為中位數所在組的頻數,S_{m_e-1}為中位

數所在組以下各組頻數的累計值，d 為中位數所在組的組距。

上限公式：

$$Me = U - \frac{\frac{\sum_{i=1}^{n} f}{2} - S_{m_e+1}}{f_{m_e}} \times d \qquad (3.22)$$

式中，U 為中位數所在組的上限，S_{m_e+1} 為中位數所在組以上各組頻數的累計值。

【例3.19】根據【例3.10】表3－3的資料，確定職工月工資的中位數。

解：

根據表3－3編製向上累計頻數數列和向下累計頻數數列，見表3－6。

表3－6　　　　　　　某公司職工月工資分佈

月工資(元)	職工人數(人)	累計職工人數(人)	
		向上累計	向下累計
3,000 以下	50	50	
3,000～5,000	350	400	
5,000～7,000	600	1,000	
7,000～9,000	950	1,950	1,500
9,000～11,000	400		550
11,000 以上	150		150
合計 $\sum$	2,500	—	—

從累計頻數數列看出，不論是向上累計職工人數1,950還是向下累計職工人數1,500都是在第4組的位置剛好超過職工總人數的一半(1,250人)，因此第4組月工資「7,000～9,000」就是中位數組。

計算中位數的有關數據：$L = 7,000$，$U = 9,000$，$\sum f = 2,500$，$f_{m_e} = 950$，$S_{m_e-1} = 1,000$，$S_{m_e+1} = 550$，$d = 2,000$。

由下限公式得：

$$Me = L + \frac{\frac{\sum_{i=1}^{n} f_i}{2} - S_{m_e-1}}{f_{m_e}} \times d = 7,000 + \frac{\frac{2,500}{2} - 1,000}{950} \times 2,000 = 7,526.32(元)$$

由上限公式得：

$$Me = U - \frac{\frac{\sum_{i=1}^{n} f_i}{2} - S_{m_e+1}}{f_{m_e}} \times d = 9,000 - \frac{\frac{2,500}{2} - 550}{950} \times 2,000 = 7,526.32(元)$$

(2) 分位數

分位數是將變量值按大小順序排列並等分為若幹部分后,處於等分點位置點的變量值。常用的分位數有四分位數、十分位數和百分位數,它們分別是將變量值序列4等分、10等分和100等分的3個點、9個點和99個點上的變量值。其中四分位數第2點的變量值、十分位數第5個點的數值和百分位數第50個點的變量值,就是中位數。所以,中位數就是一個特殊的分位數。

以四分位數為例,用 Q_L, Q_M, Q_U 分別表示第一個、第二個和第三個四分位數,它們的位置分別為 $\frac{n+1}{4}, \frac{2(n+1)}{4}, \frac{3(n+1)}{4}$,根據它們的位置就可以確定各四分位數。

【例3.20】某班19個同學的年齡數據如下:19,21,20,22,23,20,21,20,21,21,21,22,23,21,22,21,21,20,19。確定其四分位數。

解:

將年齡按升序排列:19,19,20,20,20,20,21,21,21,21,21,21,21,21,22,22,22,23,23。四分位的位置分別是5,10,15。這三個位置上的變量值分別是 $Q_L = 20, Q_M = 21, Q_U = 22$,其中第二個四分位數就是中位數,即 $M_e = Q_M = 21$。

如果各四分位數的位置不是在整數點位上,則要根據四分位數的位置按比例推算四分位數。

【例3.21】根據【例3.17】中按升序排序的工人日產量確定四分位數。

解:

10名工人日產量排序后,四分位的位置分別是2.75,5.5,8.25。則:

第一個四分位數 $Q_L = 19 \times 0.25 + 20 \times 0.75 = 19.75$

第二個四分位數(也是中位數) $Q_M = 22 \times 0.5 + 23 \times 0.5 = 22.5$

第三個四分位數 $Q_U = 25 \times 0.75 + 26 \times 0.25 = 25.25$

2. 眾數

眾數是指總體中出現次數最多或者頻率最高的變量值,用符號 M_o 表示。在變量值集中度很高的場合,眾數可以用來反應現象的一般水平。例如城市居民家庭中,三口之家所占的比重明顯高於其他家庭,因此3人就是城市居民家庭人口的眾數,可以用它來表示城市居民家庭人數的一般水平。

眾數可用以測定任何類型數據的集中趨勢,包括分類數據、順序數據和數值型數據。例如,某班級28位同學中有23位男生,則「男生」就是眾數。再如,根據【例2.16】某大學教師職稱分佈數列可以看出,副教授職稱有529人,占全部教師的39.19%,所以「副教授」就是職稱的眾數。

變量數列確定眾數的方法因所掌握的數據條件不同而有所差異。根據單項式變量數列確定眾數比較容易,只要找出頻數最多或頻率最高的變量值即可。例如,根據【例3.18】數據可以確定家庭人口數的眾數是3人。

如果根據組距式變量數列確定眾數,首先要確定眾數組,然后用相應的公式近似地確定眾數。在等距分組的情況下,頻數最多的組就是眾數組,在異距分組的情況下,頻數密度最大的組就是眾數組,頻數密度是指各組頻數與其組距之間的比率。眾數是依據眾

數組頻數與其相鄰兩組頻數之間的關係來近似計算的，見圖3－5。

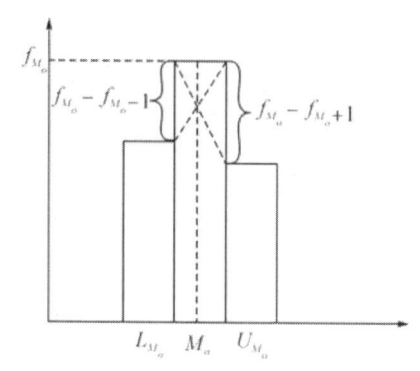

圖3－5　眾數與相鄰組頻數的關係

根據圖3－5可以得出計算眾數的下限公式與上限公式。
下限公式：

$$M_o = L + \frac{f_{M_e} - f_{M_e-1}}{(f_{M_e} - f_{M_e-1}) + (f_{M_e} - f_{M_e+1})} \times d \quad (3.23)$$

上限公式：

$$M_o = U - \frac{f_{M_e} - f_{M_e+1}}{(f_{M_e} - f_{M_e-1}) + (f_{M_e} - f_{M_e+1})} \times d \quad (3.24)$$

式中，M_o表示眾數，L代表眾數組的下限，U代表眾數組的上限，d代表眾數組的組距，f_{M_e}表示眾數組的頻數，f_{M_e-1}表示與眾數組相鄰的下一組的頻數，f_{M_e+1}表示與眾數組相鄰的上一組的頻數。

【例3.22】根據【例3.10】表3－3的資料，確定職工月工資的眾數。
解：
根據表3－3判斷，職工人數950為最大頻數，所以第四組7,000～9,000為眾數組。計算眾數的有關條件：$L = 7,000$，$U = 9,000$，$d = 2,000$，$f_{M_e} = 950$，$f_{M_e-1} = 600$，$f_{M_e+1} = 400$。

根據下限公式計算：

$$\begin{aligned} M_o &= L + \frac{f_{M_e} - f_{M_e-1}}{(f_{M_e} - f_{M_e-1}) + (f_{M_e} - f_{M_e+1})} \times d \\ &= 7,000 + \frac{950 - 600}{(950 - 600) + (950 - 400)} \times 2,000 \\ &= 7,777.78(元) \end{aligned}$$

根據上限公式計算：

$$\begin{aligned} M_o &= U - \frac{f_{M_e} - f_{M_e+1}}{(f_{M_e} - f_{M_e-1}) + (f_{M_e} - f_{M_e+1})} \times d \\ &= 9,000 - \frac{950 - 400}{(950 - 600) + (950 - 400)} \times 2,000 \end{aligned}$$

$$= 7,777.78(元)$$

如果是根據異距數量確定眾數,則要使用頻數密度。

【例3.23】某市工業企業職工人數分佈見表3-7。

表3-7　　　　　　　　某市工業企業職工人數分佈

職工人數(人)	企業數(戶)	頻數密度
1 ~ 100	87	0.878,8
100 ~ 500	419	1.047,5
500 ~ 1,000	1,365	2.73
1,000 ~ 2,000	324	0.324
2,000 ~ 5,000	93	0.031
5,000 以上	18	0.006
合計	2,306	—

根據表3-7判斷,2.73為最大頻數密度,所以第四組500 ~ 1,000為眾數組。計算眾數的有關條件:$L = 500, U = 1,000, d = 500, f_{M_e} = 2.73, f_{M_e-1} = 1.047,5, f_{M_e+1} = 0.324$。

根據下限公式計算:

$$M_o = L + \frac{f_{M_e} - f_{M_e-1}}{(f_{M_e} - f_{M_e-1}) + (f_{M_e} - f_{M_e+1})} \times d$$

$$= 500 + \frac{2.73 - 1.047,5}{(2.73 - 1.047,5) + (2.73 - 0.324)} \times 500$$

$$= 706(人)$$

根據上限公式計算:

$$M_o = U - \frac{f_{M_e} - f_{M_e+1}}{(f_{M_e} - f_{M_e-1}) + (f_{M_e} - f_{M_e+1})} \times d$$

$$= 1,000 - \frac{2.73 - 0.324}{(2.73 - 1.047,5) + (2.73 - 0.324)} \times 500$$

$$= 706(人)$$

確定眾數需要注意兩點:一是分配數列的頻數分佈必須有明顯的集中趨勢,才可以確定眾數,也就是說確定眾數是有條件的;二是如果分配數列的頻數分佈存在兩個相對的集中趨勢,則分配數列允許有兩個眾數。

3. 眾數、中位數和算術平均數的關係

眾數、中位數和算術平均數都是用於反應總體某一數量標誌在特定條件下的一般水平或分佈集中趨勢的代表值,但因為它們的計算方法不同,具體的含義也有差異,故它們有各自的特點。第一,眾數和中位數是由變量值所處的特殊位置確定的,而算術平均數是根據變量數列所有變量值計算的,所以算術平均數對數據的概括能力比眾數、中位數強。

第二，算術平均數易受數列中極端變量值的影響，中位數和眾數幾乎不受極端變量值的影響。第三，它們對數據類型的要求不同，算術平均數要求最高，它只適用於數值型數據；中位數次之，它還適用於順序數據；眾數對數據的類型沒有嚴格的限制，除適用於數值型數據和順序數據外，眾數甚至還適用於分類數據。

眾數、中位數和算術平均數彼此間存在著一定的數量關係：在對稱的正態分佈條件下，中位數、眾數和算術平均數三者完全相等，即 $\bar{x} = M_e = M_o$。在非對稱分佈的情況下，眾數、中位數和算術平均數三者的差別取決於分佈的偏斜程度，分佈偏斜的程度越大，它們之間的差別越大。當頻數分佈呈右偏(正偏)時，算術平均數受極大值的影響而最大，眾數最小，此時有 $\bar{x} > M_e > M_o$；當頻數分佈呈左偏(負偏)時，算術平均數受極小值的影響而最小，眾數最大，此時有 $\bar{x} < M_e < M_o$。但無論哪種分佈特徵，中位數始終介於眾數和平均數之間。眾數、中位數和算術平均數三者的關係見圖3-6。

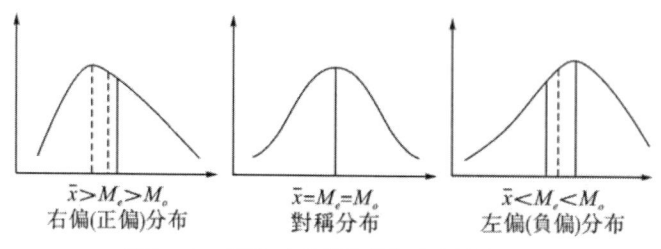

圖3-6　眾數、中位數和算術平均數的關係

英國統計學家皮爾生的研究指出，如果在只存在輕微偏斜的情況下，根據同一資料計算的眾數、中位數和算術平均數之間數量關係的經驗公式為：算術平均數與眾數之間的距離約等於算術平均數與中位數之間距離的三倍。即：

$$\bar{x} - M_o \approx 3(\bar{x} - M_e) \tag{3.25}$$

利用這種數量關係，可以用已知的兩個平均指標來推算另一個平均指標。

例如，根據表3-3的資料，在【例3.10】中計算的平均月工資 $\bar{x} = 7,400$ 元，在【例3.19】中計算的中位數 $M_e = 7,526.32$ 元，在【例3.22】中計算的眾數 $M_o = 7,777.78$ 元。三者之間的關係表明，職工月工資呈左偏(負偏)分佈，而且眾數與算術平均數之間的差距377.78元約等於中位數與算術平均數之間差距126.32的3倍。

第四節　　離中趨勢的測定

平均指標是反應變量值一般水平的綜合指標，能夠表明總體各單位變量值的集中趨勢。實際上，總體各單位變量值也存在離中趨勢，這就是變異指標。如果說集中趨勢是總體或變量分佈同質性的體現，那麼離中趨勢就是總體或變量分佈變異性的體現。

一、變異指標的概念和作用

1. 變異指標的概念

變異指標也叫離散指標、標誌變動度,是表明總體各單位變量值差異程度的綜合指標。它表明變量值的變動範圍,即反應變量分佈中各變量值遠離中心值或代表值的程度。

常用的變異指標主要有:全距、四分位差、異眾比率、平均差、標準差、變異系數等。

2. 變異指標的作用

利用變異指標,不僅可以判斷變量分佈的離中程度,而且與平均指標結合運用,可以更準確地認識總體現象或變量分佈的數量特徵,對於科學管理與決策具有重要的意義。具體來說,變異指標的作用主要有以下幾點:

(1) 衡量和比較平均數的代表性

平均數掩蓋了各變量值之間的差異,具有抽象性與代表性。平均數代表性的高低不是取決於它自己本身,而是取決於各變量值之間的差異程度。如果變量的變動幅度大或各變量值之間的差異程度大,則平均數的代表性就小;反之,變量的變動幅度小或各變量值之間的差異程度小,則平均數的代表性就大。

(2) 反應現象活動過程的均衡性、節奏性或穩定性

現象的活動過程通常都以平均數為中心而呈現出起伏波動,波動的大小說明現象活動過程的均衡性、節奏性或穩定性的高低,而這種波動同樣可以通過變異指標來反應。例如,國民經濟發展過程中增長速度是否大起大落,股票價格的變化是否暴漲暴跌,產品質量是否穩定均勻,考試成績是否起伏不定等,都可以用變異指標來反應。

(3) 研究變量值分佈偏離正態的狀況

一般地說,變量值分佈越集中,從分佈圖看,其分佈曲線越尖峭;變量值分佈越分散,其分佈曲線越平坦。

(4) 為統計推斷提供依據

在統計推斷中,無論是抽樣估計還是假設檢驗,變異指標都是必不可少的要素,同時也是判斷推斷結論或推斷效果的重要依據。相關應用會在參數估計、假設檢驗章節加以介紹。

二、變異指標的測定

1. 極差與四分位差

(1) 極差

極差也叫全距,是指總體中的最大變量值與最小變量值之間的差距,表明變量值變動的絕對範圍,一般用符號 R 表示。計算公式為:

$$R = x_{max} - x_{min} \tag{3.26}$$

式中,x_{max} 代表最大變量值,x_{min} 代表最小變量值。

全距既可以根據未分組的原始數據確定,也可以根據單項式變量數列或組距式變量數列計算。如果是根據組距式變量數列計算全距,則全距的近似值為最大組的上限與最小組的下限之差。用公式表示為:

$$R = U_{max} - L_{min} \tag{3.27}$$

式中,U_{max}代表最大組上限,L_{min}代表最小組下限。

例如,根據【例3.9】可計算10名工人日產量的全距為9件;根據【例3.10】表3-3計算的2,500名職工月工資全距的近似值為13,000-1,000=12,000(元);根據【例3.18】表3-5計算的某市120萬家庭人口數的全距為4人。

全距是測定變量分佈離中趨勢最簡單的方法,在實際中也有眾多的應用,例如天氣預報中每天最高溫與最低溫之間的溫差,股票市場中各種股票每天最高成交價與最低成交價之間的價差,學生考試成績中最高分與最低分之間的差距等,都是全距的表現。但由於全距只考慮了兩個極端變量值之間的差距,沒有利用全部變量值的信息,沒有考慮變量中間分佈的情況,所以不能充分反應全部變量值之間的實際差異程度,因而在實際應用中受到一定的局限。

(2) 四分位差

四分位差是四分位數中第三個四分位數與第一個四分位數之間的絕對差距,也稱為內距或四分間距,通常用符號Q_d表示。計算公式為:

$$Q_d = Q_U - Q_L \tag{3.28}$$

式中,Q_L表示第一個四分位數,Q_U表示第三個四分位數。

例如,根據【例3.20】計算的某班19個同學年齡四分位差為22-20=2(歲),根據【例3.21】計算的工人日產量的四分位差為25.25-19.75=5.5(件)。

四分位差反應了中間50%數據的離散程度。其數值越小,說明中間的數據越集中;其數值越大,說明中間的數據越分散。四分位差不受極端值的影響。此外,由於中位數處於數據的中間位置,因此,四分位差的大小在一定程度上也說明了中位數對一組數據的代表程度。四分位差主要用於測度順序數據的離散程度。對於數值型數據也可以計算四分位差,但不適合分類數據。

2. 異眾比率

異眾比率是分佈數列中非眾數組的頻數與總頻數之比,通常用符號V_r表示,即:

$$V_r = \frac{\sum_{i=1}^{n} f_i - f_{M_o}}{\sum_{i=1}^{n} f_i} \times 100\% \tag{3.29}$$

式中,f_{M_o}表示眾數組的頻數,$\sum f$表示總頻數。

異眾比率通常與眾數相結合運用,以表明眾數代表性的高低。異眾比率越大,說明變量值的分佈越散,眾數的代表性越低;異眾比率越小,說明變量值的分佈越集中,眾數的代表性越高。

例如,根據【例3.10】表3-3資料計算的異眾比率為62%,根據【例3.23】表3-7資料計算的異眾比率為40.81%,兩相比較,表3-7眾數的代表性高於表3-3的眾數。

3. 平均差

平均差是總體各單位變量值與其算術平均數離差絕對值的算術平均數,表明各變量

值與算術平均數的平均差距,通常用符號 $A \cdot D$ 表示。根據資料是否分組,有簡單算式平均差和加權算式平均差之分。

在原始數據未分組的情況下,計算簡單算式平均差:

$$A \cdot D = \frac{\sum_{i=1}^{n} |x_i - \bar{x}|}{n} \quad (3.30)$$

在原始數據分組后形成變量數列的情況下,計算加權算式平均差:

$$A \cdot D = \frac{\sum_{i=1}^{n} |x_i - \bar{x}| f_i}{\sum_{i=1}^{n} f_i} \quad (3.31)$$

式中,x 代表變量值或組中值,$\bar{x}$ 代表算術平均數,n 代表未分組變量值的個數,f 代表變量數列各組頻數,$\sum f$ 代表變量數列各組頻數之和。

【例3.24】假定1號寢室、2號寢室都分別有5位同學,他們的年齡(歲)數據如下,計算年齡的平均差。

1號寢室:19,19,20,21,21

2號寢室:19,20,20,20,21

解:

很容易看出,兩個寢室的平均年齡都為20歲,計算平均差如下:

$$A \cdot D_1 = \frac{\sum |x - \bar{x}|}{n} = \frac{|19-20|+|19-20|+|20-20|+|21-20|+|21-20|}{5} = 0.8(歲)$$

$$A \cdot D_2 = \frac{\sum |x - \bar{x}|}{n} = \frac{|19-20|+|20-20|+|20-20|+|20-20|+|21-20|}{5} = 0.4(歲)$$

計算結果表明,1號寢室的年齡差異大於2號寢室。

【例3.25】根據【例3.10】表3-3職工月工資資料計算職工月工資的平均差。

解:

編製平均差計算表,見圖3-7。

根據計算表可得:

平均工資:

$$\bar{x} = \frac{\sum_{i=1}^{n} x f_i}{\sum_{i=1}^{n} f_i} = \frac{18,500,000}{2,500} = 7,400(元)$$

平均差:

$$A \cdot D = \frac{\sum_{i=1}^{n} |x_i - \bar{x}| f_i}{\sum_{i=1}^{n} f_i} = \frac{4,600,000}{2,500} = 1,840(元)$$

說明每個職工月工資平均相差1,840元。

	A	B	C	D	E	F
1						
2	月工資（元）	組中值 x	職工人數 f（人）	工資總額 xf	$\|x-\bar{x}\|$（$\bar{x}=7400$）	$\|x-\bar{x}\|f$
3	3 000以下	2 000	50	100 000	5 400	270 000
4	3 000～5 000	4 000	350	1 400 000	3 400	1 190 000
5	5 000～7 000	6 000	600	3 600 000	1 400	840 000
6	7 000～9 000	8 000	950	7 600 000	600	570 000
7	9 000～11 000	10 000	400	4 000 000	2 600	1 040 000
8	11 000以上	12 000	150	1 800 000	4 600	690 000
9	合計∑	—	2 500	18 500 000	—	4 600 000

圖 3 - 7　平均差計算表截圖

由於平均差的計算利用了全部數據信息，因而比全距、四分位差等更能客觀地反應變量分佈的離散程度。平均差愈大，表示變量分佈離散程度愈強；平均差愈小，則變量分佈離散程度愈弱。由於平均差對每一個離差都取了絕對值，因而數學處理不是很方便，數學性質也不是最優，使其在應用上受到了一些限制。

4. 方差與標準差

總體各單位變量值與其算術平均數離差平方的算術平均數叫方差，方差的平方根就叫標準差，標準差也叫均方差。方差一般用符號 σ^2 表示，而標準差一般用符號 σ 表示。在原始數據未分組的情況下，方差和標準差的計算公式為：

簡單算式方差：

$$\sigma^2 = \frac{\sum_{i=1}^{n}(x_i-\bar{x})^2}{n} \qquad (3.32)$$

如果原始數據已分組形成變量數列，方差和標準差的計算公式為：

加權算式方差：

$$\sigma^2 = \frac{\sum_{i=1}^{n}(x-\bar{x})^2 f_i}{\sum_{i=1}^{n} f_i} \qquad (3.34)$$

標準差：

$$\sigma = \sqrt{\sigma^2} \qquad (3.35)$$

方差和標準差都利用了全部數據信息，因而能準確反應變量分佈的離散程度。方差或標準差愈大，表示變量分佈離散程度愈大；方差或標準差愈小，則變量分佈離散程度愈小。尤其是標準差與平均差相比，不僅具有平均差的優點，而且彌補了平均差的不足，再加上標準差的計量單位與變量相同，意義比方差明確，所以標準差在實踐中得到了廣泛的應用。

【例3.26】根據【例3.24】數據，分別計算兩個寢室年齡的方差和標準差。

解：

方差和標準差計算表見圖 3-8。

	A	B	C	D	E	F
1						
2	\multicolumn{3}{c}{1號寢室}	\multicolumn{3}{c}{2號寢室}
3	年齡 x	離差 $x-\bar{x}$	$(x-\bar{x})^2$	年齡 x	離差 $x-\bar{x}$	$(x-\bar{x})^2$
4	19	-1	1	19	-1	1
5	19	-1	1	20	0	0
6	20	0	0	20	0	0
7	21	1	1	20	0	0
8	21	1	1	21	1	1
9	∑ 100	—	4	∑ 100	—	2

圖 3-8　簡單算式方差及標準差計算表截圖

很容易看出，兩個寢室的平均年齡都是 20 歲。根據圖 3-8 計算 1 號寢室、2 號寢室年齡的方差和標準差分別為：

$$\sigma_1^2 = \frac{\sum_{i=1}^n (x_i - \bar{x})^2}{n} = \frac{4}{5} = 0.8$$

$$\sigma_1 = \sqrt{\sigma_1^2} = \sqrt{\frac{4}{5}} = 0.89(歲)$$

$$\sigma_2^2 = \frac{\sum_{i=1}^n (x_i - \bar{x})^2}{n} = \frac{2}{5} = 0.4$$

$$\sigma_2 = \sqrt{\sigma_2^2} = \sqrt{\frac{2}{5}} = 0.63(歲)$$

1 號寢室方差和標準差都大於 2 號寢室，因而說明 1 號寢室的年齡差異大於 2 號寢室。

【例 3.27】根據【例 3.10】表 3-3 職工月工資資料計算月工資的方差與標準差。

解：

根據表 3-3 列月工資方差與標準差計算表，見圖 3-9。

根據圖 3-9 可以計算：

平均月工資：

$$\bar{x} = \frac{\sum_{i=1}^n x f_i}{\sum_{i=1}^n f_i} = \frac{18,500,000}{2,500} = 7,400(元)$$

方差：

統計學

	A	B	C	D	E	F	G
1							
2	月工資（元）	組中值 x	職工人數 f(人)	工資總額 xf	$x-\bar{x}$ ($\bar{x}=7400$)	$(x-\bar{x})^2$	$(x-\bar{x})^2 f$
3	3 000以下	2 000	50	100 000	-5 400	29 160 000	1 458 000 000
4	3 000～5 000	4 000	350	1 400 000	-3 400	11 560 000	4 046 000 000
5	5 000～7 000	6 000	600	3 600 000	-1 400	1 960 000	1 176 000 000
6	7 000～9 000	8 000	950	7 600 000	600	360 000	342 000 000
7	9 000～11 000	10 000	400	4 000 000	2 600	6 760 000	2 704 000 000
8	11 000以上	12 000	150	1 800 000	4 600	21 160 000	3 174 000 000
9	合計∑	—	2 500	18 500 000	—	—	12 900 000 000

圖 3－9　加權算式方差及標準差計算表

$$\sigma^2 = \frac{\sum_{i=1}^{n}(x_i-\bar{x})^2 f_i}{\sum_{i=1}^{n} f_i} = \frac{12,900,000,000}{2,500} = 5,160,000$$

標準差：

$$\sigma = \sqrt{\sigma^2} = \sqrt{5,160,000} = 2,271.56(元)$$

關於方差和標準差計算的兩點說明：一是根據組距式變量數列計算的方差和標準差只是一個近似值，因為用組中值代表每一組的變量值，並沒有把組內各變量值之間的差異反應出來；二是根據樣本數據計算方差和標準差時，分母應該是 $n-1$ 或 $\sum_{i=1}^{n} f_i -1$，即樣本方差和標準差的自由度為 $n-1$ 或 $\sum_{i=1}^{n} f_i -1$，但當 n 或 $\sum_{i=1}^{n} f_i$ 很大時，可以忽略 n 或 $\sum_{i=1}^{n} f_i$ 與自由度 $n-1$ 或 $\sum_{i=1}^{n} f_i -1$ 之間的差異。

對某些變量值和組距比較大的組距數列計算平均數和標準差，運算過程當中的數字可能較大，例如計算圖 3－9 就屬於這種情況。如果這種運算在 Excel 工作表上進行，這不會增加什麼難度，如果是採用手工方法計算，則會大大增加運算的工作量，有可能影響到運算的速度和準確性。因此，這裡提供一種針對組距數列平均數及標準差的簡捷計算方法，其基本思路就是盡可能簡化組中值和組距，使運算數字變小，以提高手工運算的速度和準確性。

適合於組距數列的加權算術平均數簡捷計算公式：

$$\bar{x} = \frac{\sum_{i=1}^{n}\left(\frac{x_i - A}{d}\right) f_i}{\sum_{i=1}^{n} f_i} \times d + A \tag{3.36}$$

適合於組距數列的加權算式標準差簡捷計算公式：

$$\sigma = \sqrt{\frac{\sum_{i=1}^{n}\left(\frac{x_i - A}{d}\right)^2 f_i}{\sum_{i=1}^{n} f_i} - \left[\frac{\sum_{i=1}^{n}\left(\frac{x_i - A}{d}\right) f_i}{\sum_{i=1}^{n} f_i}\right]^2} \times d \qquad (3.37)$$

式中,x_i 代表組中值,A 代表最接近算術平均數的組中值,d 代表組距。

【例3.28】根據【例3.10】表3－3職工月工資資料,採用簡捷法計算職工月平均工資及工資的標準差。

解:

根據表3－3列簡捷法平均工資及標準差計算表,見圖3－10。

	A	B	C	D	E	F	G
1							
2	月工資(元)	組中值x	職工人數f(人)	$\frac{x-A}{d}\left(\begin{array}{l}A=8\,000\\d=2\,000\end{array}\right)$	$\frac{x-A}{d}f$	$\left(\frac{x-A}{d}\right)^2$	$\left(\frac{x-A}{d}\right)^2 f$
3							
4	3 000以下	2 000	50	-3	-150	9	450
5	3 000~5 000	4 000	350	-2	-700	4	1 400
6	5 000~7 000	6 000	600	-1	-600	1	600
7	7 000~9 000	8 000	950	0	0	0	0
8	9 000~11 000	10 000	400	1	400	1	400
9	11 000以上	12 000	150	2	300	4	600
10	合計∑	—	2 500	—	-750	—	3 450

圖3－10　加權算術平均數及標準差簡捷法計算表截圖

根據上圖可得:

平均工資:

$$\bar{x} = \frac{\sum_{i=1}^{n}\left(\frac{x_i - A}{d}\right) f_i}{\sum_{i=1}^{n} f_i} \times d + A = \frac{-750}{2,500} \times 2,000 + 8,000 = 7,400(元)$$

標準差:

$$\sigma = \sqrt{\frac{\sum_{i=1}^{n}\left(\frac{x_i - A}{d}\right)^2 f_i}{\sum_{i=1}^{n} f_i} - \left[\frac{\sum_{i=1}^{n}\left(\frac{x_i - A}{d}\right) f_i}{\sum_{i=1}^{n} f_i}\right]^2} \times d = \sqrt{\frac{3,450}{2,500} - \left(\frac{-750}{2,500}\right)^2} \times 2,000$$

$= 2,271.56(元)$

通過比較【例3.27】與【例3.28】的計算過程,可以看出:簡捷法的運算量減少了很多,但公式變複雜了。簡捷公式特別適合手工運算。

5. 變異系數

全距、四分位差、平均差和標準差等變異指標都是反應變量分佈離散程度的絕對指標,其數值大小取決於變量值本身水平即平均水平的高低,並且都有明確的計量單位。因此,不同均值水平和不同計量單位的絕對變異指標是不能直接比較的。為了比較不同變

量之間分佈的離散程度，就必須消除不同均值水平和不同計量單位的影響，需要計算變異系數。

變異系數是指絕對變異指標與其算術平均數之間的比率。例如，將極差與其平均數對比，得到極差系數；將標準差與其平均數對比，得到標準差系數。最常用的變異系數是標準差系數。計算公式為：

$$V_\sigma = \frac{\sigma}{\bar{x}} \times 100\% \qquad (3.38)$$

式中，V_σ 代表標準差系數。

標準差系數越大，說明變量分佈的離散程度越強，總體各單位之間的差異越大，平均數的代表性越低；標準差系數越小，說明變量分佈的離散程度越弱，總體各單位之間的差異越小，平均數的代表性越高。

例如，根據【例3.26】計算的1號寢室年齡的標準差系數為4.45%，2號寢室年齡的標準差系數為3.15%，兩相比較2號寢室的年齡差異小於1號寢室，在兩個寢室的平均年齡都是20的情況下，2號寢室平均年齡的代表性高於1號寢室。根據【例3.27】計算的標準差系數為30.7%。

第五節　變量分佈的偏度和峰度

變量分佈有J形分佈、U形分佈以及鐘形分佈等。僅就鐘形分佈而言，有的左右兩側完全對稱，有的左偏，有的右偏；有的比較偏平，有的比較適中，有的則比較陡峭。變量分佈的不同形狀，可以用相應的形狀指標來反應。變量分佈的形狀一般從其對稱性和陡峭性兩方面來反應，反應變量分佈偏斜程度的指標，稱為偏度；反應變量分佈陡峭程度的指標，稱為峰度。形狀指標與平均指標、變異指標一樣，都是變量分佈特徵的重要體現。

介紹偏度和峰度指標之前，先要瞭解動差。

一、統計動差

動差又稱為矩，原是物理學的概念，用以表示力與力臂對重心的關係。這個關係與加權算術平均數中變量值與權數對算術平均數的關係很相似，所以統計學上也用動差概念來說明變量分佈的特徵。各變量值的 K 階原點動差表示為：

$$\mu_K = \frac{\sum_{i=1}^{n} x_i^K f_i}{\sum_{i=1}^{n} f_i} \qquad (3.39)$$

當 $K = 1$ 時，稱為一階原點動差：$\mu_1 = \dfrac{\sum_{i=1}^{n} xf}{\sum_{i=1}^{n} f_i}$，即算術平均數；

當 $K = 2$ 時,稱為二階原點動差:$\mu_2 = \dfrac{\sum\limits_{i=1}^{n} x^2 f}{\sum\limits_{i=1}^{n} f}$,即變量值平方的算術平均數;

當 $K = 3$ 時,稱為三階原點動差:$\mu_3 = \dfrac{\sum\limits_{i=1}^{n} x^3 f}{\sum\limits_{i=1}^{n} f}$,即變量值立方的算術平均數。

……

如果把原點移到平均數的位置,計算分配數列中各組變量值對其算術平均數的動差,就可以得到各組變量值對其算術平均數的K階中心動差,通常以符號U_K表示。計算公式為:

$$U_K = \dfrac{\sum\limits_{i=1}^{n} (x_i - \bar{x})^K f_i}{\sum\limits_{i=1}^{n} f_i} \tag{3.40}$$

當 $K = 0$ 時,稱為零階中心動差:$U_0 = 1$;

當 $K = 1$ 時,稱為一階中心動差:$U_1 = 0$;

當 $K = 2$ 時,稱為二階中心動差:$U_1 = \sigma^2$,即變量值的方差。

利用三階中心動差和四階中心動差就可以測定變量分佈的偏度和峰度了。

二、偏度指標

偏度是變量的三階中心動差與標準差三次方的比率,用來衡量變量分佈的不對稱程度或偏斜程度。計算公式為:

$$K_\alpha = \dfrac{U_3}{\sigma^3} = \dfrac{\sum\limits_{i=1}^{n} (x_i - \bar{x})^3 f_i}{\sigma^3 \sum\limits_{i=1}^{n} f_i} \tag{3.41}$$

式中,K_α 表示偏度。不難看出,偏度指標就是三階中心動差 U_3 與標準差的三次方 σ^3 為標準計算的系數。由於三階中心動差 U_3 是立方單位,只有用 U_3 除以標準差的立方 σ^3 得到的相對數才吻合。

K_α 的取值有正負之分,其正負值取決於 U_3 的正負。若 $K_\alpha > 0$,表示變量分佈呈正偏形態;若 $K_\alpha = 0$,表示變量分佈呈對稱形態,無偏態;若 $K_\alpha < 0$,表示變量分佈呈負偏形態。K_α 的絕對值越接近0,表示變量分佈的偏度越輕微;K_α 的絕對值越大,表示變量分佈的偏度越嚴重。不同類型偏度見圖 3 - 11。

圖 3－11　不同類型偏度示意圖

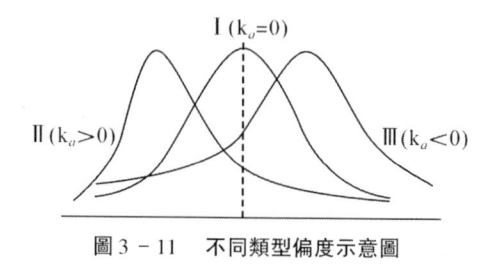

三、峰度指標

峰度是變量的四階中心動差與標準差四次方的比率,用來衡量頻數分佈集中程度或分佈曲線陡峭程度的指標。計算公式為:

$$K_\beta = \frac{U_4}{\sigma^4} = \frac{\sum_{i=1}^{n}(x_i - \bar{x})^4 f_i}{\sigma^4 \sum_{i=1}^{n} f_i} \quad (3.42)$$

式中,K_β 表示峰度指標。

峰度指標的標準值為3,是由於正態分佈的四階中心動差系數等於3,即正態分佈下 $\frac{U_4}{\sigma^4} = 3$。當 $K_\beta > 3$ 時,變量分佈的峰度為尖頂峰度,變量值較正態分佈更為集中,平均數的代表性較高;當 $K_\beta < 3$ 時,變量分佈的峰度為平頂峰度,變量值較正態分佈更為分散,平均數的代表性較差。更進一步,當 K_β 值接近於1.8時,變量分佈曲線就趨向於一條水平線,表示各組變量值分配的頻數近似於等同。當 K_β 值小於1.8時,則變量分佈曲線為「U」形曲線,表示頻數分佈為「中間少,兩頭多」。不同類型峰度見圖3－12。

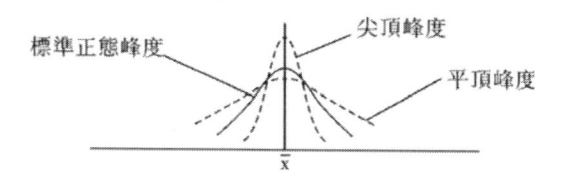

圖 3－12　不同類型峰度示意圖

【例3.29】根據【例3.10】表3－3職工月工資數據計算工資的偏度和峰度指標。

解:

根據表3－3工資數據編製偏度和峰度計算表,見圖3－13。

根據圖3－13可得:

平均工資:

	A	B	C	D	E	F	G	H	I
1									
2	月工資(元)	組中值 x	人數 f	xf	$x-\bar{x}$	$(x-\bar{x})^2$	$(x-\bar{x})^2 f$	$(x-\bar{x})^3 f$	$(x-\bar{x})^4 f$
3	3 000以下	2 000	50	100 000	-5 400	29 160 000	1 458 000 000	-7 873 200 000 000	42 515 280 000 000 000
4	3 000~5 000	4 000	350	1 400 000	-3 400	11 560 000	4 046 000 000	-13 756 400 000 000	46 771 760 000 000 000
5	5 000~7 000	6 000	600	3 600 000	-1 400	1 960 000	1 176 000 000	-1 646 400 000 000	2 304 960 000 000 000
6	7 000~9 000	8 000	950	7 600 000	600	360 000	342 000 000	205 200 000 000	123 120 000 000 000
7	9 000~11 000	10 000	400	4 000 000	2 600	6 760 000	2 704 000 000	7 030 400 000 000	18 279 040 000 000 000
8	11 000以上	12 000	150	1 800 000	4 600	21 160 000	3 174 000 000	14 600 400 000 000	67 161 840 000 000 000
9	合計Σ	—	2 500	18 500 000	—	—	12 900 000 000	-1 440 000 000 000	177 156 000 000 000 000

圖 3－13　偏度及峰度計算表截圖

$$\bar{x} = \frac{\sum_{i=1}^{n} x_i f_i}{\sum_{i=1}^{n} f_i} = \frac{18,500,000}{2,500} = 7,400(元)$$

工資標準差：

$$\sigma = \sqrt{\frac{\sum_{i=1}^{n}(x_i-\bar{x})^2 f_i}{\sum_{i=1}^{n} f_i}} = \sqrt{\frac{12,900,000,000}{2,500}} = 2,271.56(元)$$

三階中心動差：

$$U_3 = \frac{\sum_{i=1}^{n}(x_i-\bar{x})^3 f_i}{\sum_{i=1}^{n} f_i} = \frac{-1,440,000,000,000}{2,500} = -576,000,000$$

偏度指標：

$$K_\alpha = \frac{U_3}{\sigma^3} = \frac{-576,000,000}{2\,271.56^3} = -0.049,1$$

四階中心動差：

$$U_4 = \frac{\sum_{i=1}^{n}(x_i-\bar{x})^4 f_i}{\sum_{i=1}^{n} f_i} = \frac{177,156,000,000,000,000}{2,500} = 70,862,400,000,000$$

峰度指標：

$$K_\beta = \frac{U_4}{\sigma^4} = \frac{70,862,600,000,000}{2\,271.56^4} = 2.661,5$$

　　從計算結果看出，偏度指標為 -0.049,1，接近0，表明職工月工資分佈為近似於正態分佈的負偏分佈；峰度指標2.661,5，接近3，表明職工月工資分佈近似於正態峰度的平頂分佈，職工工資的集中度不高，平均工資的代表性偏弱。

第四章　概率和抽樣分佈

【教學導讀】

推斷統計學的重要作用就是從總體中隨機抽取樣本獲得信息,然后通過構造適當的統計量,由樣本信息去推斷總體的特徵。概率論是統計推斷的數學基礎,本章將對概率與概率分佈的有關知識進行簡單梳理,重點圍繞正態分佈做介紹。需要掌握以下內容:

(1) 理解隨機變量及其概率分佈的概念,掌握隨機變量的均值、方差的概念和性質,熟練掌握正態分佈、t 分佈、χ^2 分佈和 F 分佈等分佈的特徵,能夠通過查表或借助 Excel 函數計算服從這些分佈的隨機變量在某區間的概率及一定概率下的臨界值。

(2) 理解辛欽大數定律和貝努里大數定律的條件和結論。理解並能夠運用林德貝格－萊維中心權限定理和棣莫弗－拉普拉斯中心極限定理,理解大數定律和中心極限定理在統計學中的重要意義。

(3) 理解抽樣分佈,掌握一定條件下樣本均值、樣本比例及樣本方差的有關分佈。

第一節　事件及其概率

一、隨機試驗與事件

在同一組條件下,對某事物或現象所進行的觀察或實驗,叫作試驗。如果試驗滿足下述三條性質,叫作隨機試驗。

(1) 每次試驗的可能結果不是唯一的;

(2) 每次試驗之前不能確定何種結果會出現;

(3) 試驗可在相同條件下重複進行。

在隨機試驗中,可能出現也可能不出現的結果,叫作隨機事件,簡稱事件。不可能發生的事件,稱為不可能事件,記為 φ。一定會發生的事件,稱為必然事件,記為 Ω。

如,投擲一枚均勻的骰子就是一個隨機試驗。設 A 表示「出現的點數大於 3」,B 表示「出現的點數是奇數」,則 A、B 都是隨機事件。「出現的點數是 6」是一個不可能再分的事件,這類隨機事件被稱為基本事件。

我們把「A 發生或 B 發生」事件記為 $A \cup B$;把「A 與 B 同時發生」事件記為 $A \cap B$,或 AB。如果 $AB = \varphi$,則稱 A 與 B 互不相容(或稱互斥)。

二、概率

1. 概率的定義

在相同的條件下隨機試驗 n 次,如果事件 A 出現的次數為 m 次,則稱比值 m/n 為事件 A 發生的頻率。

概率是指隨機事件發生可能性的大小,是對隨機事件發生的機會或可能性的數值度量。事件 A 發生的概率,記為 $P(A)$。

(1) 概率的古典定義

假設隨機試驗共包含 n 個基本事件,事件 A 共包含其中的 m 個,則事件 A 發生的概率為:

$$P(A) = \frac{m}{n} \tag{4.1}$$

【例 4.1】在一個零件箱中混裝有 50 個零件,其中 30 個一等品、20 個二等品。現從中任取 5 個,則取到為「恰有 3 個一等品、2 個二等品」的概率有多大?

解:

該問題不必考慮零件的順序,故基本事件總數是從 50 個零件中任取 5 個的組合數 C_{50}^{5},事件 A 包含的基本事件數是 $C_{30}^{3} \cdot C_{20}^{2}$,因此所求概率為:

$$P(A) = \frac{C_{30}^{3} \cdot C_{20}^{2}}{C_{50}^{5}} \approx 0.364。$$

(2) 概率的統計定義

在相同的條件下隨機試驗 n 次,隨著 n 的增大,事件 A 發生的頻率 m/n 圍繞某一常數 p 上下波動,且趨於穩定,則這個頻率的穩定值即為該事件的概率,即 $P(A) = p$。

歷史上,不少人曾做過投擲一枚均勻硬幣的試驗,觀察其正面朝上的頻率。德・摩根投擲了 2,048 次,所得頻率為 0.507,3;布豐投擲了 4,040 次,所得頻率為 0.506,9;皮爾遜投擲了 24,000 次,所得頻率為 0.500,5。這些試驗表明,在大量試驗中,正面朝上的頻率穩定在 0.5。

(3) 概率的主觀定義

對於一些難以重複的試驗,人們根據以往的經驗或個人的主觀判斷,人為確定這個事件的發生概率,就稱為主觀概率。

2. 概率的基本性質

(1) 取值範圍:

$$P(\varphi) = 0, P(\Omega) = 1, 0 \leq P(A) \leq 1$$

(2) 加法公式:

$$P(A \cup B) = P(A) + P(B) - P(AB) \tag{4.2}$$

推論 1:若事件 A 與 B 互不相容,即 $AB = \varphi$,則 $P(A \cup B) = P(A) + P(B)$。

推論 2:$\bar{A}$ 是 A 的對立事件,有 $P(\bar{A}) = 1 - P(A)$。

(3) 條件概率

設 A、B 是兩個事件,且 $P(A) > 0$,則稱 $P(B \mid A) = \dfrac{P(AB)}{P(A)}$ 為在事件 A 已經發生的

條件下,事件 B 發生的條件概率。

(4) 事件的獨立性

如果事件 A 與 B 滿足 $P(AB) = P(B)P(A)$,則稱事件 A 與 B 是相互獨立的。即事件 B 發生與否對事件 A 沒有影響。獨立性是在統計學中廣泛應用的重要概念。

(5) 全概率公式與貝葉斯公式

設 $A_1, A_2, \cdots, A_n$ 是 n 個事件,若滿足 $A_1 \cup A_2 \cup \cdots \cup A_n = \Omega; A_i A_j = \varphi (i \neq j); P(A_i) > 0 (i = 1, 2, \cdots, n)$,則稱 $A_1, A_2, \cdots, A_n$ 是一個完備事件組。

設 $A_1, A_2, \cdots, A_n$ 是一個完備事件組,且 $P(A_i) > 0$ $(i = 1, 2, \cdots, n)$,則對任一事件 B 有:

$$P(B) = \sum_{i=1}^{n} P(A_i) P(B \mid A_i) \tag{4.3}$$

公式4.3就是全概率公式,它可用於計算較複雜事件的概率。公式指出在複雜情況下直接計算 $P(B)$ 不易時,可根據具體情況構造一組完備事件 $\{A_i\}$,使事件 B 發生的概率是各事件 $A_1, A_2, \cdots, A_n$ 發生條件下引起事件 B 發生的概率的總和。

利用全概率公式,可通過綜合分析一事件發生的不同原因、情況或途徑及其可能性來求得該事件發生的概率。與之相反,貝葉斯公式則針對一事件已經發生,去考察引起該事件發生的各種原因、情況或途徑的可能性。

設 $A_1, A_2, \cdots, A_n$ 是一個完備事件組,則對任一事件 B,若 $P(B) > 0$,則有:

$$P(A_i \mid B) = \frac{P(A_i B)}{P(B)} = \frac{P(A_i) P(B \mid A_i)}{\sum_j P(A_j) P(B \mid A_j)}, \quad i = 1, 2, \cdots, n \tag{4.4}$$

公式4.4被稱為貝葉斯公式。其中,$P(A_i)$ 和 $P(A_i \mid B)$ 分別稱為原因的先驗概率和后驗概率。$P(A_i)$ 是在沒有進一步信息(不知道事件 B 是否發生)的情況下諸事件發生的概率。當獲得新的信息(知道 B 發生了),人們對諸事件發生的概率 $P(A_i \mid B)$ 有了新的認識,貝葉斯公式從數量上刻畫了這種變化。

全概率公式和貝葉斯公式在統計決策中有著重要的應用。

第二節　隨機變量的概率分佈

把隨機試驗的結果數量化,就得到了隨機變量。試驗結果的數量化常常這樣進行:① 有些試驗結果本身與數值有關(本身就是一個數)。例如,擲一顆骰子出現的點數,試驗結果點數可用一個變量 X 進行描述,X 可能的取值就是:$\{1, 2, 3, 4, 5, 6\}$,每一取值代表一種試驗的結果。② 有些隨機試驗的結果表現為定性形式,試驗結果看起來與數值無關,但我們可以引進一個變量來表示它的各種結果。例如,從學校任意抽出一人,觀察其性別。在這裡,試驗結果是隨機的,如果對變量 X 進行這樣的賦值:抽出男生,$X = 1$;抽出女生,$X = 0$。這樣變量 X 的取值就完全反應出了試驗的結果,達到了對試驗結果數值化處理的目的。

如果隨機變量只能取有限個或無限可列個值時,稱為離散型隨機變量。如果隨機變量的取值範圍是一個區間或整個數軸,稱為連續型隨機變量。

一、離散型隨機變量

1. 離散型隨機變量的概率分佈

設離散型隨機變量 X 的所有可能取值為 $x_1, x_2, \cdots, x_n, \cdots$,並且 X 取 x_i 的概率為 p_i,即:

$$P(X = x_i) = p_i \quad (i = 1, 2, \cdots),$$

這稱為離散型隨機變量 X 的概率分佈,或稱為分佈列。分佈列也可以用表 4 - 1 表示。

表 4 - 1　　　　　　　　離散型隨機變量的概率分佈

X	x_1	x_2	$\cdots$	x_n	$\cdots$
P	p_1	p_2	$\cdots$	p_n	$\cdots$

分佈列滿足兩條基本性質:① 非負性,即 $p_i \geq 0$;② 規範性,即 $\sum p_i = 1$。

2. 離散型隨機變量的數學期望和方差

設離散型隨機變量 X 的概率分佈為 $P(X = x_i) = p_i (i = 1, 2, \cdots)$,則數學期望 μ 和方差 σ^2 分別為:

$$\mu = E(X) = \sum_i x_i p_i \tag{4.5}$$

$$\sigma^2 = D(X) = E(X - \mu)^2 = \sum_i (x_i - \mu)^2 p_i \tag{4.6}$$

方差的平方根 $\sigma = \sqrt{\sigma^2}$,稱為標準差。標準差 σ 是度量隨機變量 X 對其期望值離散程度的常用指標。σ 越小,說明期望值的代表性越好;σ 越大,說明期望值的代表性越差。

設 X, Y 都是隨機變量,a, b 是任意常數。隨機變量的期望和方差具有以下性質:

(1) $E(a) = a$

(2) $E(aX + bY) = aE(X) + bE(Y)$

(3) $D(a) = 0$

(4) $D(aX) = a^2 D(X)$

(5) $D(X) = E(X^2) - [E(X)]^2$

(6) 若 X, Y 相互獨立,則 $D(X \pm Y) = D(X) + D(Y)$

這些性質對離散型隨機變量和連續型隨機變量都是成立的。

3. 常見的離散型分佈

(1) 二項分佈

在一些問題中,我們只對試驗中某事件 A 是否出現感興趣,如果 A 發生,我們稱「成功」,否則稱「失敗」。像這樣只有兩種結果的試驗稱為貝努里(Bermourlli)試驗。重複進行 n 次貝努里試驗,稱為 n 重貝努里試驗。

設 A 出現的概率為 p,以 X 表示 n 重貝努里試驗中事件 A 發生的次數,則:

$$P(X = i) = C_n^i p^i q^{n-i} \quad (i = 0, 1, 2, \cdots, n) \tag{4.7}$$

其中,$q = 1 - p$。由於4.7式由二項式$(p + q)^n$展開的各項組成,故該隨機變量X服從的分佈稱為二項分佈,記作$X \sim B(n, p)$。

設$X \sim B(n, p)$,則$E(X) = np$,$D(X) = npq$。

當$n = 1$時的二項分佈,通常稱為兩點分佈。

(2) 泊松(Poisson) 分佈

隨機變量X服從參數為λ的泊松分佈,通常記為$X \sim P(\lambda)$,其分佈列為:

$$P(X = i) = \frac{\lambda^i}{i!} e^{-\lambda}, i = 0, 1, 2, \cdots, \lambda > 0 \tag{4.8}$$

在大量試驗中,小概率事件A發生的次數可以近似地看作服從泊松分佈。例如在某個時段內,商場的顧客數、某車站的候車旅客人數、某值班電話接到的呼叫次數、某地區發生的交通事故的次數、一個容器中的細菌數、一本書一頁中的印刷錯誤數等,都可以近似地看作服從泊松分佈。

當$X \sim P(\lambda)$時,$E(X) = \lambda$,$D(X) = \lambda$

(3) 超幾何分佈

一批產品共N件,其中有M件次品,從中任取n件,以X表示取出的n件中的次品數,那麼容易求得X的分佈列是:

$$P(X = i) = \frac{C_M^i C_{N-M}^{n-i}}{C_N^n}, i = 0, 1, 2, \cdots, \min\{M, n\} \tag{4.9}$$

稱隨機變量X服從參數為N, M, n的超幾何分佈。

超幾何分佈的極限分佈是二項分佈,二項分佈的極限分佈是泊松分佈。

(4) 幾何分佈

隨機變量X服從參數為p的幾何分佈通常記為$X \sim G(p)$,分佈列為:

$$P(X = i) = pq^{i-1}, i = 1, 2, \cdots \quad (0 < p < 1, q = 1 - p) \tag{4.10}$$

二、連續型隨機變量

1. 密度函數

對任意的實數x,由於$X < x$是一隨機事件,記$F(x) = P(X < x)$,函數$F(x)$稱為隨機變量的分佈函數。通常,連續型隨機變量的分佈函數$F(x)$的導數就是該隨機變量的密度函數,記作$f(x)$。

隨機變量的密度函數滿足兩條基本性質:①(非負性)$f(x) \geq 0$;②(規範性)$\int_{-\infty}^{+\infty} f(x) \mathrm{d}x = 1$。

通過對密度函數積分,可得到隨機變量X在一個區間上取值的概率:

$$P(a \leq X < b) = \int_a^b f(x) \mathrm{d}x = F(b) - F(a) \tag{4.11}$$

根據定積分的幾何意義知道,連續型隨機變量取值在$(a, b]$區間上的概率,等於其密度函數$f(x)$與直線$x = a$、$x = b$及x軸所圍成區域的面積。注意,連續型隨機變量取任意

單個值的概率為0,這一點與離散型隨機變量有很大不同,因此4.11式中的不等號不論是否包含等號,4.11式都是成立的。

設連續型隨機變量 X 的密度函數為 $f(x)$,則其數學期望與方差分別為:

$$\mu = E(X) = \int_{-\infty}^{\infty} x f(x) \mathrm{d}x \tag{4.12}$$

$$\sigma^2 = E(X - \mu)^2 = \int_{-\infty}^{\infty} (x - \mu)^2 f(x) \mathrm{d}x \tag{4.13}$$

2. 常見的連續型隨機變量

(1) 均勻分佈

隨機變量 X 等可能地取得區間 $[a,b]$ 中的任何一數,則 X 服從均勻分佈,記作 $X \sim U[a,b]$。其密度函數為:

$$f(x) = \begin{cases} \dfrac{1}{b-a}, & a < x < b \\ 0, & 其他 \end{cases} \tag{4.14}$$

設 $X \sim U[a,b]$,則 $E(X) = (a+b)/2, D(X) = (b-a)^2/12$

(2) 指數分佈

如果連續型隨機變量 X 的密度函數為:

$$f(x) = \begin{cases} \lambda e^{-\lambda x}, & x > 0 \\ 0, & 其他 \end{cases} \tag{4.15}$$

則稱 X 服從參數為 $\lambda(\lambda > 0)$ 的指數分佈,記為 $X \sim E(\lambda)$。其期望與方差分別為: $E(X) = 1/\lambda, D(X) = 1/\lambda^2$。

(3) 正態分佈

如果連續型隨機變量 X 的密度函數為:

$$f(x) = \frac{1}{\sqrt{2\pi}\sigma} e^{-\frac{(x-\mu)^2}{2\sigma^2}}, (-\infty < x < +\infty, \sigma > 0) \tag{4.16}$$

則稱隨機變量 X 服從參數為 μ, σ^2 的正態分佈,也稱高斯(Gauss)分佈或誤差分佈,記為 $X \sim N(\mu, \sigma^2)$。由於 $E(X) = \mu, D(X) = \sigma^2$,所以正態分佈的分佈形態完全就由它的均值和方差所決定,見圖4-1。

從圖4-1可以看出:正態分佈密度函數的圖形是一條以均值 μ 為中心的鐘形對稱曲線,圖形位於 x 軸上方, x 軸為其漸近線;均值 μ 是位置參數,即對於同樣的 σ 來說,不同的 μ 對應的密度曲線形狀相同,只是水平位置不同;反應分佈離散程度的標準差 σ, 也稱為形狀參數,它決定了曲線的陡峭程度。σ 越大,說明分佈離散程度越大,分佈曲線越平緩; σ 越小,說明分佈越集中,分佈曲線越陡峭。

如果一個隨機變量受眾多相互獨立的隨機因素影響,每一因素的影響都是微小的,且這些正、負影響可以疊加,則該隨機變量就近似服從正態分佈。可以用正態分佈變量描述的實例很多,如各種測量的誤差,人體的身高、體重,農作物的產量,金屬線抗拉強度,學生的考試成績等。正態分佈是一種重要的連續型分佈,許多有用的分佈都可以由正態

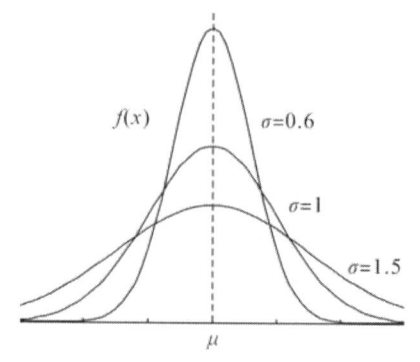

圖4-1 正態分佈密度曲線

分佈推導出來，如后面將要介紹的卡方分佈、t 分佈和 F 分佈等。另外，一些分佈在一定條件下還會近似服從正態分佈，如大樣本下的 t 分佈等。

如果一個正態分佈的 $\mu = 0$、$\sigma = 1$，則稱該正態分佈為標準正態分佈，通常把標準正態分佈的密度函數與分佈函數分別記為 $\varphi(x)$，$\Phi(x)$，即：

$$\varphi(x) = \frac{1}{\sqrt{2\pi}} e^{-\frac{x^2}{2}}, \; -\infty < x < +\infty \tag{4.17}$$

$$\Phi(x) = P(X < x) = \int_{-\infty}^{x} \frac{1}{\sqrt{2\pi}} e^{-\frac{t^2}{2}} dt \tag{4.18}$$

如果 $X \sim N(\mu, \sigma^2)$，則 $Z = \dfrac{X - \mu}{\sigma} \sim N(0,1)$。這種轉化通常稱為非標準正態分佈的標準化。

直接通過密度函數求定積分獲得正態分佈在某區間的概率難度較大，實踐中一般將非標準正態分佈標準化，轉化為標準正態分佈后查表計算，或借助計算機軟件計算得到。設 $Z \sim N(0,1)$，通常把滿足右尾概率 $P(Z > x) = \alpha$ 的臨界值 x 記作 z_α。參見圖4-2，附表1 可以實現 z_α 與 $\Phi(z_\alpha)$ 的互查。

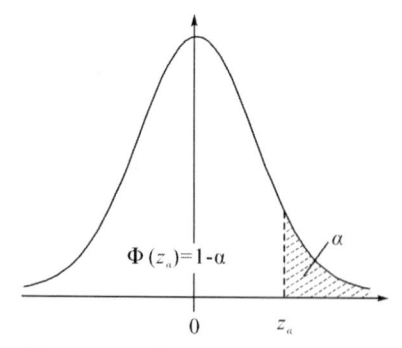

圖4-2 標準正態分佈臨界值示意圖

【例4.2】設 $Z \sim N(0,1)$，求 (1) $P(Z < 3)$，$P(0 < Z < 3)$，$P(-3 < Z < 3)$；(2) 如

果 $P(Z < x) = 0.95$,求 x 的值。

解：

(1) $P(Z < 3) = \Phi(3) = 0.998,7$

$$P(0 < Z < 3) = \Phi(3) - \Phi(0) = 0.998,7 - 0.5$$
$$= 0.498,7$$
$$P(-3 < Z < 3) = \Phi(3) - \Phi(-3)$$
$$= \Phi(3) - [1 - \Phi(3)]$$
$$= 2\Phi(3) - 1$$
$$= 0.997,3$$

註：在 Excel 中使用函數「NORMSDIST(3)」可直接計算出 $\Phi(3)$ 的值。

(2) 當 $P(Z < x) = 0.95$ 時，即 $\Phi(x) = 0.95$ 時，查表知 $x = 1.645$。由該結果我們知道, $z_{0.05} = 1.645$。

註：在 Excel 中使用函數「NORMSINV(0.95)」可直接計算出 x 的值。

【例4.3】假定某次考試的成績服從均值為70分、標準差為9分的正態分佈。那麼某一學生的成績為 70～79 分的概率有多大？

解：

設 X 表示學生的成績，則 $X \sim N(70,81)$，從而 $Z = \dfrac{X - \mu}{\sigma} = \dfrac{X - 70}{9} \sim N(0,1)$，所以：

$$P(70 < X < 79) = P\left(\frac{70 - 70}{9} < \frac{X - 70}{9} < \frac{79 - 70}{9}\right)$$
$$= P(0 < Z < 1) = \Phi(1) - \Phi(0)$$
$$= 0.341,3$$

註：在 Excel 中使用函數「NORMDIST(79,70,9,TRUE) - NORMDIST(70,70,9,TRUE)」可直接計算出所求概率值。

【例4.4】設隨機變量 $X \sim N(\mu, \sigma^2)$，試分別求 X 落在以 μ 為中心，以 σ、2σ 和 3σ 為半徑的區間內的概率。

解：

作變換 $Z = \dfrac{X - \mu}{\sigma}$，則 $Z \sim N(0,1)$。所求概率分別為：

$$P(\mu - \sigma < X < \mu + \sigma) = P\left(\frac{\mu - \sigma - \mu}{\sigma} < \frac{X - \mu}{\sigma} < \frac{\mu + \sigma - \mu}{\sigma}\right)$$
$$= P(-1 < Z < 1) = 2\Phi(1) - 1$$
$$= 0.682,7$$
$$P(\mu - 2\sigma < X < \mu + 2\sigma) = P\left(\frac{\mu - 2\sigma - \mu}{\sigma} < \frac{X - \mu}{\sigma} < \frac{\mu + 2\sigma - \mu}{\sigma}\right)$$
$$= P(-2 < Z < 2) = 2\Phi(2) - 1$$
$$= 0.954,5$$

$$P(\mu - 3\sigma < X < \mu + 3\sigma) = P\left(\frac{\mu - 3\sigma - \mu}{\sigma} < \frac{X - \mu}{\sigma} < \frac{\mu + 3\sigma - \mu}{\sigma}\right)$$
$$= P(-3 < Z < 3) = 2\Phi(3) - 1$$
$$= 0.997\,3$$

從【例4.3】的計算結果可知，幾乎可以肯定隨機變量 X 會落在其均值 μ 的 3σ 範圍內（概率為 99.73%），這就是所謂的「3σ 原則」。實踐中常應用這一原則甄別異常值，它在產品質量控制中有著重要的應用。

(4) χ^2 分佈 (卡方分佈)

設 $X_1, X_2, \cdots, X_n$ 都是服從標準正態分佈的隨機變量，且它們相互獨立，則隨機變量：

$$Y = \sum_{i=1}^{n} X_i^2 \tag{4.19}$$

服從自由度為 n 的 χ^2 分佈，記作 $\sum_{i=1}^{n} X_i^2 \sim \chi^2(n)$。$\chi^2$ 分佈的分佈形態與其自由度有關，通常呈右偏態分佈，隨著 n 的增大逐漸趨於對稱。具體見圖4-3。

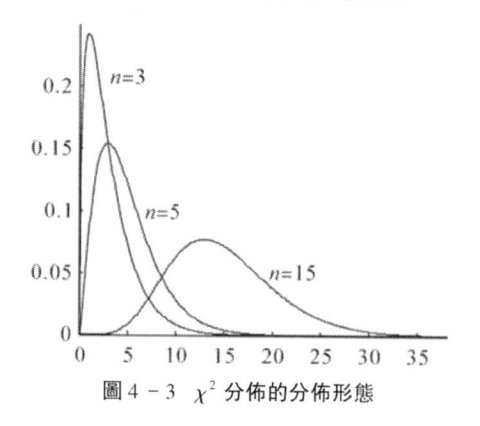

圖 4-3 χ^2 分佈的分佈形態

若 $X \sim \chi^2(n)$，則 $E(X) = n, D(X) = 2n$。

卡方分佈具有可加性。即，若 $X \sim \chi^2(m), Y \sim \chi^2(n)$，且 X、Y 相互獨立，則：

$$X + Y \sim \chi^2(m + n) \tag{4.20}$$

設 $X \sim \chi^2(n)$，通常把滿足右尾概率 $P(X > x) = \alpha$ 的臨界值 x 記作 $\chi^2_\alpha(n)$。χ^2 分佈的概率值一般通過查表得到 (見附表2)，也可以使用 Excel 函數計算得到 (函數 CHIDIST 和 CHIINV)。

如，當 $X \sim \chi^2(15)$ 時，查表知 $P(X > 7.261)$ 為 0.95；滿足 $P(X > x) = 0.05$ 的 x 的值為 24.996，即 $\chi^2_{0.05}(15) = 24.996$。

註：在 Excel 中輸入函數「CHIDIST(7.261,15)」與「CHIINV(0.05,15)」可分別計算出上述兩個值。

(5) t 分佈

設 $X \sim N(0,1), Y \sim \chi^2(n)$，且它們相互獨立，則隨機變量：

$$T = \frac{X}{\sqrt{Y/n}} \tag{4.21}$$

服從自由度為 n 的 t 分佈,記作 $T \sim t(n)$。t 分佈的分佈曲線形態與自由度有關,與正態分佈曲線相似,也是對稱的,不過一般比正態分佈平坦些。隨著自由度 n 的增大,t 分佈越來越接近於標準正態分佈。見圖 4-4,當 $n \geq 30$ 時,t 分佈與標準正態分佈的差別已非常小,一般可用標準正態分佈代替它。

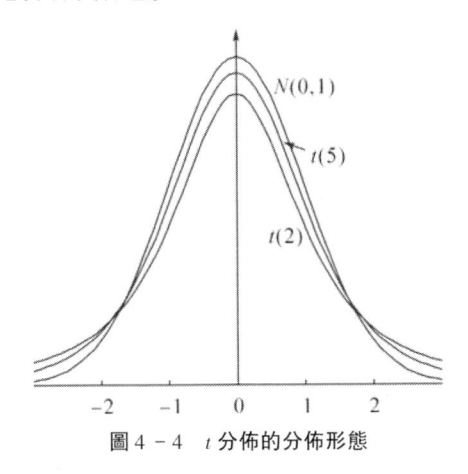

圖 4-4 t 分佈的分佈形態

設 $T \sim t(n)$,通常把滿足右尾概率 $P(T > x) = \alpha$ 的臨界值 x 記作 $t_\alpha(n)$。t 分佈的概率值一般通過查表得到(見附表 3),使用 Excel 函數計算也可以得到(函數 TDIST 和 TINV)。

如,當 $T \sim t(20)$ 時,查表知 $P(T > 1.724,7)$ 為 0.05;滿足 $P(T > x) = 0.025$ 的 x 的值為 2.086,即 $t_{0.025}(20) = 2.086$;由 t 分佈的對稱性知,滿足 $P(T < x) = 0.025$ 的 x 的值為 -2.086。

註:在 Excel 中輸入函數「TDIST(1.724,7,20,1)」可計算出 $P(T > 1.724,7)$ 的值;輸入「TINV(2 × 0.025,20)」可計算出 $t_{0.025}(20)$ 的值。

(6) F 分佈

設 $X \sim \chi^2(m)$,$Y \sim \chi^2(n)$,且它們相互獨立,則隨機變量:

$$F = \frac{X/m}{Y/n} \tag{4.22}$$

服從第一自由度(也稱分子自由度)為 m、第二自由度(也稱分母自由度)為 n 的 F 分佈,記作 $F \sim F(m,n)$。F 分佈的分佈形態與其兩個自由度有關,通常呈右偏態分佈,其密度函數圖見圖 4-5。

F 分佈與 t 分佈之間存在如下關係:如果 $X \sim t(n)$,則 $X^2 \sim F(1,n)$。

設 $F \sim F(m,n)$,通常把滿足右尾概率 $P(F > x) = \alpha$ 的臨界值 x 記作 $F_\alpha(m,n)$。F 分佈的概率值一般通過查表得到(見附表 4,附表 4 的列示格式主要便於查臨界值 $F_\alpha(m,n)$ 的值)。F 分佈有一個重要的性質:$F_\alpha(m,n) = \dfrac{1}{F_{1-\alpha}(n,m)}$,這一性質在查表確定 F 分

图 4-5　F 分佈的分佈形態

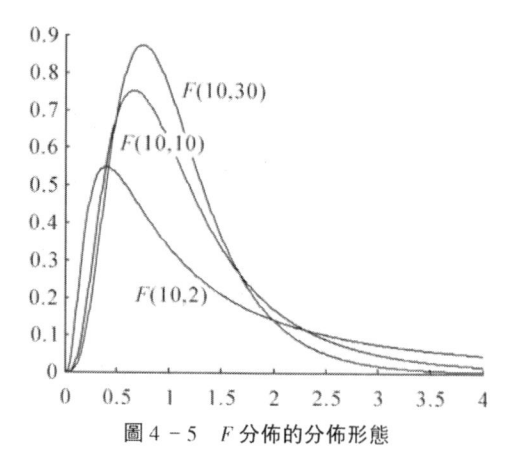

佈的臨界值時很有用。使用 Excel 函數計算也可以得到 F 分佈的概率值(函數 FDIST 和 FINV)。

例如,當 $F \sim F(15,20)$ 時,查表知 $P(F > 2.203) = 0.05$。另外,若要求出滿足 $P(F < x) = 0.025$ 的 x 值,即滿足 $P(F > x) = 0.975$ 的 x 值,也即求 $F_{0.975}(15,20)$,查表知 $F_{0.025}(20,15) = 2.756$,所以:

$$x = F_{0.975}(15,20) = \frac{1}{F_{0.025}(20,15)}$$
$$= \frac{1}{2.756}$$
$$= 0.363$$

註:在 Excel 中輸入函數「FDIST(2.203,15,20)」可計算出 $P(F > 2.203)$ 的值;輸入「FINV(0.975,15,20)」可計算出 $F_{0.975}(15,20)$ 的值。

第三節　大數定律與中心極限定理

一、大數定律

人們在觀察事物時,個別現象受偶然因素影響,有各自不同的表現。但是,對現象大量觀察后進行平均,就能使偶然因素的影響相互抵消,反應出事物變化的一般規律。統計中,用來闡明大量現象平均結果穩定性的一系列定理,統稱為大數定律。這裡重點介紹一下辛欽大數定律和貝努里大數定律。

1. 辛欽大數定律

設隨機變量 $X_1, X_2, \cdots, X_n, \cdots$ 是相互獨立、分佈相同的,它們的數學期望都為 μ,則對任意小的正數 ε,有:

$$\lim_{n \to +\infty} P(|\frac{1}{n}\sum_{i=1}^{n} X_i - \mu| < \varepsilon) = 1 \tag{4.23}$$

這就是辛欽大數定律。它說明,如果要掌握某現象的真值 μ,可以獨立重複地進行 n 次試驗,得到觀測值的算術平均值,當 n 充分大時,幾乎可以肯定該平均值與真值之間的誤差被控制在給定的任意小範圍之內。這為人們在實際生活中常用平均值法則提供了理論依據。

2. 貝努里大數定律

設 m 是 n 重貝努里試驗中事件 A 發生的次數,p 是事件 A 在每次試驗中發生的概率,則對於任意小的正數 ε,有:

$$\lim_{n \to +\infty} P(|\frac{m}{n} - p| < \varepsilon) = 1 \tag{4.24}$$

這就是貝努里大數定律。它說明,當 n 充分大時,幾乎可以肯定事件 A 發生的頻率會落在 p 的任意小的鄰域範圍內。這反應了頻率在大量重複試驗過程中的穩定性,成為人們在實踐中用頻率代替概率的理論依據。

二、中心極限定理

中心極限定理,是指有關大量隨機變量的和的極限分佈是正態分佈的定理。實踐中,遇到的受多種隨機因素影響的隨機變量常常是服從(或近似服從)正態分佈的,中心極限定理對正態分佈存在的廣泛性做了很好的詮釋。

1. 林德貝格 — 萊維定理

設隨機變量 $X_1, X_2, \cdots, X_n, \cdots$ 是相互獨立、分佈相同的,都有數學期望 μ 及方差 σ^2,則當 $n \to \infty$ 時:

$$\frac{X_1 + X_2 + \cdots + X_n - n\mu}{\sqrt{n}\sigma} \tag{4.25}$$

的分佈趨於標準正態分佈。

從該定理可以看出,無論這些隨機變量原來服從何種分佈,當 n 足夠大時,它們的和 $\sum_{i=1}^{n} X_i$ 都近似服從正態分佈 $N(n\mu, n\sigma^2)$。

2. 棣莫弗 — 拉普拉斯定理

設 m 是 n 重貝努里試驗中事件 A 發生的次數,p 是事件 A 在每次試驗中發生的概率,則當 $n \to \infty$ 時:

$$\frac{m - np}{\sqrt{np(1-p)}} \tag{4.26}$$

的分佈趨於標準正態分佈。

由於發生次數 m 服從二項分佈 $B(n, p)$,所以該定理也稱為二項分佈的正態近似。

第四節　抽樣分佈

一、樣本統計量

　　總體分佈的數量特徵就是總體的參數，也是抽樣統計推斷的對象。總體均值 μ 反應了總體分佈的集中趨勢，方差 σ^2 或標準差 σ 反應了總體分佈的離中趨勢。總體比例 π（或稱總體成數）是指總體中具有某種性質的單位在總體中所占的比重，它反應了總體的結構特徵。它們都是反應總體分佈特徵的重要參數。

　　樣本是指從總體中抽出來作為總體代表的部分單位的集合。這個集合的大小（即樣本中所包含的單位數）稱為樣本容量。在統計學中，一般將樣本容量大於 30 的樣本稱為大樣本。

　　樣本統計量是樣本的一個不含未知參數的函數。由於樣本是從總體中隨機地抽出來的，具有隨機性，因此，樣本統計量是隨機變量。設樣本為 $X_1, X_2, \cdots, X_n$（每個樣本單位是與總體分佈相同的隨機變量，用大寫字母表示，樣本觀測值將用小寫字母表示為 $x_1, x_2, \cdots, x_n$）。我們常用樣本統計量來推斷總體的有關參數。與總體常用參數對應的樣本統計量有：

樣本均值：

$$\bar{X} = \frac{1}{n} \sum_{i=1}^{n} X_i \qquad (4.27)$$

樣本方差：

$$S^2 = \frac{1}{n-1} \sum_{i=1}^{n} (X_i - \bar{X})^2 \qquad (4.28)$$

樣本方差的平方根就是樣本標準差：$S = \sqrt{S^2}$。

樣本比例：

$$P = \frac{n_1}{n} \qquad (4.29)$$

式中，n 是樣本容量，n_1 是樣本中具有某種特徵的單位數。

二、抽樣分佈

　　簡單抽樣的抽樣方法有重複抽樣與不重複抽樣。重複抽樣（也稱重置抽樣、放回抽樣），是指從總體中抽出一個樣本單位，記錄其標誌值后，又將其放回總體中繼續參加下一輪抽取。不重複抽樣（也稱不重置抽樣、不放回抽樣），是指每次從總體抽取一個單位，登記后不放回原總體，下一次繼續從總體中餘下的單位抽取樣本單位。

　　重複抽樣與不重複抽樣下的抽樣分佈存在不同。

　1. 樣本均值的抽樣分佈

　　設從正態總體 $N(\mu, \sigma^2)$ 中按重複抽樣抽出的隨機樣本為 $X_1, X_2, \cdots, X_n$，則樣本

均值：

$$\bar{X} \sim N(\mu, \frac{\sigma^2}{n}) \tag{4.30}$$

在實際問題中，總體的分佈並不總是正態分佈的(或分佈類型未知)，這時探討樣本均值的分佈就需要用到中心極限定理了。中心極限定理告訴我們，不管總體的分佈是什麼，只要總體方差是有限的，樣本均值 $\bar{X}$ 在大樣本下總是近似服從正態分佈的，此時 $\bar{X}$ 的數學期望與方差依然有：

$$E(\bar{X}) = E(\frac{1}{n}\sum_{i=1}^{n}X_i) = \frac{1}{n}\sum_{i=1}^{n}E(X_i) = \frac{1}{n} \cdot n\mu = \mu$$

$$D(\bar{X}) = D(\frac{1}{n}\sum_{i=1}^{n}X_i) = \frac{1}{n^2}\sum_{i=1}^{n}D(X_i) = \frac{1}{n^2} \cdot n\sigma^2 = \frac{\sigma^2}{n}$$

由此知道 4.30 式在大樣本下，總體分佈未知時也近似成立。

與 4.30 式等價的有 $\frac{\bar{X}-\mu}{\sigma/\sqrt{n}} \sim N(0,1)$，另外數學上可以證明 $\frac{(n-1)S^2}{\sigma^2} \sim \chi^2(n-1)$，且這兩個隨機變量相互獨立，由 t 分佈的構造 4.21 式知：

$$T = \frac{\bar{X}-\mu}{\sigma/\sqrt{n}} \Big/ \sqrt{\frac{(n-1)S^2}{\sigma^2}/(n-1)} = \frac{\bar{X}-\mu}{S/\sqrt{n}} \sim t(n-1) \tag{4.31}$$

4.31 式在小樣本的統計推斷中有著非常重要的應用。

由於樣本均值的標準差反應了樣本均值與總體均值的平均誤差程度，因此也稱為抽樣平均誤差，常記為 $\sigma_{\bar{x}}$。重複抽樣條件下的樣本均值抽樣平均誤差 $\sigma_{\bar{x}} = \frac{\sigma}{\sqrt{n}}$。

在不重複抽樣條件下，樣本均值分佈的中心還是總體的中心；而抽樣平均誤差比重複抽樣要小。直觀來看，不重複抽樣排除了「每次抽出的都是極端值」的可能，這顯然對降低抽樣誤差有利。數學上可以證明，在不重複抽樣條件下：

$$\sigma_{\bar{x}} = \frac{\sigma}{\sqrt{n}} \cdot \sqrt{\frac{N-n}{N-1}} \tag{4.32}$$

不重複抽樣比重複抽樣條件下的抽樣平均誤差多了一個系數 $\sqrt{\frac{N-n}{N-1}} \approx \sqrt{1-\frac{n}{N}}$，該系數一般稱為不重複抽樣的修正系數。當 n 遠小於 N 時(一般要求 $n/N < 5\%$)，修正系數近似為 1，這時可以省略修正系數，都按重複抽樣處理。

【例 4.5】某公司生產的氧氣瓶的耐壓強度近似服從均值為 24 兆帕的正態分佈。現隨機抽出 16 個作為樣本進行測試，試問：

(1) 如果已知總體標準差為 1.6 兆帕，則樣本的平均耐壓強度不超過 23 兆帕的概率有多大？

(2) 如果該公司的這批產品一共有 300 個，總體標準差為 1.6 兆帕，樣本的 16 個氧氣瓶是按不重複抽樣抽出的，則樣本的平均耐壓強度不超過 23 兆帕的概率有多大？

(3) 如果總體標準差未知，經檢測后計算得到的樣本標準差為 1.87 兆帕，則樣本的平均耐壓強度不超過 23 兆帕的概率有多大？

(4) 如果耐壓強度不能視為正態分佈,抽測的樣本容量為 36 個,所得樣本標準差為 1.8 兆帕,則樣本的平均耐壓強度不超過 23 兆帕的概率有多大?

解:

(1) 已知總體 $X \sim N(24, 1.6^2)$,從而 $\sigma_x = \frac{\sigma}{\sqrt{n}} = \frac{1.6}{\sqrt{16}} = 0.4$,樣本均值 $\bar{X} \sim N(24, 0.4^2)$,有 $Z = \frac{\bar{X} - \mu}{\sigma_x} = \frac{\bar{X} - 24}{0.4} \sim N(0, 1)$,所以:

$$P(\bar{X} \leq 23) = P\left(\frac{\bar{X} - 24}{0.4} \leq \frac{23 - 24}{0.4}\right)$$
$$= P(Z \leq -2.5)$$
$$= 1 - 0.993\,8$$
$$= 0.006\,2$$

(2) 由於對有限總體採用了不重複抽樣,且 $n/N = 16/300 = 5.33\% > 5\%$,所以要增加修正系數, $\sigma_x = \frac{\sigma}{\sqrt{n}} \cdot \sqrt{\frac{N-n}{N-1}} = \frac{1.6}{\sqrt{16}} \cdot \sqrt{\frac{300-16}{300-1}} = 0.389\,8$,有 $\bar{X} \sim N(24, 0.389\,8^2)$,從而 $Z = \frac{\bar{X} - 24}{0.389\,8} \sim N(0, 1)$,所以:

$$P(\bar{X} \leq 23) = P\left(\frac{\bar{X} - 24}{0.389\,8} \leq \frac{23 - 24}{0.389\,8}\right)$$
$$= P(Z \leq -2.565) = 1 - 0.994\,8 = 0.005\,2$$

(3) 由於總體標準差未知,有 $T = \frac{\bar{X} - \mu}{S/\sqrt{n}} = \frac{\bar{X} - 24}{1.87/\sqrt{16}} \sim t(16-1)$,所以:

$$P(\bar{X} \leq 23) = P\left(\frac{\bar{X} - 24}{1.87/\sqrt{16}} \leq \frac{23 - 24}{1.87/\sqrt{16}}\right)$$
$$= P(T \leq -2.139) \approx 0.025$$

(4) 儘管總體不是服從正態分佈,但由於是大樣本,由中心極限定理知,樣本均值仍然近似服從正態分佈, $\sigma_x \approx \frac{s}{\sqrt{n}} = \frac{1.8}{\sqrt{36}} = 0.3$,有 $\bar{X} \sim N(24, 0.3^2)$,從而 $Z = \frac{\bar{X} - 24}{0.3} \sim N(0, 1)$,所以:

$$P(\bar{X} \leq 23) = P\left(\frac{\bar{X} - 24}{0.3} \leq \frac{23 - 24}{0.3}\right)$$
$$= P(Z \leq -3.333) = 1 - 0.999\,6 = 0.000\,4$$

2. 樣本比例的抽樣分佈

設總體比例為 π。由於樣本的隨機性,樣本比例 P 是一個隨機變量。由棣莫弗-拉普拉斯定理可以推知,當 n 充分大時(一般要求 $n \geq 30$, $nP \geq 5$, $n(1-P) \geq 5$), P 近似服從正態分佈,有:

$$P \sim N\left(\pi, \frac{\pi(1-\pi)}{n}\right) \tag{4.33}$$

如果是不重複抽樣的樣本,則方差 $D(P) = \dfrac{\pi(1-\pi)}{n} \cdot \dfrac{N-n}{N-1}$。

3. 兩樣本的抽樣分佈

如果兩個正態總體 $N(\mu_1, \sigma_1^2)$ 和 $N(\mu_2, \sigma_2^2)$ 是相互獨立的,分別從中抽取樣本容量為 n_1 和 n_2 的兩個樣本,樣本均值分別為 $\bar{X}_1$ 和 $\bar{X}_2$。則:

(1) 當方差 σ_1^2, σ_2^2 已知時,均值差的分佈

$$Z = \frac{(\bar{X}_1 - \bar{X}_2) - (\mu_1 - \mu_2)}{\sqrt{\dfrac{\sigma_1^2}{n_1} + \dfrac{\sigma_2^2}{n_2}}} \sim N(0,1) \tag{4.34}$$

(2) 當方差 $\sigma_1^2 = \sigma_2^2$ 時,均值差的分佈

$$T = \frac{(\bar{X}_1 - \bar{X}_2) - (\mu_1 - \mu_2)}{\sqrt{\dfrac{S_p^2}{n_1} + \dfrac{S_p^2}{n_2}}} \sim t(n_1 + n_2 - 2) \tag{4.35}$$

其中,$S_p^2 = \dfrac{(n_1-1)S_1^2 + (n_2-1)S_2^2}{n_1 + n_2 - 2}$,它是兩樣本方差 S_1^2 和 S_2^2 的加權算術平均數。

(3) 方差比的分佈

$$F = \frac{S_1^2/\sigma_1^2}{S_2^2/\sigma_2^2} \sim F(n_1-1, n_2-1) \tag{4.36}$$

結論 4.34 式成立是因為,根據 4.30 式可知:

$$\bar{X}_1 \sim N\left(\mu_1, \frac{\sigma_1^2}{n_1}\right), \bar{X}_2 \sim N\left(\mu_2, \frac{\sigma_2^2}{n_2}\right)$$

並且由兩總體相互獨立知,$\bar{X}_1$ 和 $\bar{X}_2$ 也相互獨立,從而 $\bar{X}_1 - \bar{X}_2$ 也服從正態分佈,且均值為 $\mu_1 - \mu_2$,方差為 $\dfrac{\sigma_1^2}{n_1} + \dfrac{\sigma_2^2}{n_2}$。故將 $\bar{X}_1 - \bar{X}_2$ 標準化即得到 4.34 式。

結論 4.35 式成立是因為:

$$\frac{(n_1-1)S_1^2}{\sigma_1^2} \sim \chi^2(n_1-1), \frac{(n_2-1)S_2^2}{\sigma_2^2} \sim \chi^2(n_2-1)$$

並且 S_1^2, S_2^2 相互獨立,由卡方分佈的可加性知道:

$$\chi^2 = \frac{(n_1-1)S_1^2}{\sigma_1^2} + \frac{(n_2-1)S_2^2}{\sigma_2^2} \sim \chi^2(n_1 + n_2 - 2)$$

該 χ^2 統計量與 4.34 式的 Z 統計量相互獨立,由 t 分佈的構造 4.21 式可得:

$$T = \frac{Z}{\sqrt{\chi^2/(n_1 + n_2 - 2)}} \sim t(n_1 + n_2 - 2)$$

化簡上式即得到 4.35 式的結論。

結論 4.36 式成立是因為:

$$\frac{(n_1-1)S_1^2}{\sigma_1^2} \sim \chi^2(n_1-1), \frac{(n_2-1)S_2^2}{\sigma_2^2} \sim \chi^2(n_2-1)$$

由兩總體相互獨立知,這兩個卡方分佈也是相互獨立的,由 F 分佈的構造 4.22 式

可得：

$$F = \frac{\frac{(n_1-1)S_1^2}{\sigma_1^2}/(n_1-1)}{\frac{(n_2-1)S_2^2}{\sigma_2^2}/(n_2-1)} = \frac{S_1^2/\sigma_1^2}{S_2^2/\sigma_2^2} \sim F(n_1-1, n_2-1)$$

第五章　參數估計

【教學導讀】

參數估計是統計推斷的主要內容之一。本章介紹有關參數估計的基本理論與方法，需要掌握以下幾個方面的內容：

（1）理解估計量與估計值的概念。理解點估計的優缺點，瞭解衡量估計量好壞的標準，掌握總體均值、比例和標準差等參數的常用估計量。

（2）理解置信區間和置信度的概念，掌握總體均值、比例和方差等參數的區間估計方法。

（3）理解抽樣誤差的概念，理解樣本容量與抽樣誤差及置信區間的關係，掌握在一定允許誤差與置信度下的樣本容量的確定方法。

第一節　點估計

一、簡單隨機樣本與參數估計

我們知道，為了獲得對總體的某種認識，從該總體中抽取一個樣本並對其進行分析是必要或者是必需的。這是因為，有些試驗涉及的總體是無限的，不可能進行全面調查；或總體雖然有限，但包含的個體太多，試驗需要耗費大量的時間、人力、物力和財力，有些試驗甚至是具有破壞性的，要對總體進行全面調查也幾乎是不可能或不切實際的。因而，這類問題只能通過抽樣和推斷的方法進行處理。

統計推斷是統計學的一個重要組成部分，本章談論的參數估計和下一章講解的假設檢驗都是統計推斷的重要內容。它們都是依據樣本的信息，對總體的特徵作出推斷，並對相應的誤差作出說明，同時提供盡可能避免誤差過大的控制方法。

為了能夠通過樣本對總體作出比較可靠的推斷，需要樣本對總體有較好的代表性，通常要求樣本是滿足如下兩個條件的簡單隨機樣本：

（1）代表性：樣本 $X_1, X_2, \cdots, X_n$ 與總體 X 同分佈。
（2）獨立性：$X_1, X_2, \cdots, X_n$ 是相互獨立的。

採用簡單隨機抽樣得到的樣本就是一個簡單隨機樣本。本書所涉及的用於推斷總體的樣本都要求是簡單隨機樣本。

所謂參數估計，就是用樣本統計量去估計總體參數。參數估計的方法通常有兩種：點估計與區間估計。

二、基本概念

點估計也稱定值估計,就是以樣本觀測數據為依據,對總體參數做出確定值的估計,也即用一個樣本的具體統計量的值去估計總體的未知參數。

用於估計總體參數 θ 的樣本統計量 $\hat{\theta} = \hat{\theta}(X_1, X_2, \cdots, X_n)$,稱為 θ 的估計量(在參數字母上加符號「^」表示),它是根據抽樣樣本來估計總體參數的一種規則或形式,是一個隨機變量。以樣本的觀測數據 $x_1, x_2, \cdots, x_n$ 為依據計算出來的統計量的具體值 $\hat{\theta}(x_1, x_2, \cdots, x_n)$,則稱為 θ 的估計值。

三、常用的點估計

對總體參數的點估計,常用的方法有矩估計法和極大似然估計法,對這兩個方法的具體介紹,感興趣的讀者可參閱有關數理統計學書籍。在統計中,常需要對總體均值 μ、總體比例 π 和總體標準差 σ 這三個重要參數進行估計,根據矩估計法或極大似然估計法得出的結論,實際中一般採用樣本均值 $\bar{X}$、樣本比例 P 和樣本標準差 S 分別作為它們的點估計量。即:

$$\hat{\mu} = \bar{X} = \frac{1}{n}\sum_{i=1}^{n} X_i \tag{5.1}$$

$$\hat{\pi} = P = \frac{m}{n} \tag{5.2}$$

$$\hat{\sigma} = S = \sqrt{\frac{1}{n-1}\sum_{i=1}^{n}(X_i - \bar{X})^2} \tag{5.3}$$

其中,n 為樣本容量,m 是樣本中具有某一特徵的單位數。

四、點估計的評價標準

在參數估計時,人們往往可以對同一個參數構造多個估計量,但不是所有的估計量都一樣好,為了比較它們的優劣,就必須給出評價的標準。標準不同,比較的結論可能完全不同。通常,評價估計量優劣的標準有三個:無偏性、一致性和有效性。

1. 無偏性

以樣本估計總體,雖然某一估計值可能會存在正的或負的估計誤差,但所有可能的估計值與總體參數的離差的均值應該為零,即 $E(\hat{\theta} - \theta) = 0$,或者說:

$$E(\hat{\theta}) = \theta \tag{5.4}$$

這就是說,無偏估計要求估計量不存在系統性偏差。容易證明,樣本均值 $\bar{X}$、樣本比例 P 和樣本標準差 S 分別是總體均值 μ、總體比例 π 和總體標準差 σ 的無偏估計量。這裡,如果採用 $S' = \sqrt{\frac{1}{n}\sum_{i=1}^{n}(X_i - \bar{X})^2}$ 作為總體標準差 σ 的估計量,則是有偏的。

2. 一致性

以樣本估計總體,雖然會存在估計誤差,但是作為一個優良的估計量,隨著樣本容量的增大,估計值與參數值之間有較大偏差的可能性應當可以足夠小。即:

$$\lim_{n\to+\infty} P(|\hat{\theta}_n - \theta| < \varepsilon) = 1 \tag{5.5}$$

式中,ε 為任意小的正數,$\hat{\theta}_n$ 是 θ 的一個與樣本容量 n 有關的點估計量,符合這一要求的估計量叫作一致性估計量。可以證明,樣本均值 $\bar{X}$、樣本比例 P 和樣本標準差 S 分別是總體均值 μ、總體比例 π 和總體標準差 σ 的一致性估計量。

3. 有效性

一個參數的無偏估計量往往也不是唯一的。如果 $\hat{\theta}_1,\hat{\theta}_2$ 都是 θ 的無偏估計,但:

$$D(\hat{\theta}_1) < D(\hat{\theta}_2) \tag{5.6}$$

則稱 $\hat{\theta}_1$ 比 $\hat{\theta}_2$ 更有效。即,對同一參數的兩個無偏估計量,看它們誰能更穩定在 θ 的附近,有更小方差的估計量更有效。

例如,用一個樣本單位 X_1 和樣本均值 $\bar{X}$ 都可以作為總體均值 μ 的無偏估計量,因為有 $E(X_1) = E(\bar{X}) = \mu$。但顯然當 $n > 1$ 時,有 $D(X_1) = \sigma^2 > D(\bar{X}) = \sigma^2/n$,因而,樣本均值 $\bar{X}$ 是更加有效的估計量。

人們當然希望得到最有效的估計量。這樣,克萊姆－拉奧在適當的條件下給出了無偏估計量的方差下界,達到這個下界的無偏估計量 $\hat{\theta}$ 稱為 θ 的有效估計。可以證明,樣本均值 $\bar{X}$、樣本比例 P 和樣本標準差 S 分別是總體均值 μ、總體比例 π 和總體標準差 σ 的有效估計量。

當然,估計量的選擇有時會在上述多個要求之間產生矛盾,如無偏性與有效性的矛盾,人們就往往傾向於選擇有偏(偏差不是很大)但更有效的估計量;當無偏性與一致性要求出現矛盾時,人們又傾向於選擇滿足一致性要求的估計量。

第二節　　總體均值的區間估計

點估計的優點是直接給出了一個明確的值,通過樣本資料就能得到總體參數的具體估計數據。但由於抽樣的隨機性,用某一次抽樣的結果去估計總體參數,將不可避免地會產生誤差。而點估計卻沒有指出估計的精度和把握程度有多大。要解決這個問題,則需對參數進行區間估計。

一、區間估計的概念

所謂區間估計,就是指在一定可靠程度下,用一個區間範圍來估計總體參數。即對於未知的總體參數 θ,根據樣本信息找到兩個統計量 $\hat{\theta}_1,\hat{\theta}_2$,使:

$$P(\hat{\theta}_1 < \theta < \hat{\theta}_2) = 1 - \alpha \tag{5.7}$$

5.7 式中 $1-\alpha(0 < \alpha < 1)$ 稱為區間估計的置信水平(或置信度),區間 $(\hat{\theta}_1,\hat{\theta}_2)$ 就稱為參數 θ 的置信水平為 $1-\alpha$ 的置信區間(或估計區間),$\hat{\theta}_1$ 稱為置信下限,$\hat{\theta}_2$ 稱為置信上限。置信水平是置信區間包含總體參數真實值的可能性,它可以從頻率的角度來理解:每一個可能的樣本都對應有一個置信區間,這個置信區間可能包含 θ,也可能不包含 θ,但對於所有可能的樣本而言,會有 $(1-\alpha)100\%$ 的置信區間把 θ 包含在內。

區間估計的特點是它不指出被估計參數的確定數值,而是在一定的概率保證度下指出被估計參數的可能範圍。區間估計的兩個基本要求(也即評價標準)是置信度和精確度。一方面,我們希望置信度 $1-\alpha$ 越高越好;另一方面,我們又希望估計區間的長度 $\hat{\theta}_2 - \hat{\theta}_1$ 越短越好,即參數估計的精度要越高越好。然而在樣本容量 n 一定的條件下,這兩個方面是此消彼長的。因此,人們一般是在給定的置信度下,盡可能提高估計的精度。

二、單個總體均值的區間估計

1. 正態總體,方差已知

服從正態分佈 $N(\mu, \sigma^2)$ 的總體是最常見的,當方差 σ^2 已知時,從該總體中隨機抽取一個容量為 n 的樣本,則由 4.30 式知,樣本均值 $\bar{X} \sim N(\mu, \frac{\sigma^2}{n})$,有 $Z = \frac{\bar{X} - \mu}{\sigma/\sqrt{n}} \sim N(0,1)$。對於給定的置信水平 $1-\alpha$,有唯一的 $z_{\alpha/2}$,使得 $P(-z_{\alpha/2} < Z < z_{\alpha/2}) = 1-\alpha$,見圖 5-1。從而有:

$$P(\bar{X} - z_{\alpha/2}\frac{\sigma}{\sqrt{n}} < \mu < \bar{X} + z_{\alpha/2}\frac{\sigma}{\sqrt{n}}) = 1-\alpha$$

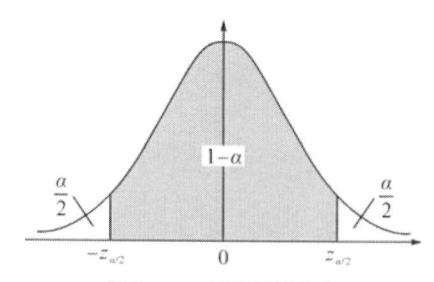

圖 5-1 標準正態分佈

因此,總體均值 μ 的置信水平為 $1-\alpha$ 的具體置信區間為:

$$(\bar{x} - z_{\alpha/2}\frac{\sigma}{\sqrt{n}}, \bar{x} + z_{\alpha/2}\frac{\sigma}{\sqrt{n}}) \tag{5.8}$$

這裡,$\bar{x}$ 是 $\bar{X}$ 的觀測值,由樣本觀測值計算得來。有時也把 5.8 式簡記為 $\bar{x} \pm z_{\alpha/2}\frac{\sigma}{\sqrt{n}}$,式中的 $z_{\alpha/2}\frac{\sigma}{\sqrt{n}}$ 稱為估計總體均值時的邊際誤差或誤差範圍。

由於在確定置信區間時,我們在統計量分佈的兩端相等地各扣除了 $\alpha/2$,因而這樣的置信區間稱為等尾置信區間。當統計量的分佈為對稱分佈時,等尾置信區間一般為精度最高的區間。

【例 5.1】某企業生產的金屬線抗斷強度服從正態分佈,標準差穩定在 40 千克。現質量管理部門抽出一個由 16 個樣品組成的隨機樣本,得到樣本均值為 520 千克。問該金屬線抗斷強度的置信水平為 95% 的置信區間是多少?

解：

　　該問題的總體服從正態分佈，且方差已知。由於 $1-\alpha=95\%$，查標準正態分佈表得 $z_{\frac{\alpha}{2}}=1.96$，故：

$$\bar{x}-z_{\alpha/2}\frac{\sigma}{\sqrt{n}}=520-1.96\times\frac{40}{\sqrt{16}}=500.4$$

$$\bar{x}+z_{\alpha/2}\frac{\sigma}{\sqrt{n}}=520+1.96\times\frac{40}{\sqrt{16}}=539.6$$

　　所以，該金屬線抗斷強度的置信水平為95%的置信區間為(500.4, 539.6)。

2. 正態總體，方差未知

　　當總體服從正態分佈 $N(\mu,\sigma^2)$，但方差 σ^2 未知時，由4.31式知道，統計量 $T=\dfrac{\bar{X}-\mu}{S/\sqrt{n}}\sim t(n-1)$。由於 t 分佈也是與標準正態分佈類似的對稱分佈，參見圖5-2。因而與方差已知時的情形類似，可以推知，總體均值 μ 的置信水平為 $1-\alpha$ 的置信區間為：

$$(\bar{x}-t_{\alpha/2}(n-1)\cdot\frac{s}{\sqrt{n}},\bar{x}+t_{\alpha/2}(n-1)\cdot\frac{s}{\sqrt{n}}) \tag{5.9}$$

式中，$t_{\alpha/2}(n-1)$ 是自由度為 $n-1$ 的 t 分佈右側面積為 $\alpha/2$ 時的 t 臨界值。

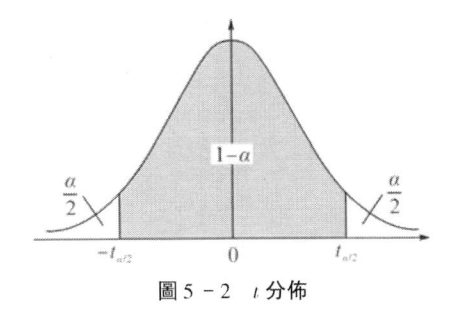

圖5-2　t 分佈

　　【例5.2】為了對完成某項工作所需時間建立一個標準，管理者隨機抽選了16名有經驗的工人去分別完成這項工作，結果他們所需平均時間是13分鐘，標準差為3分鐘。假設完成這項工作所需時間服從正態分佈，求完成此項工作所需時間的置信水平為95%的置信區間。

解：

　　該問題總體服從正態分佈，但方差未知。由於 $1-\alpha=95\%$，查 t 分佈表得 $t_{\frac{\alpha}{2}}(n-1)=t_{0.025}(15)=2.131$，故：

$$\bar{x}-t_{\alpha/2}(n-1)\cdot\frac{s}{\sqrt{n}}=13-2.131\times\frac{3}{\sqrt{16}}\approx 11.4$$

$$\bar{x}+t_{\alpha/2}(n-1)\cdot\frac{s}{\sqrt{n}}=13+2.131\times\frac{3}{\sqrt{16}}\approx 14.6$$

　　所以，完成此項工作所需時間的置信水平為95%的置信區間為(11.4, 14.6)。

3. 非正態總體，大樣本

若總體不是服從正態分佈,在大樣本條件下($n \geq 30$),由樣本均值的抽樣分佈理論知道,$Z = \dfrac{\bar{X} - \mu}{\sigma/\sqrt{n}}$ 近似服從標準正態分佈 $N(0,1)$,因此,我們依然可以對總體均值 μ 建立置信區間:

$$\left(\bar{x} - z_{\alpha/2}\frac{\sigma}{\sqrt{n}}, \bar{x} + z_{\alpha/2}\frac{\sigma}{\sqrt{n}}\right) \tag{5.10}$$

或:

$$\left(\bar{x} - z_{\alpha/2}\frac{s}{\sqrt{n}}, \bar{x} + z_{\alpha/2}\frac{s}{\sqrt{n}}\right) \tag{5.11}$$

公式5.10為當 σ 已知時的置信區間;公式5.11為當 σ 未知時,在大樣本條件下用樣本標準差 s 去近似 σ 得到的結果。

【例5.3】對某企業生產的電子元件,質檢人員採用簡單隨機抽樣抽取並測試了50個元件的壽命,得出其樣本均值為1,600小時,樣本標準差為35小時。試求該企業生產的元件壽命的置信水平為95%的置信區間。

解:

由於總體的分佈未知(實際上,電子元件的使用壽命一般是服從指數分佈的,為非正態分佈),但 $n = 50$ 為大樣本。對 $1 - \alpha = 95\%$,查標準正態分佈表得 $z_{\frac{\alpha}{2}} = 1.96$,故:

$$\bar{x} - z_{\alpha/2}\frac{s}{\sqrt{n}} = 1,600 - 1.96 \times \frac{35}{\sqrt{50}} \approx 1,590.3$$

$$\bar{x} + z_{\alpha/2}\frac{s}{\sqrt{n}} = 1,600 + 1.96 \times \frac{35}{\sqrt{50}} \approx 1,609.7$$

所以,該企業生產的元件壽命的置信水平為95%的置信區間為(1,590.3,1,609.7)。

三、兩個總體均值差的區間估計

對兩個總體,我們關心的是它們對應參數的差異,因而,后面的內容將涉及對兩個總體均值差、比例差和方差比的區間估計。這裡,我們先看兩個總體均值差的區間估計。

1. 配對樣本的置信區間

配對觀察值在對比試驗中經常出現。我們在引入某種處理、改變某種環境等之前和之后分別對受試驗對象進行觀測,最終關心的是由兩種不同條件所產生的結果的差異;或者,將受試驗對象分為數量相等的兩組,兩組樣本一一配對,其中一組接受某種處理,而另一組接受另一種處理,最終關心的也是由兩種不同處理所產生的結果的差異。對這樣得到的配對觀察值,兩樣本通常不是相互獨立的,需要考查兩樣本的配對差,從而把對兩個總體均值差的估計問題轉化為單總體均值的估計問題。

【例5.4】一個隨機樣本由10家某種類型的商業企業組成,這10家企業在2010年和2015年花在雇員培訓上的經費見表5-1(數據已作通貨膨脹修正)。假定該類商業企業兩個年份的培訓費之差服從正態分佈。試建立此兩個年份的培訓費均值差的置信水平為95%的置信區間。

表 5 – 1　　　　　　　　10 個企業在兩個年份的培訓費比較(萬元／人)

企業	2010 年(x_1)	2015 年(x_2)	$d = x_2 - x_1$
1	10	12	2
2	11	14	3
3	8	8	0
4	7	12	5
5	9	8	-1
6	6	10	4
7	10	8	-2
8	9	9	0
9	7	10	3
10	9	10	1

解：

此兩樣本不獨立，以 d 表示配對觀察值 x_2 與 x_1 之差(參見表 5 – 1 第 4 欄)，這樣，我們只需將配對差值 d 視為從單正態總體中獲得的一個樣本即可。由於總體方差未知，因而估計區間形如 5.9 式，即為：$(\bar{d} - t_{\alpha/2}(n-1)\frac{s_d}{\sqrt{n}}, \bar{d} + t_{\alpha/2}(n-1)\frac{s_d}{\sqrt{n}})$。

查 t 分佈表得 $t_{\frac{\alpha}{2}}(n-1) = t_{0.025}(9) = 2.262$，由題中數據可得：

$$\bar{d} = \frac{1}{n}\sum_{i=1}^{n} d_i = \frac{2 + 3 + \cdots + 1}{10} = 1.5$$

$$s_d = \sqrt{\frac{\sum_{i=1}^{n}(d_i - \bar{d})^2}{n-1}} = \sqrt{\frac{(2-1.5)^2 + (3-1.5)^2 + \cdots + (1-1.5)^2}{10-1}} \approx 2.273$$

$$\bar{d} - t_{\alpha/2}(n-1)\frac{s_d}{\sqrt{n}} = 1.5 - 2.262 \times \frac{2.273}{\sqrt{10}} \approx -0.126$$

$$\bar{d} + t_{\alpha/2}(n-1)\frac{s_d}{\sqrt{n}} = 1.5 + 2.262 \times \frac{2.273}{\sqrt{10}} \approx 3.126$$

所以，所求置信區間為 $(-0.126, 3.126)$。即，依據樣本所提供的證據，我們可以有 95% 的把握說，這些企業在兩個年份花在雇員培訓上的費用的平均差異為 -0.126 萬 $\sim$ 3.126 萬元。

2. 兩個獨立的正態總體，方差已知

如果兩個正態總體 $N(\mu_1, \sigma_1^2)$ 和 $N(\mu_2, \sigma_2^2)$ 是相互獨立的，分別從中抽取樣本容量為 n_1 和 n_2 的兩個樣本，樣本均值分別為 $\bar{X}_1$ 和 $\bar{X}_2$。當方差 σ_1^2, σ_2^2 已知時，由 4.34 式知：

$$Z = \frac{(\bar{X}_1 - \bar{X}_2) - (\mu_1 - \mu_2)}{\sqrt{\frac{\sigma_1^2}{n_1} + \frac{\sigma_2^2}{n_2}}} \sim N(0,1)$$

與推導單總體均值的置信區間類似,可以得出兩總體均值差 $\mu_1 - \mu_2$ 的置信水平為 $1-\alpha$ 的置信區間為:

$$((\bar{x}_1 - \bar{x}_2) - z_{\alpha/2}\sqrt{\frac{\sigma_1^2}{n_1} + \frac{\sigma_2^2}{n_2}}, (\bar{x}_1 - \bar{x}_2) + z_{\alpha/2}\sqrt{\frac{\sigma_1^2}{n_1} + \frac{\sigma_2^2}{n_2}}) \quad (5.12)$$

【例5.5】某公司有 A、B 兩家企業生產同一種合成纖維,管理者想瞭解兩個企業現在生產的纖維的平均抗斷強度的差異。從 A 企業抽選了 25 個樣品作樣本,測得樣本均值為 22kg。從 B 企業抽選了 16 個樣品作樣本,測得樣本均值為 20kg。由以往經驗知兩企業產品抗斷強度服從正態分佈,方差皆為 10kg^2,試構造出 $\mu_1 - \mu_2$ 的置信水平為 95% 的置信區間。

解:

由題知,兩總體服從正態分佈且方差已知,兩樣本是獨立的隨機樣本。由於 $1-\alpha = 95\%$,查標準正態分佈表得 $z_{\frac{\alpha}{2}} = 1.96$,故:

$$(\bar{x}_1 - \bar{x}_2) - z_{\alpha/2}\sqrt{\frac{\sigma_1^2}{n_1} + \frac{\sigma_2^2}{n_2}} = (22-20) - 1.96\sqrt{\frac{10}{25} + \frac{10}{16}} \approx 0.02$$

$$(\bar{x}_1 - \bar{x}_2) + z_{\alpha/2}\sqrt{\frac{\sigma_1^2}{n_1} + \frac{\sigma_2^2}{n_2}} = (22-20) + 1.96\sqrt{\frac{10}{25} + \frac{10}{16}} \approx 3.98$$

所以,所求置信區間為 $(0.02, 3.98)$。即,依樣本所提供的證據,我們可以有 95% 的把握說,兩企業現在生產的纖維的平均抗斷強度的差異介於 $0.02 \sim 3.98$ kg。

3. 兩個獨立的正態總體,方差未知

兩個相互獨立的正態總體 $N(\mu_1, \sigma_1^2)$ 和 $N(\mu_2, \sigma_2^2)$,分別從中抽取樣本容量為 n_1 和 n_2 的兩個樣本,樣本均值分別為 $\bar{X}_1$ 和 $\bar{X}_2$,樣本方差分別為 S_1^2 和 S_2^2。當總體方差 σ_1^2, σ_2^2 未知時,有下面兩種情況:

(1) 方差未知但相等

如果兩個總體方差雖然未知,但知道它們相等時,由 4.35 式知:

$$T = \frac{(\bar{X}_1 - \bar{X}_2) - (\mu_1 - \mu_2)}{\sqrt{\frac{S_p^2}{n_1} + \frac{S_p^2}{n_2}}} \sim t(n_1 + n_2 - 2)$$

其中,$s_p^2 = \frac{(n_1-1)s_1^2 + (n_2-1)s_2^2}{n_1 + n_2 - 2}$。由此分佈可以推知,兩總體均值差 $\mu_1 - \mu_2$ 的置信水平為 $1-\alpha$ 的置信區間為:

$$(\bar{x}_1 - \bar{x}_2) \pm t_{\alpha/2}(n_1 + n_2 - 2) \cdot \sqrt{s_p^2\left(\frac{1}{n_1} + \frac{1}{n_2}\right)} \quad (5.13)$$

(2) 方差未知且不等

研究兩個總體方差未知且不等的情形具有典型意義,因為,在大多數情況下,我們無

法指望兩總體方差相等。此時,統計量:

$$T = \frac{(\bar{X}_1 - \bar{X}_2) - (\mu_1 - \mu_2)}{\sqrt{\dfrac{S_1^2}{n_1} + \dfrac{S_2^2}{n_2}}} \sim t(df)$$

其中,自由度 $df = \dfrac{\left(\dfrac{s_1^2}{n_1} + \dfrac{s_2^2}{n_2}\right)^2}{\dfrac{(s_1^2/n_1)^2}{n_1} + \dfrac{(s_2^2/n_2)^2}{n_2}}$。

由此統計量可推知,兩總體均值差 $\mu_1 - \mu_2$ 的置信水平為 $1 - \alpha$ 的置信區間為:

$$(\bar{x}_1 - \bar{x}_2) \pm t_{\alpha/2}(df)\sqrt{\dfrac{s_1^2}{n_1} + \dfrac{s_2^2}{n_2}} \tag{5.14}$$

【例5.6】要試驗把兩種肥料用於栽培某種作物的可能性。為此,在土質相同的兩塊土地上種植同一作物,並將這兩種肥料各施於一塊土地。到了收穫期,從施肥料 A 的土地上隨機抽選 20 株作物作為樣本,測得其產量的均值和標準差分別為 44.1g 和 6g;從施肥料 B 的土地上隨機抽選 12 株作物作為樣本,測得其產量的均值和標準差分別為 31.7g 和 7g。假定兩個總體都服從正態分佈。試分別在下面兩種條件下構造 $\mu_1 - \mu_2$ 的置信水平為 95% 的置信區間:

(1)假定兩個總體方差相等;
(2)假定兩個總體方差不相等。

解:

(1)由於兩個總體均服從正態分佈,方差未知但相等(實際中,是否滿足方差相等的條件可由第六章所講的方差比的假設檢驗獲得)。由題可得:

$$s_p^2 = \frac{(n_1 - 1)s_1^2 + (n_2 - 1)s_2^2}{n_1 + n_2 - 2} = \frac{19 \times 36 + 11 \times 49}{30} \approx 40.77$$

查 t 分佈表可得 $t_{\frac{\alpha}{2}}(n_1 + n_2 - 2) = t_{0.025}(30) = 2.042$。故:

$$(\bar{x}_1 - \bar{x}_2) - t_{\alpha/2}(n_1 + n_2 - 2) \cdot \sqrt{s_p^2\left(\frac{1}{n_1} + \frac{1}{n_2}\right)}$$

$$= (44.1 - 31.7) - 2.042 \times \sqrt{40.77 \times \left(\frac{1}{20} + \frac{1}{12}\right)} \approx 7.64$$

$$(\bar{x}_1 - \bar{x}_2) + t_{\alpha/2}(n_1 + n_2 - 2) \cdot \sqrt{s_p^2\left(\frac{1}{n_1} + \frac{1}{n_2}\right)}$$

$$= (44.1 - 31.7) + 2.042 \times \sqrt{40.77 \times \left(\frac{1}{20} + \frac{1}{12}\right)} \approx 17.16$$

所以,所求置信區間為(7.64,17.16)。即,依樣本所提供的證據,我們可以有 95% 的把握說,兩種肥料的單株產量差值為 7.64g ~ 17.16g。

(2)若兩總體方差未知且不相等,由題可得:

$$df = \frac{\left(\frac{36}{20} + \frac{49}{12}\right)^2}{\frac{(36/20)^2}{20} + \frac{(49/12)^2}{12}} \approx 22.31 \approx 23$$

查 t 分佈表可得 $t_{\frac{\alpha}{2}}(df) = t_{0.025}(23) \approx 2.069$。故：

$$(\bar{x}_1 - \bar{x}_2) - t_{\alpha/2}(df) \cdot \sqrt{\frac{s_1^2}{n_1} + \frac{s_2^2}{n_2}}$$

$$= (44.1 - 31.7) - 2.069 \times \sqrt{\frac{36}{20} + \frac{49}{12}} \approx 7.37$$

$$(\bar{x}_1 - \bar{x}_2) + t_{\alpha/2}(df) \cdot \sqrt{\frac{s_1^2}{n_1} + \frac{s_2^2}{n_2}}$$

$$= (44.1 - 31.7) + 2.069 \times \sqrt{\frac{36}{20} + \frac{49}{12}} \approx 17.43$$

故，依樣本所提供的證據，我們可以有 95% 的把握說，兩種肥料的單株產量差值為 7.37 ~ 17.43。

4. 兩個獨立的非正態總體

當兩總體相互獨立，又為非正態分佈時，只要兩樣本都為大樣本（$n_1 \geq 30, n_2 \geq 30$），$\bar{X}_1 - \bar{X}_2$ 依然近似服從正態分佈 $N\left(\mu_1 - \mu_2, \frac{\sigma_1^2}{n_1} + \frac{\sigma_2^2}{n_2}\right)$。且在大樣本條件下，當兩個總體方差未知時，可以用各自的樣本方差來近似替代。因而此時總體均值差 $\mu_1 - \mu_2$ 的置信水平為 $1 - \alpha$ 的置信區間為：

$$(\bar{x}_1 - \bar{x}_2) \pm z_{\alpha/2} \sqrt{\frac{s_1^2}{n_1} + \frac{s_2^2}{n_2}} \tag{5.15}$$

【例5.7】某省教育研究部門想估計兩個市的學生高考數學平均成績的差異，在 A 市隨機抽取了 80 人，得到平均成績和標準差分別為 92 分與 6.7 分；在 B 市隨機抽取了 100 人，得到平均成績和標準差分別為 86 分與 7.5 分。試建立兩市學生高考數學平均成績差異的 95% 的置信區間。

解：

因為兩樣本都為大樣本，$z_{\frac{\alpha}{2}} = 1.96$，故由已知條件可得：

$$(\bar{x}_1 - \bar{x}_2) - z_{\alpha/2} \sqrt{\frac{s_1^2}{n_1} + \frac{s_2^2}{n_2}} = (92 - 86) - 1.96 \times \sqrt{\frac{6.7^2}{80} + \frac{7.5^2}{100}}$$

$$= 3.922$$

$$(\bar{x}_1 - \bar{x}_2) + z_{\alpha/2} \sqrt{\frac{s_1^2}{n_1} + \frac{s_2^2}{n_2}} = (92 - 86) + 1.96 \times \sqrt{\frac{6.7^2}{80} + \frac{7.5^2}{100}}$$

$$= 8.078$$

即兩市學生高考數學平均成績差異的 95% 的置信區間為 (3.922, 8.078) 分。

第三節　總體比例的區間估計

一、單個總體比例的區間估計

在大樣本情況下（一般要求 $n \geq 30, np \geq 5, n(1-p) \geq 5$），由 4.33 式可得：

$$Z = \frac{P - \pi}{\sqrt{\pi(1-\pi)/n}} \sim N(0,1)$$

與得到總體均值的估計區間類似，可以推知總體比例 π 的置信水平 $1-\alpha$ 的置信區間為：

$$\left(P - z_{\frac{\alpha}{2}}\sqrt{\frac{\pi(1-\pi)}{n}}, P + z_{\frac{\alpha}{2}}\sqrt{\frac{\pi(1-\pi)}{n}}\right)$$

由於比例 π 正是我們將要估計的未知參數，因此，在實際中就採用樣本比例 p 代替上式中的 π。由此得到總體比例 π 的置信水平 $1-\alpha$ 的置信區間為：

$$\left(p - z_{\frac{\alpha}{2}}\sqrt{\frac{p(1-p)}{n}}, p + z_{\frac{\alpha}{2}}\sqrt{\frac{p(1-p)}{n}}\right) \tag{5.16}$$

【例5.8】從某批產品中隨機抽取 120 件進行質量檢查，發現有 15 件為次品，試以 95% 的置信水平估計該批產品次品率的置信區間。

解：

由題意知，$n = 120$，樣本比例 $p = \frac{15}{120} = 0.125$，是大樣本，滿足 $np \geq 5, n(1-p) \geq 5$。$z_{\frac{\alpha}{2}} = 1.96$，故：

$$p - z_{\frac{\alpha}{2}}\sqrt{\frac{p(1-p)}{n}} = 0.125 - 1.96 \times \sqrt{\frac{0.125 \times 0.875}{120}} \approx 0.065,8$$

$$p + z_{\frac{\alpha}{2}}\sqrt{\frac{p(1-p)}{n}} = 0.125 + 1.96 \times \sqrt{\frac{0.125 \times 0.875}{120}} \approx 0.184,2$$

因此，該批產品次品率的置信區間為 (6.58%, 18.42%)。即，我們可以有 95% 的把握說，該批產品的次品率為 6.58% ~ 18.42%。

二、兩個總體比例差的區間估計

大樣本條件下，兩獨立樣本的比例差 $P_1 - P_2$ 的抽樣分佈逼近正態分佈，即近似有：

$$P_1 - P_2 \sim N\left(\pi_1 - \pi_2, \frac{\pi_1(1-\pi_1)}{n_1} + \frac{\pi_2(1-\pi_2)}{n_2}\right)$$

將正態分佈標準化后，再以樣本比例 p_1, p_2 分別代替未知的總體比例 π_1, π_2，可以推知兩總體比例差 $\pi_1 - \pi_2$ 的置信水平 $1-\alpha$ 的置信區間為：

$$(p_1 - p_2) \pm z_{\alpha/2}\sqrt{\frac{p_1(1-p_1)}{n_1} + \frac{p_2(1-p_2)}{n_2}} \tag{5.17}$$

【例5.9】研究某大城市兩種報紙訂戶的特點。從報紙 A 和報紙 B 的訂戶中分別隨機抽取500戶進行調查,得知它們分別有300個訂戶和200個訂戶的人均年收入超過35,000元。試對兩種報紙的這類訂戶比例之差構造置信水平為95% 的置信區間。

解:

由題可得,兩種報紙的人均年收入超過 35,000 元的訂戶比例分別為:

$$p_1 = \frac{300}{500} = 0.6, p_2 = \frac{200}{500} = 0.4,$$

又得 $z_{\frac{\alpha}{2}} = 1.96$,故:

$$(p_1 - p_2) - z_{\alpha/2}\sqrt{\frac{p_1(1-p_1)}{n_1} + \frac{p_2(1-p_2)}{n_2}}$$

$$= (0.6 - 0.4) - 1.96 \times \sqrt{\frac{0.6 \times 0.4}{500} + \frac{0.4 \times 0.6}{500}} \approx 0.14$$

$$(p_1 - p_2) + z_{\alpha/2}\sqrt{\frac{p_1(1-p_1)}{n_1} + \frac{p_2(1-p_2)}{n_2}}$$

$$= (0.6 - 0.4) + 1.96 \times \sqrt{\frac{0.6 \times 0.4}{500} + \frac{0.4 \times 0.6}{500}} \approx 0.26$$

因而,兩種報紙的這類訂戶比例之差的置信水平為95% 的置信區間為(14%,26%)。

第四節　總體方差的區間估計

一、單個正態總體方差的區間估計

當總體服從正態分佈 $N(\mu, \sigma^2)$ 時,要對方差 σ^2 進行區間估計,與之相關的統計量是 $\chi^2 = \frac{(n-1)S^2}{\sigma^2} \sim \chi^2(n-1)$。對於給定的置信水平 $1-\alpha$,我們可以通過查 χ^2 分佈表得到兩個 χ^2 臨界值,使得較小值 $\chi^2_{1-\frac{\alpha}{2}}$ 左邊和較大值 $\chi^2_{\frac{\alpha}{2}}$ 右邊分佈曲線下的面積都是 $\alpha/2$,見圖 5-3。

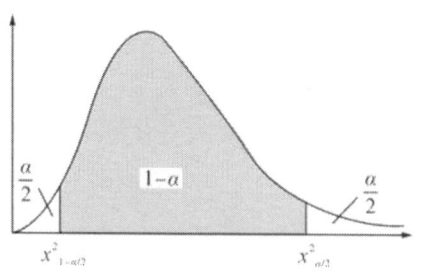

圖 5-3　χ^2 分佈示意圖

這樣就有:

$$P(\chi^2_{1-\alpha/2} < \frac{(n-1)S^2}{\sigma^2} < \chi^2_{\alpha/2}) = 1 - \alpha$$

即：

$$P(\frac{(n-1)S^2}{\chi^2_{\alpha/2}} < \sigma^2 < \frac{(n-1)S^2}{\chi^2_{1-\alpha/2}}) = 1 - \alpha$$

從而，σ^2 的置信水平為 $1-\alpha$ 的置信區間為：

$$\left(\frac{(n-1)s^2}{\chi^2_{\alpha/2}}, \frac{(n-1)s^2}{\chi^2_{1-\alpha/2}}\right) \tag{5.18}$$

【例 5.10】作為質量管理計劃的一部分，某食品製造企業想瞭解某批袋裝產品重量的方差。由 51 袋樣品組成的一個隨機樣本所給出的方差為 0.021kg^2。假定總體服從正態分佈，試求總體方差 σ^2 的置信水平為 95% 的置信區間。

解：
由於 $1-\alpha = 95\%$，自由度 $df = 51 - 1 = 50$，查 χ^2 分佈表得：

$$\chi^2_{1-\frac{\alpha}{2}}(50) = 32.357, \quad \chi^2_{\frac{\alpha}{2}}(50) = 71.420$$

故：

$$\frac{(n-1)s^2}{\chi^2_{\alpha/2}} = \frac{50 \times 0.021}{71.420} \approx 0.014,7$$

$$\frac{(n-1)s^2}{\chi^2_{1-\alpha/2}} = \frac{50 \times 0.021}{32.357} \approx 0.032,5$$

所以，σ^2 的置信水平為 95% 的置信區間為 $(0.014,7, 0.032,5)$。

二、兩個正態總體方差比的區間估計

由 4.36 式知道，$F = \dfrac{S_1^2/\sigma_1^2}{S_2^2/\sigma_2^2} \sim F(n_1-1, n_2-1)$，對於給定的置信水平 $1-\alpha$，我們可以通過查 F 分佈表得到兩個 F 臨界值，使得較小值 $F_{1-\frac{\alpha}{2}}$ 左邊和較大值 $F_{\frac{\alpha}{2}}$ 右邊分佈曲線下的面積都是 $\alpha/2$，見圖 5-4。

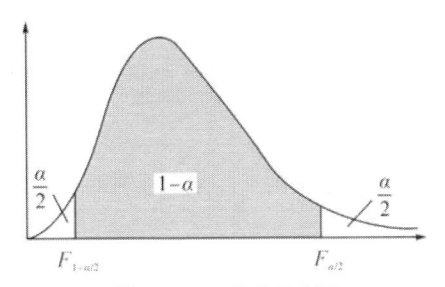

圖 5-4 F 分佈示意圖

這樣就有：

$$P(F_{1-\alpha/2} < \frac{S_1^2/\sigma_1^2}{S_2^2/\sigma_2^2} < F_{\alpha/2}) = 1 - \alpha$$

即：

$$P\left(\frac{S_1^2/S_2^2}{F_{\alpha/2}} < \frac{\sigma_1^2}{\sigma_2^2} < \frac{S_1^2/S_2^2}{F_{1-\alpha/2}}\right) = 1 - \alpha$$

從而，方差比 σ_1^2/σ_2^2 的置信水平為 $1-\alpha$ 的置信區間為：

$$\left(\frac{s_1^2/s_2^2}{F_{\alpha/2}}, \frac{s_1^2/s_2^2}{F_{1-\alpha/2}}\right) \tag{5.19}$$

【例 5.11】為了比較用兩種不同方法生產的某種產品的壽命，進行一項試驗。試驗中抽取了由方法 A 生產的 16 個產品組成一個隨機樣本，得到其方差為 1,200 小時；又抽取了用方法 B 生產的 21 個產品組成另一個隨機樣本，得出的方差為 800 小時。假定兩獨立樣本均來自正態總體，試求 σ_1^2/σ_2^2 的置信水平為 95% 的置信區間。

解：

由於自由度 $df_1 = n_1 - 1 = 15, df_2 = n_2 - 1 = 20, 1 - \alpha = 95\%$，查 F 分佈表得：

$$F_{0.025}(15,20) = 2.573, F_{0.975}(15,20) = \frac{1}{F_{0.025}(20,15)} = \frac{1}{2.756}$$

從而：

$$\frac{s_1^2/s_2^2}{F_{\alpha/2}} = \frac{1,200/800}{2.573} \approx 0.58$$

$$\frac{s_1^2/s_2^2}{F_{\alpha/2}} = \frac{1,200/800}{1/2.756} \approx 4.13$$

所以，σ_1^2/σ_2^2 的 95% 的置信區間為 $(0.58, 4.14)$。

第五節　樣本容量的確定

在抽樣調查的設計階段，確定樣本容量是非常重要的。因為樣本容量太大，會花費太多的調查成本，而若樣本容量太小，可能出現較大的抽樣誤差，在不降低置信度的前提下，難以滿足區間估計精度的要求。因此，如何確定一個適當的樣本容量，也是抽樣估計中需要考慮的問題。實踐中，人們一般在滿足估計精度要求的前提下，尋求最小的樣本容量。

一、估計總體均值時樣本容量的確定

1. 估計單總體均值時樣本容量的確定

對單總體均值進行區間估計時，令 Δ 表示所能容忍的邊際誤差，在重複抽樣或無限總體抽樣條件下，有：

$$\Delta = z_{\alpha/2} \frac{\sigma}{\sqrt{n}}$$

由此可推出所需樣本容量為：

$$n = \frac{(z_{\alpha/2})^2 \sigma^2}{\Delta^2} \qquad (5.20)$$

可見,當其他不變時,置信度越高,則 $z_{\alpha/2}$ 越大,從而所需樣本容量越大;總體標準差越大,所需樣本容量越大;能容忍的誤差範圍越小,所需樣本容量越大。

在實際應用中,用於 5.20 式計算的總體標準差 σ 通常是未知的,解決辦法有:① 可用歷史的資料來估計 σ,並且如果有多個可選的總體方差,為了保證估計的精度和置信度,應選最大的;② 用試調查的辦法,抽選一個初始樣本,以該樣本的標準差作為 σ 的估計值。

需要注意的是,這裡要用到樣本容量的圓整法則,即當計算出的樣本容量不是整數時,一律進位成整數,即取不小於它的最小整數,以保證估計的誤差不超過允許的範圍。

【例 5.12】某企業所產燈管壽命的標準差約為 180 小時,若要估計產品壽命 95% 的置信區間,所能容忍的邊際誤差為 48 小時,應抽取多大的樣本容量?

解:

由題知 $\sigma = 180, \Delta = 48, z_{\alpha/2} = 1.96$,故:

$$n = \frac{(z_{\alpha/2})^2 \sigma^2}{\Delta^2} = \left(\frac{1.96 \times 180}{48}\right)^2 = 54.02 \approx 55$$

即應抽取 55 支燈管作為樣本。

2. 估計兩總體均值差時樣本容量的確定

估計兩個總體均值之差時,樣本容量的確定方法與單總體情形相似,在重複抽樣或無限總體抽樣條件下,所需樣本容量為:

$$n_1 = n_2 = \frac{(z_{\alpha/2})^2 \cdot (\sigma_1^2 + \sigma_2^2)}{\Delta^2} \qquad (5.21)$$

其中,n_1, n_2 是對應於兩總體的樣本容量;σ_1^2, σ_2^2 是兩總體的方差。

【例 5.13】有兩種組裝產品的方法,估計所需時間(單位:分鐘)的方差分別為 $\sigma_1^2 = 12, \sigma_2^2 = 15$,若要在 95% 的置信水平下估計兩種方法所需平均時間差值的置信區間,要求邊際誤差不超過 3 分鐘,則對兩種方法應分別安排多少人參與試驗?

解:

由於已知 $\sigma_1^2 = 12, \sigma_2^2 = 15, \Delta = 3, z_{\alpha/2} = 1.96$,故所需樣本容量為:

$$n_1 = n_2 = \frac{(z_{\alpha/2})^2 \cdot (\sigma_1^2 + \sigma_2^2)}{\Delta^2} = \frac{1.96^2 \times (12 + 15)}{3^2} = 11.52 \approx 12$$

即對兩種方法應分別安排 12 人參與試驗。

二、估計總體比例時樣本容量的確定

1. 估計單個總體比例時樣本容量的確定

在重複抽樣或無限總體抽樣條件下,估計總體比例置信區間的邊際誤差為 $\Delta = z_{\alpha/2} \sqrt{\frac{\pi(1-\pi)}{n}}$,由此導出樣本容量的確定公式為:

$$n = \frac{(z_{\alpha/2})^2 \cdot \pi(1-\pi)}{\Delta^2} \tag{5.22}$$

在實際應用中,Δ 的取值一般小於0.1。式中 π 的值是未知的,解決的辦法有:① 用過去的(或類似資料的) 比例來代替;② 用試調查的辦法,抽選一個初始樣本,以該樣本的比例作為 π 的估計值;③ 直接取 $\pi = 0.5$(此時 $\pi(1-\pi)$ 最大)。

【例5.14】根據以往的統計,下崗職工中女性所占比例約為65%。現要在95% 的置信水平下估計這一比例的置信區間,要求邊際誤差不超過6%,則應抽取多少下崗職工作為樣本?

解:

可以取 $\pi = 0.65, \Delta = 0.06$,查表知 $z_{\alpha/2} = 1.96$,故所需樣本容量為:

$$n = \frac{(z_{\alpha/2})^2 \cdot \pi(1-\pi)}{\Delta^2} = \frac{1.96^2 \times 0.65 \times 0.35}{0.06^2} = 242.77 \approx 243$$

即應抽取243名下崗職工作為樣本。

2. 估計兩個總體比例之差時樣本容量的確定

在重複抽樣或無限總體抽樣條件下,給定邊際誤差和置信水平時,估計兩個總體比例之差所需的樣本容量為:

$$n_1 = n_2 = \frac{(z_{\alpha/2})^2 \cdot [\pi_1(1-\pi_1) + \pi_2(1-\pi_2)]}{\Delta^2} \tag{5.23}$$

【例5.15】為了解電視臺某個節目收視率的城鄉差別,在95% 置信水平下估計城市和農村收視率之差的置信區間,允許的邊際誤差為8%,則應分別在城市和農村抽取多少居民進行調查?

解:

已知 $\Delta = 0.08, z_{\alpha/2} = 1.96$,由於缺少 π_1, π_2 的信息,故取 $\pi_1 = \pi_2 = 0.5$,這樣,所需樣本容量為:

$$n_1 = n_2 = \frac{(z_{\alpha/2})^2 \cdot [\pi_1(1-\pi_1) + \pi_2(1-\pi_2)]}{\Delta^2}$$

$$= \frac{1.96^2 \times [0.5 \times (1-0.5) + 0.5 \times (1-0.5)]}{0.08^2}$$

$$= 300.13 \approx 301$$

即應分別在城市和農村抽取301人進行調查。

第六章 假設檢驗

【教學導讀】

　　假設檢驗是與參數估計角度不同的另一種重要的統計推斷方法。參數估計是根據樣本信息對總體未知參數直接做出估計，而假設檢驗同樣是針對這些未知參數，先提出一個假設，然后根據樣本信息去檢驗這個假設是否成立。本章著重介紹參數假設檢驗的基本思想和檢驗的基本步驟，以及總體均值、成數、方差等參數的常用檢驗方法。需要掌握的內容主要有：

　　（1）理解假設檢驗的基本思想，掌握假設檢驗的一般步驟，能正確建立原假設和備擇假設。理解假設檢驗兩類錯誤的含義及可能犯兩類錯誤的概率之間的關係。

　　（2）能夠熟練運用臨界值規則對單個總體均值、比例和方差進行假設檢驗，瞭解假設檢驗的 P 值規則。

　　（3）瞭解兩個總體均值相等性、方差相等性的假設檢驗方法，知曉借助 Excel 完成這些檢驗的辦法。瞭解兩個總體比例之差的假設檢驗方法。

第一節　假設檢驗的基本問題

一、假設檢驗問題的提出

　　假設檢驗是一種非常有用的統計推斷方法，在統計學中具有重要地位。現實生活中有大量的事例可以歸結為假設檢驗問題。請看下面的例子：

　　【例6.1】某企業用自動化設備灌裝飲料，規定每瓶淨含量為500ml。對某日灌裝的產品，檢測員隨機抽測了100瓶，發現平均含量為498ml，標準差為4ml。問該日灌裝設備工作是否正常？

　　顯然，灌裝過量會增大企業生產成本，灌裝量過少又會影響產品質量。這樣，檢測員就面臨著是否相信該批飲料的平均含量等於500ml的問題，從而面臨否定或不否定當日灌裝設備工作正常的兩種對立決策。很顯然，單從樣本數據看，飲料的平均含量已經低於了規定，似乎不符合規定。但實際情況是否真的如此？樣本飲料平均含量與規定之間的差異是必然存在的還是由偶然因素產生的？這就需要我們通過假設檢驗來判斷。也就是說，檢測員需要通過樣本資料來判斷總體均值等於500ml這樣一個假設是否成立。

　　這種先對總體參數或分佈提出一個假設，然后利用樣本信息去檢驗這個假設是否成立，或者說判斷總體的真實情況是否與提出的假設存在顯著的系統性差異的方法，就是

121

假設檢驗。假設檢驗中，如果提出的假設是關於總體某個參數的，則稱為參數假設檢驗；如果提出的假設是關於總體分佈形態等非參數的，則稱為非參數假設檢驗。本書將只討論關於總體參數的假設檢驗。

通常，把研究者對總體參數值事先提出的假設稱為原假設或零假設，記為 H_0。原假設是待檢驗的假設，在實際中一般將不輕易加以否定的假設作為原假設。當原假設被否定時供選擇的假設，稱為備擇假設或對立假設，記為 H_1。備擇假設是研究者關心的、希望能夠得到驗證的假設。

原假設與備擇假設是對立的。通常，總希望原假設 H_0 能被否定而備擇假設 H_1 能被接受，但倘若沒有足夠充分的依據證明原假設是錯誤的，就不能輕易推翻原假設。這就要求我們在一定的概率保證下，根據樣本得到的信息（統計值）來考慮接受原假設是否會導致不合理的結果。如果不合理，則要否定原假設；如果結果是合理的，就不否定原假設。因此，假設檢驗的實質就是樣本信息是否有充分的理由來否定原假設。當然，當不否定原假設 H_0 時，不是認為它必然正確，而只是認為否定的根據還不充分。因此，原假設 H_0 受到保護而不被輕易否定，使它處於有利地位。

二、假設檢驗的基本原理

假設檢驗的基本原理是小概率事件原理，即認為小概率事件在一次試驗中實際不會發生。檢驗中否定原假設的思想類同於數學中的「反證法」，即先假定原假設成立，然後在原假設成立的條件下，根據抽樣分佈找到一個對應的小概率事件，再由已知樣本數據（一次試驗所得資料）判定是否引起了該小概率事件的發生，一旦發現小概率事件發生了，說明與小概率事件原理矛盾，就要懷疑原假設的正確性，從而否定原假設；否則，就沒有充足的理由否定原假設，也就只好不否定原假設。

小概率事件的「小」是一個模糊語言，將其量化的標準在假設檢驗之前由人們事先主觀選定的，用 α 表示，通常取 0.05、0.01 或 0.10。概率小於上述值的事件就稱為小概率事件。在假設檢驗中，α 被稱為檢驗水平或顯著性水平。構造小概率事件的樣本統計量稱為檢驗函數。一般把否定原假設的檢驗統計量的取值區域 D 稱為否定域（或稱拒絕域）。

是否否定原假設，有兩種等價的評判規則：臨界值規則和 P-值規則。所謂臨界值規則，就是先把 α 值轉化為一定分佈下的臨界值，然后計算檢驗統計值，最后把檢驗統計值與臨界值相比較來判斷是否否定原假設。所謂 P-值規則，就是先計算檢驗統計值，然后求出統計量分佈曲線圖中與檢驗統計值相對應的、否定原假設的最小顯著性水平 P-值，最后把 P-值與事先給定的顯著性水平 α 值相比較來判斷是否否定原假設。

三、假設檢驗中的兩類錯誤

假設檢驗的結論是建立在樣本信息基礎上的，並且始終與顯著性水平的高低有關。由於抽樣的隨機性，所抽樣本的統計值有可能正好是所有可能值中偏高或偏低的一個，因此，檢驗統計值落入否定域，並不意味著原假設就一定不正確，而檢驗統計值落入不否定域，也並不意味著原假設就一定正確。所以在進行假設檢驗時，應當注意可能犯的兩類

錯誤。

第一類錯誤:原假設為真但卻被否定了,也稱為「棄真」錯誤。犯第一類錯誤的概率由顯著性水平 α 給出,因此第一類錯誤又稱為 α 錯誤。α 錯誤的來源是由於小概率事件在一次試驗中基本上不會發生,而事實上即使概率很小的事件也可能在一次試驗(抽樣)中發生,所以在原假設正確時,檢驗統計值落入否定域的概率就是 α。

第二類錯誤:原假設不正確卻沒有否定,也稱為「存偽」錯誤。犯第二類錯誤的概率等於當備擇假設成立時,檢驗統計值落入不否定域的概率,一般用 β 表示,因此第二類錯誤又稱為 β 錯誤。總體參數真實值與假設值之間差異的大小影響著 β 的大小,由於總體參數真實值是未知的,因而 β 通常也是未知的。

兩類錯誤直接的關係見圖 6－1。

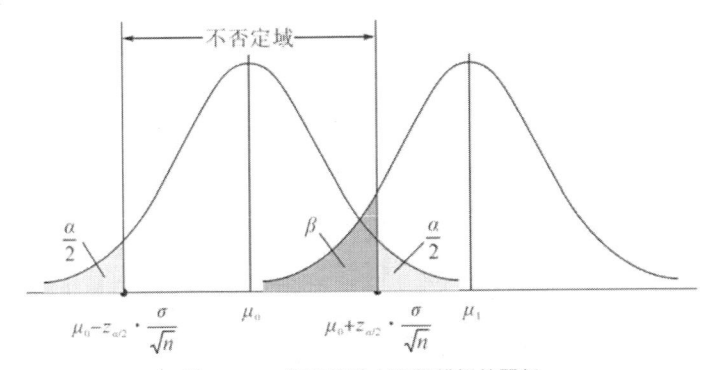

圖 6－1　假設檢驗中兩類錯誤的關係

以總體均值 μ 檢驗為例,若原假設為 $H_0 : \mu = \mu_0$,備擇假設為 $H_1 : \mu \neq \mu_0$,那麼假設檢驗犯兩類錯誤的概率就如圖 6－1 所示。對於原假設 H_0,若總體均值實際上是 μ_0,而樣本均值 $\bar{x}$ 使得檢驗函數的值落入否定域,那麼我們就拒絕了一個正確的原假設,犯了「棄真」錯誤,其概率為 α。若總體均值實際上是 μ_1,而樣本均值 $\bar{x}$ 使得檢驗函數的值落入不否定域,那麼我們就接受了一個錯誤的原假設,犯了「存偽」的錯誤,其概率為 β。很顯然,α 變小,β 就增大;而要使 β 變小,α 就必然增大。只有增大樣本容量 n 時,才可能使 α,β 都減小,或者在一個不變的情況下,使另一個減小。

四、假設檢驗的基本步驟

使用臨界值規則進行假設檢驗的基本步驟可歸納為:

(1) 針對總體的某個參數提出原假設 H_0 和備擇假設 H_1;

(2) 構造檢驗統計量(實際應用中則是依據條件,確定使用何種檢驗統計量),並根據樣本觀測數據計算出檢驗統計值;

(3) 對於給定的顯著性水平 α,確定出相應的臨界值,明確檢驗的否定域;

(4) 比較檢驗統計值與臨界值,做出否定或不否定原假設的判斷。

使用 P 值規則進行假設檢驗的基本步驟可歸納為:

(1) 同於(1);

(2)同於(2);

(3)求出統計量分佈曲線圖中與檢驗統計值相對應的、否定原假設的最小顯著性水平 P - 值(一般通過查表或使用統計軟件計算得到);

(4)把 P - 值與事先給定的顯著性水平 α 值相比較來判斷是否否定原假設。

限於篇幅,本書介紹的各種檢驗主要採用臨界值規則。

第二節　總體均值的檢驗

一、單個總體均值的檢驗

對單個總體均值的檢驗主要是判定總體均值是否不等於(大於或小於)某個 μ_0 值,因而,原假設和備擇假設的設立形式有三種:

(1) $H_0:\mu = \mu_0, H_1:\mu \neq \mu_0$

(2) $H_0:\mu \geq \mu_0, H_1:\mu < \mu_0$

(3) $H_0:\mu \leq \mu_0, H_1:\mu > \mu_0$

這裡,備擇假設的表達式中是不含有等號的,即等號一定存在於原假設中。

以【例6.1】為例,檢測員關心的是灌裝設備工作是否正常,因而提出的假設是:

$$H_0:\mu = 500, H_1:\mu \neq 500$$

如果檢測員關心的是該日灌裝的飲料淨含量是否低於標準,則提出的假設是:

$$H_0:\mu \geq 500, H_1:\mu < 500$$

而如果檢測員關心的是該日灌裝的飲料淨含量是否超過了標準,則提出的假設是:

$$H_0:\mu \leq 500, H_1:\mu > 500$$

由於已知條件的不同,對同一假設的檢驗方法也會有所不同。下面我們分情況加以介紹:

1. 正態總體、方差已知

當總體服從正態分佈 $N(\mu, \sigma^2)$ 時,從該總體中抽取容量為 n 的簡單隨機樣本,則樣本均值 $\bar{X} \sim N(\mu, \sigma^2/n)$,所以,可以構造出如下檢驗統計量:

$$Z = \frac{\bar{X} - \mu_0}{\sigma/\sqrt{n}} \tag{6.1}$$

由於備擇假設的不同,假設檢驗的否定域會有所不同。下面分別予以介紹(由於假設檢驗是在承認原假設的基礎上看小概率事件是否發生,所以下面的介紹將是基於原假設的):

(1)若原假設為 $H_0:\mu = \mu_0$,在原假設成立時, $Z \sim N(0,1)$。如果原假設正確,則反應總體均值信息的樣本均值的觀測值 $\bar{x}$ 應靠近 μ_0, Z 的觀測值應靠近0,即 z 值太大或太小是一個小概率事件。因此,對給定的顯著性水平 α,檢驗的否定域為 $(-\infty, -z_{\alpha/2}] \cup [z_{\alpha/2}, +\infty)$,見圖 6 - 2。這種否定域分佈在兩尾端的檢驗稱為雙尾檢驗。

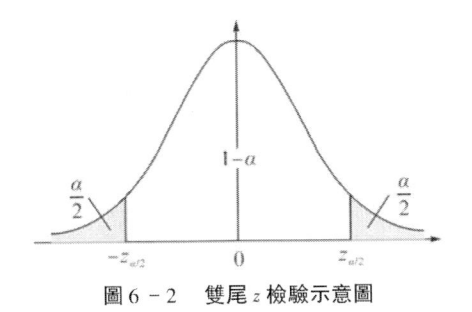

圖6－2　雙尾 z 檢驗示意圖

（2）若原假設為 $H_0: \mu \geq \mu_0$，在原假設成立時，樣本均值 $\bar{x}$ 不應明顯比 μ_0 更小，即 z 值太小是一個小概率事件。因此，對給定的顯著性水平 α，檢驗的否定域為 $(-\infty, -z_\alpha]$，見圖6－3。這種否定域分佈在左邊尾端的檢驗稱為左單尾檢驗。

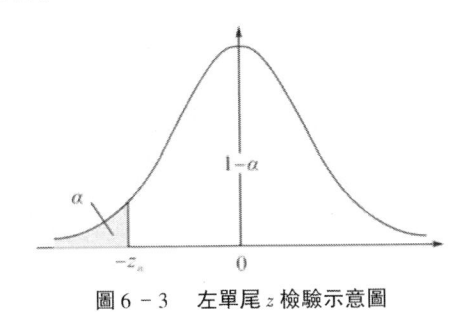

圖6－3　左單尾 z 檢驗示意圖

（3）與左單尾檢驗相對，若原假設為 $H_0: \mu \leq \mu_0$，在原假設成立時，樣本均值 $\bar{x}$ 不應明顯比 μ_0 更大，即 z 值太大是一個小概率事件。因此，對給定的顯著性水平 α，檢驗的否定域為 $[z_\alpha, +\infty)$；這種否定域分佈在右邊尾端的檢驗稱為右單尾檢驗。左單尾檢驗和右單尾檢驗統稱為單尾檢驗。

這裡的檢驗都使用了一個服從標準正態分佈的檢驗統計量 Z，一般將其統稱為 Z 檢驗。

【例6.2】某快遞公司過去的一項研究表明，郵件的重量服從正態分佈，平均重量為 17.5 克，標準差為 3.6 克。現公司管理部門認為目前郵件的平均重量可能已經不是 17.5 克，準備調整郵費，於是隨機抽取了 100 個郵件進行測量，發現平均重量為 18.4 克。假定方差不變，問郵件的重量是否真的發生了顯著改變？($\alpha = 0.05$)

解：
該問題用假設檢驗方法來回答。步驟為：
（1）建立假設：

$$H_0: \mu = 17.5, H_1: \mu \neq 17.5$$

（2）由於總體服從正態分佈，方差已知，因而使用 Z 檢驗。檢驗統計量的值為：

$$z = \frac{\bar{x} - \mu_0}{\sigma/\sqrt{n}} = \frac{18.4 - 17.5}{3.6/\sqrt{100}} = 2.5$$

(3) 在顯著性水平 $\alpha = 0.05$ 下，$z_{\alpha/2} = 1.96$，否定域為 $(-\infty, -z_{\alpha/2}] \cup [z_{\alpha/2}, +\infty)$。

(4) 由於 $|z| > z_{\alpha/2}$，落入否定域，故否定原假設。即認為郵件的平均重量發生了顯著改變。

【例6.3】某公司的質量管理部門規定，所生產的某種食品每包淨重不得少於 20 克。經驗表明，重量近似服從標準差為 1.5 克的正態分佈。假定一個由 15 包食品構成的隨機樣本的平均重量為 19.5 克，問有無充分證據說明這批包裝食品的平均重量不合格？（$\alpha = 0.05$）

解：

每包淨重低於 20 克是不合格的，我們現在對包裝有懷疑，「不合格」是我們想要證明的，是必須要有充分證據才能認可的，所以將其作為備擇假設。由此提出假設：

$$H_0: \mu \geq 20, H_1: \mu < 20$$

由於總體服從正態分佈，方差已知，因而使用 Z 檢驗。檢驗統計量的觀測值為：

$$z = \frac{\bar{x} - \mu_0}{\sigma/\sqrt{n}} = \frac{19.5 - 20}{1.5/\sqrt{15}} = -1.29$$

在顯著性水平 $\alpha = 0.05$ 下，$z_\alpha = 1.645$，否定域為 $(-\infty, -z_\alpha]$。由於 $z > -1.645$，沒有落入否定域，故不能否定原假設。即該樣本不能提供充分證據說明平均重量低於規定，也即不能否認該批食品是合格的。

2. 正態總體、方差未知

如果知道總體服從正態分佈，但總體的方差未知，此時對總體均值的檢驗應使用的檢驗統計量是：

$$T = \frac{\bar{X} - \mu_0}{S/\sqrt{n}} \tag{6.2}$$

在原假設成立時，$T \sim t(n-1)$。類似於「正態總體、方差已知」的情形，可以確定雙尾 t 檢驗的否定域為 $D = (-\infty, -t_{\alpha/2}(n-1)] \cup [t_{\alpha/2}(n-1), +\infty)$，見圖 6-4；左單尾 t 檢驗的否定域為 $D = (-\infty, -t_\alpha(n-1)]$；右單尾 t 檢驗的否定域為 $D = [t_\alpha(n-1), +\infty)$。使用服從 t 分佈的檢驗統計量進行的假設檢驗統稱為 t 檢驗。

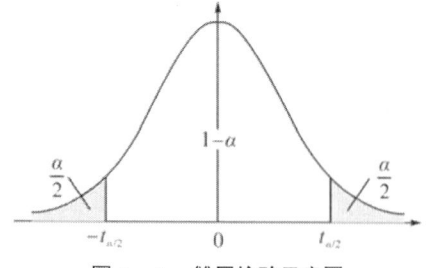

圖 6-4 雙尾檢驗示意圖

【例6.4】一個汽車輪胎製造商聲稱，某一等級的輪胎的壽命在一定的汽車載重和正常行駛條件下大於 2.8 萬千米。對一個由 16 個輪胎組成的隨機樣本作了測試，得到的平

均值和標準差分別為3萬千米和0.5萬千米。假定輪胎壽命的千米數近似服從正態分佈，能否認為該製造商的產品質量同他所說的標準相符？($\alpha = 0.05$)

解：

由於我們關心的是能否得出總體均值μ大於2.8的結論，故將其作為備擇假設。提出的假設是：

$$H_0:\mu \leqslant 2.8, H_1:\mu > 2.8$$

由於總體服從正態分佈，方差未知，因而使用t檢驗。檢驗統計量的值為：

$$t = \frac{\bar{x} - \mu_0}{s/\sqrt{n}} = \frac{3 - 2.8}{0.5/\sqrt{16}} = 1.6$$

在顯著性水平$\alpha = 0.05$下，$t_\alpha(15) = 1.753$，否定域為$[t_\alpha(15), +\infty)$。由於$t < t_\alpha(15)$，沒有落入否定域，故不能否定原假設。說明樣本數據並不支持製造商聲稱的「輪胎平均使用壽命大於2.8萬千米」這樣的結論。

3. 非正態總體、大樣本

當總體不是服從正態分佈，或分佈形態未知的時候，由樣本均值的抽樣分佈理論知，當樣本容量足夠大時，統計量$Z = \frac{\bar{X} - \mu_0}{S/\sqrt{n}}$在原假設成立時近似服從標準正態分佈。因而，在大樣本條件下，對總體均值的檢驗使用Z檢驗。檢驗統計量為：

$$Z = \frac{\bar{X} - \mu_0}{S/\sqrt{n}} \tag{6.3}$$

【例6.5】下面對【例6.1】給出解答。提出假設：

$H_0:\mu = 500, H_1:\mu \neq 500$

由於總體分佈形態未知，但樣本為大樣本，因而可使用Z檢驗。檢驗統計量的值為：

$$z = \frac{\bar{x} - \mu_0}{s/\sqrt{n}} = \frac{498 - 500}{4/\sqrt{100}} = -5$$

在顯著性水平$\alpha = 0.05$下，$z_{\alpha/2} = 1.96$，否定域為$(-\infty, -z_{\alpha/2}] \cup [z_{\alpha/2}, +\infty)$。由於$|z| > z_{\alpha/2}$，落入否定域，故否定原假設。即認為該日灌裝設備工作不正常。

二、兩個總體均值差的檢驗

設兩總體的均值分別為μ_1, μ_2，方差分別為σ_1^2, σ_2^2，從兩總體分別抽取容量為n_1, n_2的樣本。要檢驗兩總體均值是否相等，或它們的均值之差是否為零，原假設可能為下列三種形式之一：

(1) $H_0:\mu_1 - \mu_2 = 0 \quad H_1:\mu_1 - \mu_2 \neq 0$

(2) $H_0:\mu_1 - \mu_2 \geqslant 0 \quad H_1:\mu_1 - \mu_2 < 0$

(3) $H_0:\mu_1 - \mu_2 \leqslant 0 \quad H_1:\mu_1 - \mu_2 > 0$

由於獲知的具體條件不同，對雙總體的假設檢驗方法也會有所不同。下面我們分情況加以介紹：

1. 配對樣本

在上一章,我們談到了如何利用配對的樣本數據來構造均值差的置信區間。這裡,我們也可以對配對樣本的均值差做假設檢驗。一般稱這種檢驗為配對比較檢驗或配對差檢驗。我們知道,在配對情形下,$n_1 = n_2 = n$,待分析數據由樣本差構成 $d_i = x_{1i} - x_{2i}$。其中 x_{1i} 和 x_{2i} 分別為取自處於條件1和條件2之下的第 i 對受試對象的觀察值。把這些差值看作一個總體的樣本值的話,實際將兩總體均值的檢驗問題轉化成了單總體的均值檢驗問題,運用前面介紹的方法即可解決。

【例6.6】把9對營業員按照他們的年齡、工作年限、工作積極性以及其他變量匹配起來,然後在每一對營業員中隨機指派一人接受方法A的訓練,另一人則接受方法B的同類訓練。當訓練課程結束時,對每一個營業員進行考核,結果見表6-1。假定考核成績服從正態分佈,研究者想知道方法 A 是否比方法 B 更優越。($\alpha = 0.05$)

表6-1　　　　　　　　9對營業員的考核得分

	方法 A	方法 B	差值 d_i
1	90	85	5
2	95	88	7
3	87	87	0
4	85	86	-1
5	90	82	8
6	94	82	12
7	85	70	15
8	88	72	16
9	92	80	12

解:

該問題為配對樣本的均值差檢驗,提出假設

$$H_0: \mu_A - \mu_B \leq 0, H_1: \mu_A - \mu_B > 0$$

或:

$$H_0: \mu_d \leq 0, H_1: \mu_d > 0$$

利用表6-1中的數據,可以算出差值樣本的均值和標準差:

$$\bar{d} = \frac{1}{n}\sum d_i = \frac{5+7+0+(-1)+8+12+15+16+12}{9} = 8.2$$

$$s_d = \sqrt{\frac{\sum(d_i - \bar{d})^2}{n-1}} = \sqrt{\frac{(5-8.2)^2 + (7-8.2)^2 + \cdots + (12-8.2)^2}{9-1}} = 6.12$$

對配對差而言,差值樣本服從正態分佈,樣本容量為9,因而採用 t 檢驗。檢驗統計量的值為:

$$t = \frac{\bar{d} - \mu_{d\,0}}{s/\sqrt{n}} = \frac{8.2 - 0}{6.12/\sqrt{9}} = 4.02$$

在顯著性水平 $\alpha = 0.05$ 下, $t_\alpha(8) = 1.86$, 否定域為 $[t_\alpha(8), +\infty)$。由於 $t > t_\alpha(8)$, 落入否定域, 故否定原假設。即可以認為方法 A 優於方法 B。

2. 兩個獨立的正態總體、方差已知

兩總體相互獨立, $X_1 \sim N(\mu_1, \sigma_1^2)$, $X_2 \sim N(\mu_2, \sigma_2^2)$。由於方差 σ_1^2, σ_2^2 已知, 根據 4.34 式知, 統計量 $\frac{(\bar{X}_1 - \bar{X}_2) - (\mu_1 - \mu_2)}{\sqrt{\frac{\sigma_1^2}{n_1} + \frac{\sigma_2^2}{n_2}}} \sim N(0,1)$, 因而, 對兩總體均值差的檢驗使用檢驗統計量:

$$Z = \frac{\bar{X}_1 - \bar{X}_2}{\sqrt{\frac{\sigma_1^2}{n_1} + \frac{\sigma_2^2}{n_2}}} \tag{6.4}$$

在原假設成立時, $Z \sim N(0,1)$。

【例6.7】方法 A、方法 B 都可用於製造某種以抗拉強度為重要特徵的產品。據以往資料得知, 兩種方法生產產品的抗拉強度都可視為服從正態分佈, 標準差分別為 6kg 和 8kg。現管理部門從方法 A 的產品中隨機抽取了 12 件, 測得 $\bar{x}_1 = 40$kg; 從方法 B 的產品中隨機抽取了 16 件, 測得 $\bar{x}_2 = 34$kg。請據此判斷兩種方法的產品的平均抗拉強度是否相同。($\alpha = 0.05$)

解:

提出假設 $H_0: \mu_1 - \mu_2 = 0$, $H_1: \mu_1 - \mu_2 \neq 0$

由於兩總體相互獨立, 服從正態分佈, 方差已知, 故用 Z 檢驗。

$$z = \frac{\bar{x}_1 - \bar{x}_2}{\sqrt{\frac{\sigma_1^2}{n_1} + \frac{\sigma_2^2}{n_2}}} = \frac{40 - 34}{\sqrt{\frac{36}{12} + \frac{64}{16}}} = 2.27$$

在顯著性水平 $\alpha = 0.05$ 下, $z_{\alpha/2} = 1.96$, 否定域為 $(-\infty, -z_{\alpha/2}] \cup [z_{\alpha/2}, +\infty)$。由於 $|z| > z_{\alpha/2}$, 落入否定域, 故否定原假設。即認為兩種方法的產品的平均抗拉強度不相同。

3. 兩個獨立的正態總體、方差未知

兩總體相互獨立, $X_1 \sim N(\mu_1, \sigma_1^2)$, $X_2 \sim N(\mu_2, \sigma_2^2)$。但方差 σ_1^2, σ_2^2 未知, 此時應區分兩種情形: 方差相等與方差不等。

(1) σ_1^2, σ_2^2 雖未知, 但相等

當 σ_1^2, σ_2^2 未知但相等時, 對兩總體均值差的檢驗使用檢驗統計量:

$$T = \frac{(\bar{X}_1 - \bar{X}_2) - (\mu_1 - \mu_2)}{\sqrt{\frac{S_p^2}{n_1} + \frac{S_p^2}{n_2}}} \tag{6.5}$$

式中，$S_p^2 = \dfrac{(n_1-1)S_1^2 + (n_2-1)S_2^2}{n_1+n_2-2}$。當原假設成立時，$T \sim t(n_1+n_2-2)$。

(2) σ_1^2, σ_2^2 未知，且不等

σ_1^2, σ_2^2 未知且不等時，對兩總體均值差的檢驗使用統計量：

$$T = \frac{(\bar{X}_1 - \bar{X}_2) - (\mu_1 - \mu_2)}{\sqrt{\dfrac{S_1^2}{n_1} + \dfrac{S_2^2}{n_2}}} \tag{6.6}$$

當原假設成立時，$T \sim t(df)$，其中自由度 $df = \dfrac{\left(\dfrac{s_1^2}{n_1} + \dfrac{s_2^2}{n_2}\right)^2}{\dfrac{(s_1^2/n_1)^2}{n_1-1} + \dfrac{(s_2^2/n_2)^2}{n_2-1}}$。

【例6.8】有兩臺用來製造鋼圈的機器。現從機器A、機器B各自生產的鋼圈中隨機抽取 10 件和 15 件檢測其內徑，得到 $\bar{x}_1 = 1.051\text{m}$，$s_1^2 = 0.000,441\text{m}^2$，$\bar{x}_2 = 1.036\text{m}$，$s_2^2 = 0.000,225\text{m}^2$。假定鋼圈直徑服從正態分佈。質量管理部門想知道能不能說機器 A 生產的鋼圈的內徑比機器 B 生產的鋼圈內徑大。($\alpha = 0.01$)

解：

提出假設 $H_0: \mu_1 - \mu_2 \leq 0, H_1: \mu_1 - \mu_2 > 0$

由於兩總體方差未知，如果假定 $\sigma_1^2 = \sigma_2^2$，則採用6.5式的檢驗統計量，相應值為：

$$s_p^2 = \frac{9 \times 0.000,441 + 14 \times 0.000,225}{9+14} = 0.000,31$$

$$t = \frac{(1.051 - 1.036) - 0}{\sqrt{\dfrac{0.000,31}{10} + \dfrac{0.000,31}{15}}} = 2.09$$

因為統計量的值 $t = 2.09$ 小於臨界值 $t_\alpha(23) = 2.5$，故不能否定 H_0，即不能認為機器 A 生產的鋼圈的內徑比機器 B 生產的鋼圈的內徑大。

這裡，如果我們不知道總體方差是否相等，且又不願意假定它們相等，則採用6.6式的檢驗統計量，相應數值為：

$$t' = \frac{(1.051 - 1.036) - 0}{\sqrt{\dfrac{0.000,441}{10} + \dfrac{0.000,225}{15}}} = 1.95$$

自由度為：

$$df = \frac{[(0.000,441/10) + (0.000,225/15)]^2}{\dfrac{(0.000,441/10)^2}{10} + \dfrac{(0.000,225/15)^2}{15}} = 16.667 \approx 17$$

由 $\alpha = 0.01$，查表得 $t_\alpha(17) = 2.567$。因為 $t' = 1.95 < t_\alpha(17) = 2.567$，故也不能否定 H_0。

4. 兩個獨立的非正態總體

對於兩個相互獨立的非正態總體，在大樣本條件下，它們的樣本均值差將近似服從

正態分佈,這樣,我們也將導出對兩總體均值差進行檢驗的統計量:

$$Z = \frac{(\bar{X}_1 - \bar{X}_2) - (\mu_1 - \mu_2)}{\sqrt{\frac{S_1^2}{n_1} + \frac{S_2^2}{n_2}}} \sim N(0,1) \tag{6.7}$$

【例6.9】市場調查公司對家庭每週看電視時長進行調查發現,隨機調查的100戶A類居民區中的家庭每週看電視的平均時數為18.50小時,標準差為10小時;75戶B類居民區中的家庭每週看電視的平均時數為27.25小時,標準差為14小時。問A類居民區中的家庭每週看電視的平均時數是否比B類居民區中的家庭少?($\alpha = 0.05$)

解:

根據題意,提出假設 $H_0: \mu_A - \mu_B \geq 0, H_1: \mu_A - \mu_B < 0$

由於兩總體獨立,但分佈形態未知,樣本屬大樣本,故可用Z檢驗對兩總體均值差進行檢驗。檢驗統計量的值為:

$$z = \frac{(\bar{x}_1 - \bar{x}_2) - (\mu_1 - \mu_2)}{\sqrt{\frac{s_1^2}{n_1} + \frac{s_2^2}{n_2}}} = \frac{(18.50 - 27.25) - 0}{\sqrt{\frac{10^2}{100} + \frac{14^2}{75}}} = -4.60$$

當 $\alpha = 0.05$ 時,$z_\alpha = 1.645$,否定域為$(-\infty, -1.645]$。因為$z = -4.60 < z_\alpha = -1.645$,所以否定$H_0$,即認為A類居民區中的家庭每週看電視的平均時數比B類居民區中的家庭顯著更少。

第三節　總體比例的檢驗

一、單個總體比例的檢驗

在實際問題中,常常需要檢驗總體比例π是否不等於(大於或小於)某個假設值π_0。在大樣本情況下,檢驗統計量為:

$$Z = \frac{P - \pi_0}{\sqrt{\pi_0(1-\pi_0)/n}} \tag{6.8}$$

式中P為樣本比例。在原假設$H_0: \pi = \pi_0$成立時,Z近似服從$N(0,1)$。

【例6.10】某公司認為自己產品的市場佔有率在75%以上,其理由是,在隨機調查的60個消費者中有50個在消費他們的產品。問該公司的觀點是否正確?($\alpha = 0.05$)

解:

提出假設:

$$H_0: \pi \leq 0.75, H_1: \pi > 0.75$$

該樣本為大樣本,可用Z檢驗對總體比例進行檢驗。樣本比例$p = 50/60 = 0.83$。檢驗統計量的值為:

$$z = \frac{p - \pi_0}{\sqrt{\pi_0(1-\pi_0)/n}} = \frac{0.83 - 0.75}{\sqrt{0.75 \times 0.25/60}} = 1.33$$

當 $\alpha = 0.05$ 時,$z_\alpha = 1.645$。因為 $z = 1.33 < z_\alpha = 1.645$,所以不能否定 H_0,即樣本數據並不支持該公司的觀點。

二、兩總體比例差的檢驗

通過樣本對兩總體中具有某種特徵單位數的比例 π_1, π_2 進行比較,通常涉及兩種情況:

1. 兩總體比例差為 0 的檢驗

提出的假設可能為下列三種形式之一:

$$H_0: \pi_1 - \pi_2 = 0, H_1: \pi_1 - \pi_2 \neq 0$$

$$H_0: \pi_1 - \pi_2 \geq 0, H_1: \pi_1 - \pi_2 < 0$$

$$H_0: \pi_1 - \pi_2 \leq 0, H_1: \pi_1 - \pi_2 > 0$$

在大樣本情況下,檢驗統計量為:

$$Z = \frac{P_1 - P_2}{\sqrt{\frac{P(1-P)}{n_1} + \frac{P(1-P)}{n_2}}} \tag{6.9}$$

式中,n_1, n_2 分別為兩樣本的樣本容量;P_1, P_2 分別為兩樣本中具有某種特徵單位數的比例;$P = \frac{P_1 n_1 + P_2 n_2}{n_1 + n_2}$,是將兩樣本合併後得到的樣本比例。在原假設成立時,近似有 $Z \sim N(0,1)$。

【例6.11】一個研究人員為了研究某城市居民的食品採購習慣,隨機訪問了 400 個家庭中的主要採購人,得到的信息是:在 225 個有農村背景的採購人和 175 個有城市背景的採購人之中,分別有 54 人和 52 人說他們的大多數食品是在超市購買。根據這個樣本能否說明兩部分居民的食品採購習慣顯著不同?($\alpha = 0.05$)

解:

提出假設 $H_0: \pi_1 - \pi_2 = 0, H_1: \pi_1 - \pi_2 \neq 0$

該樣本為大樣本,可用 Z 檢驗對兩總體比例差進行檢驗。由於:

$$p_1 = \frac{54}{255} = 0.240, p_2 = \frac{52}{175} = 0.297, p = \frac{54 + 52}{225 + 175} = \frac{106}{400} = 0.265,$$

故檢驗統計量的值為:

$$z = \frac{p_1 - p_2}{\sqrt{\frac{p(1-p)}{n_1} + \frac{p(1-p)}{n_2}}} = \frac{0.240 - 0.297}{\sqrt{\frac{0.265 \times 0.735}{225} + \frac{0.265 \times 0.735}{175}}} = -1.28$$

當 $\alpha = 0.05$ 時,$z_{\alpha/2} = 1.96$。因為 $|z| = 1.28 < z_{\alpha/2} = 1.96$,所以不能否定 H_0,即不能認為兩部分居民的食品採購習慣顯著不同。

2. 兩總體比例差不為 0 的檢驗

提出的假設可能為下列三種形式之一:

$$H_0: \pi_1 - \pi_2 = d_0, H_1: \pi_1 - \pi_2 \neq d_0$$

$$H_0: \pi_1 - \pi_2 \geq d_0, H_1: \pi_1 - \pi_2 < d_0$$
$$H_0: \pi_1 - \pi_2 \leq d_0, H_1: \pi_1 - \pi_2 > d_0$$

式中,$d_0 \neq 0$。

在大樣本情況下,檢驗統計量為:

$$Z = \frac{(P_1 - P_2) - d_0}{\sqrt{\frac{P_1(1-P_1)}{n_1} + \frac{P_2(1-P_2)}{n_2}}} \tag{6.10}$$

在原假設成立時,近似有 $Z \sim N(0,1)$。

【例6.12】一個市場研究者認為,A 地有汽車的家庭所占比例比 B 地多 0.05。現在在 A 地和 B 地分別隨機調查了 150 戶和 160 戶,發現有汽車的家庭分別有 113 戶和 104 戶。問調查結果是否支持該研究者的看法?

解:

提出假設 $H_0: \pi_1 - \pi_2 \leq 0.05, H_1: \pi_1 - \pi_2 > 0.05$

由於 $n_1 = 150, n_2 = 160$,屬大樣本,因而可用 Z 檢驗對兩總體比例差進行檢驗。由樣本數據算出 $p_1 = 113/150 = 0.75$ 和 $p_2 = 104/160 = 0.65$,故檢驗統計量的值為:

$$z = \frac{(p_1 - p_2) - d_0}{\sqrt{\frac{p_1(1-p_1)}{n_1} + \frac{p_2(1-p_2)}{n_2}}} = \frac{(0.75 - 0.65) - 0.05}{\sqrt{\frac{0.75 \times 0.25}{150} + \frac{0.65 \times 0.35}{160}}} = 1.00$$

當 $\alpha = 0.05$ 時,$z_\alpha = 1.645$。因為 $z = 1.00 < z_\alpha = 1.645$,所以不能否定 H_0,即樣本數據並不支持該研究者的看法。

第四節　　總體方差的檢驗

一、單個總體方差的檢驗

對單個總體方差的假設檢驗,當目的是判斷正態總體的方差 σ^2 是否異於某個值 σ_0^2 時,提出的假設是:

$$H_0: \sigma^2 = \sigma_0^2, H_1: \sigma^2 \neq \sigma_0^2$$

由於樣本方差 S^2 比較集中地反應了 σ^2 的信息,故使用的檢驗統計量為:

$$\chi^2 = \frac{(n-1)S^2}{\sigma_0^2} \tag{6.11}$$

在原假設成立時,$\chi^2 \sim \chi^2(n-1)$。檢驗的否定域為 $D = (0, \chi^2_{1-\alpha/2}] \cup [\chi^2_{\alpha/2}, +\infty)$,見圖 6 - 5。

若提出的假設為 $H_0: \sigma^2 \leq \sigma_0^2, H_1: \sigma^2 > \sigma_0^2$ 或 $H_0: \sigma^2 \geq \sigma_0^2, H_1: \sigma^2 < \sigma_0^2$,則為單尾檢驗,否定域分別為 $[\chi^2_\alpha, +\infty)$ 與 $(0, \chi^2_{1-\alpha}]$。對總體方差的檢驗用到了 χ^2 統計量,故常將其稱為 χ^2 檢驗。

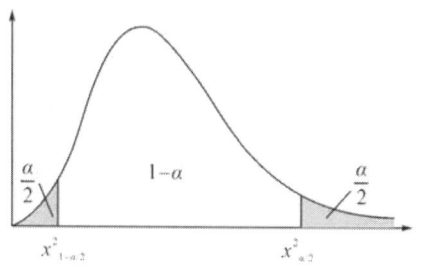

圖 6-5　雙尾 χ^2 檢驗示意圖

【例6.13】某類鋼板的製造規格規定,鋼板重量的方差不得超過 0.016kg^2。由 25 塊鋼板組成的一個隨機樣本給出的方差為 0.025kg^2。假定鋼板重量服從正態分佈,從這些數據我們能否得出鋼板不合規格的結論?

解:

需有充分的理由才能得出「鋼板不合規格」的結論,因而將方差大於 0.016 作為備擇假設,提出的假設是:

$$H_0: \sigma^2 \leq 0.016, H_1: \sigma^2 > 0.016$$

該問題應採用 χ^2 檢驗,檢驗統計量的值為:

$$\chi^2 = \frac{(n-1)s^2}{\sigma_0^2} = \frac{24 \times 0.025}{0.016} = 37.5$$

對於 $\alpha = 0.05$,查表得 $\chi_\alpha^2(24) = 36.415$,檢驗的否定域為 $[\chi_\alpha^2, +\infty)$。因為 $\chi^2 = 37.5 > \chi_\alpha^2(24) = 36.415$,故否定 H_0,即認為鋼板不合規格。

二、兩總體方差比的檢驗

我們在構造兩總體均值差的置信區間和對兩總體均值差進行假設檢驗時,曾假定總體的方差相等或不等。而事實上,兩個總體方差是否相等往往並不預先知道,因此在進行這種參數估計和假設檢驗之前,可能需要先對總體方差是否相等做檢驗,由此獲得所需要的信息。

檢驗兩個總體方差是否相等,建立的原假設為:

$$H_0: \sigma_1^2 = \sigma_2^2, H_1: \sigma_1^2 \neq \sigma_2^2$$

由 4.36 式知,$F = \dfrac{S_1^2/\sigma_1^2}{S_2^2/\sigma_2^2} \sim F(n_1-1, n_2-1)$,故選取檢驗統計量為:

$$F = \frac{S_1^2}{S_2^2} \tag{6.12}$$

當 H_0 為真時,$F \sim F(n_1-1, n_2-1)$。由於樣本方差比較集中地反應了總體方差的信息,故當原假設成立時,F 的值應比較靠近 1,故檢驗的否定域為 $D = (0, F_{1-\alpha/2}] \cup [F_{\alpha/2}, +\infty)$,見圖 6-6。

若提出的假設為 $H_0: \sigma_1^2 \leq \sigma_2^2, H_1: \sigma_1^2 > \sigma_2^2$ 或 $H_0: \sigma_1^2 \geq \sigma_2^2, H_1: \sigma_1^2 < \sigma_2^2$,則為單尾

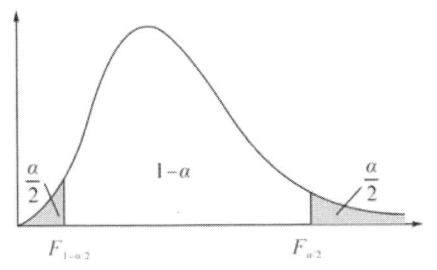

圖 6-6　雙尾 F 檢驗示意圖

檢驗，否定域分別為 $[F_\alpha, +\infty)$ 與 $(0, F_{1-\alpha}]$。對兩總體方差比的檢驗用到了 F 統計量，故常將其稱為 F 檢驗。

【例 6.14】在【例 6.8】中，兩樣本的樣本容量分別為 10 和 15，樣本方差分別為 $s_1^2 = 0.000,441$、$s_2^2 = 0.000,225$。試以 $\alpha = 0.05$ 的顯著性水平檢驗兩個總體的方差是否相等。

解：
由於是檢驗兩總體方差是否相等，故提出的假設是：
$$H_0: \sigma_1^2 = \sigma_2^2, H_1: \sigma_1^2 \neq \sigma_2^2$$
該問題採用雙尾 F 檢驗，統計量的值為
$$F = \frac{s_1^2}{s_2^2} = \frac{0.000,441}{0.000,225} = 1.96$$

對 $\alpha = 0.05$，查表得 $F_{\alpha/2}(9,14) = 3.209$，$F_{1-\alpha/2}(9,14) = \dfrac{1}{F_{\alpha/2}(14,9)} = \dfrac{1}{3.798} = 0.263$，檢驗的否定域為 $D = (0, F_{1-\alpha/2}] \cup [F_{\alpha/2}, +\infty)$。

由於 $F = 1.96 \notin D$，故不能否定原假設，即不能否定兩個總體的方差是相等的。因而【例 6.8】採用第一種檢驗方式更恰當。

第七章　方差分析

【教學導讀】

　　方差分析是分析試驗數據(或觀測數據)的一種方法。它通過檢驗多個總體均值的相等性,來判斷一種或多種因素的變化是否對觀察結果有顯著性的影響。本章內容既與上一章的假設檢驗緊密相連,又與下一章的相關與迴歸分析在變量之間關係的研究上存在許多相同之處。需要掌握的內容主要有:

　　(1)理解方差分析中的基本概念,掌握單因素方差分析和雙因素方差分析的基本思想。

　　(2)能夠利用 Excel 或其他統計軟件實現方差分析,正確解讀軟件的輸出結果,做出正確的分析結論。

第一節　單因素方差分析

　　方差分析(Analysis of Variance, ANOVA)是在20世紀20年代由英國統計學家費希爾(R. A. Fisher)首先引入,最初是針對試驗設計的試驗結果的分析而提出的,主要應用於生物和農田試驗,以後推廣應用到各個領域的數據分析中。在第六章中,我們討論了如何對一個總體及兩個總體的均值進行檢驗,當需要檢驗多個總體的均值是否相等時,我們自然想到用假設檢驗的方法進行兩兩比較,但與之相比,方差分析卻能將所有樣本信息結合在一起,同時對多個總體的均值進行比較,不僅提高了檢驗的效率,也增加了分析的可靠性。

一、單因素方差分析問題的提出

　　從形式上看,方差分析是同時對多個總體均值的比較,但實質上它是研究分類型自變量對數值型因變量是否有顯著影響的方法。為更好地理解方差分析的含義,我們先通過一個例子來說明方差分析的有關概念和將要解決的問題。

　　【例7.1】在養鴨飼料配方的研究中,技術人員提出了 A_1、A_2、A_3 三種配方的飼料。為比較三種飼料的效果,將基本相同的雛鴨隨機分為三組,各組分別選定一種飼料進行喂養,一段時間後測得它們的重量見表7-1,問不同的飼料對養鴨的增肥作用是否相同? ($\alpha = 0.05$)

表 7-1　　　　　　　　　分別飼喂三種飼料的鴨的重量　　　　　　　單位:克

	1	2	3	4	5	6	7	8
A_1	513	509	494	482	498	527	511	
A_2	507	512	490	509	495	474	522	501
A_3	538	529	499	521	550	532	545	

這裡,飼料品種是方差分析所要檢驗的對象,是要研究的自變量,在方差分析中稱為因素或因子,它可能對因變量(鴨的重量)產生影響。只涉及一個因素的方差分析,稱為單因素方差分析。品種 A_1, A_2, A_3 是因素的不同表現,稱為水平或處理。同一水平下的觀測值被認為是一個總體的樣本觀測值,三個不同的水平就對應著三個總體,分析三種飼料的增肥作用是否有顯著差異,也就是要判斷「飼料品種」對「重量」是否有顯著影響,作出這種判斷最終被歸結為檢驗三個總體的均值是否相等,即需要檢驗假設:

$H_0: \mu_1 = \mu_2 = \mu_3$　　(三種飼料對養鴨的增肥作用無差異)

$H_1: \mu_1, \mu_2, \mu_3$ 不全等　　(三種飼料對養鴨的增肥作用存在差異)

二、單因素方差分析的基本方法

1. 問題的一般提法

設所考察的因素為 A,A 有 k 個水平 $A_1, A_2, \cdots, A_k$,每一個水平 A_i 對應一個總體 $X_i (i = 1, 2, \cdots, k)$。假定 $X_1, X_2, \cdots, X_k$ 相互獨立,且 $X_i \sim N(\mu_i, \sigma^2)$,$\mu_i, \sigma^2$ 均未知,即要求 k 個總體相互獨立、都服從正態分佈、方差相同,這是方差分析中的基本假定。

設第 i 個水平 A_i(總體 X_i) 下的樣本是 $x_{i1}, x_{i2}, \cdots, x_{in_i}$,$n_i$ 是第 i 個水平(總體)的樣本容量$(i = 1, 2, \cdots, k)$,$n = \sum_{i=1}^{n} n_i$ 為觀測值的總個數。單因素方差分析就是研究如何根據這 k 個水平下的樣本觀測值來檢驗因素 A 對試驗結果有無影響,方法就是檢驗 k 個水平(總體)的均值 μ_i 是否相等,提出的假設為:

$$H_0: \mu_1 = \cdots = \mu_k \quad H_1: \mu_1, \mu_2, \cdots, \mu_k \text{ 不全相等}$$

2. 誤差分解

引起所有樣本 x_{ij} 之間出現差異的原因可以歸結為兩個:一個是在因素的同一水平(總體)下,樣本各觀測值之間的差異,稱為隨機誤差;另一個是在因素的不同水平(不同總體)之間觀測值的差異,稱為系統誤差。方差分析的基本方法,就是基於對這兩個原因引起的差異進行分離,然后通過比較來給出原假設的檢驗。為此,下面介紹樣本數據誤差的分解:

(1) 總平方和(Sum of Squares for Total),記為 SST。它是全部觀測值與總平均值的離差平方和,反應了全部觀測值的離散狀況。計算公式為:

$$SST = \sum_{i=1}^{k} \sum_{j=1}^{n_i} (x_{ij} - \bar{\bar{x}})^2 \qquad (7.1)$$

式中，x_{ij} 為第 i 個水平的第 j 個觀測值；$\bar{x} = \dfrac{\sum_{i=1}^{k}\sum_{j=1}^{n_i} x_{ij}}{n}$，即 $\bar{x}$ 為全部觀測值的總平均值。

(2) 組內平方和(Sum of Squares for Error，或稱為誤差平方和、殘差平方和)，記為 SSE。它是在同一水平下數據誤差的平方和，反應了水平內部觀測值的離散情況，是對隨機因素產生的影響的度量。計算公式為：

$$SSE = \sum_{i=1}^{k}\sum_{j=1}^{n_i} (x_{ij} - \bar{x}_i)^2 \qquad (7.2)$$

式中，$\bar{x}_i = \dfrac{\sum_{j=1}^{n_i} x_{ij}}{n_i}$，$(i = 1, 2, \cdots, k)$，即 $\bar{x}_i$ 為 A_i 水平的樣本均值。

(3) 組間平方和(Sum of Squares for Factor A，或稱為因素平方和)，記為 SSA。它是各組平均值與總平均值的離差平方和。它既包括隨機誤差，也包括系統誤差。除隨機誤差外，主要反應了因素 A 的不同水平所引起的波動。計算公式為：

$$SSA = \sum_{i=1}^{k}\sum_{j=1}^{n_i} (\bar{x}_i - \bar{x})^2 = \sum_{i=1}^{k} n_i (\bar{x}_i - \bar{x})^2 \qquad (7.3)$$

由於各樣本的獨立性，使得誤差具有可分解性，從數學上可以推證：

$$SST = SSE + SSA \qquad (7.4)$$

3. 檢驗統計量

為了消除觀測值多少對誤差平方和大小的影響，把平方和除以相應的自由度，稱為均方。組間均方記為 MSA，組內均方記為 MSE。由此構造出檢驗統計量：

$$F = \frac{MSA}{MSE} = \frac{SSA/(k-1)}{SSE/(n-k)} \qquad (7.5)$$

當原假設(均值相等)成立時，7.5 式統計量 F 服從分佈 $F(k-1, n-k)$。如果 H_0 為真，那麼因素 A 的不同水平的效應應當不明顯，MSA 不應比 MSE 明顯更大，即 F 值不應太大。因而否定域為 $D = [F_\alpha, +\infty)$，這裡 F_α 為給定顯著性水平 α 滿足 $P(F \geq F_\alpha) = \alpha$ 的臨界值，可以查 F 分佈表得到。

方差分析的計算結果一般以方差分析表的形式報告出來(見表 7-2)。

表 7-2　　　　　　　　單因素方差分析表

方差來源	平方和	自由度 df	均方 MS	F 值	F 臨界值
組間	SSA	$k-1$	MSA	$\dfrac{MSA}{MSE}$	F_α
組內	SSE	$n-k$	MSE		
總和	SST	$n-1$			

手工完成方差分析的計算顯得比較繁瑣，實踐中，一般借助 Excel 中的宏工具就可以輕鬆實現，操作程序是：工具 → 數據分析 → 方差分析：單因素方差分析 → 確定。(如果「工具」菜單中沒有「數據分析」，則需要先點擊「加載宏」，加載「分析工具庫」)

下面給出【例7.1】的解答。Excel 的報告結果截圖見圖7－1。

	F	G	H	I	J	K	L
1	方差分析：單因素方差分析						
2							
3	SUMMARY						
4	組	觀測數	求和	平均	方差		
5	列 1	7	3 534	504.857 14	216.476 19		
6	列 2	8	4 010	501.25	221.071 43		
7	列 3	7	3 714	530.571 43	288.952 38		
8							
9							
10	方差分析						
11	差異源	SS	df	MS	F	P-value	F crit
12	組間	3 694.292 2	2	1 847.146 1	7.662 713 7	0.003 629 2	3.521 893 3
13	組內	4 580.071 4	19	241.056 39			
14							
15		8 274.363 6	21				

圖7－1　Excel 方差分析的報告結果截圖

從圖7－1 的結果中，可以得出如表7－3 所示的方差分析表。

表7－3　　　　　飼料對養鴨增肥作用的方差分析表

方差來源	平方和	自由度 df	均方 MS	F 值	F 臨界值
組間	3,694.292	2	1,847.146	7.663	3.522
組內	4,580.071	19	241.056		
總和	8,274.364	21			

當 $\alpha = 0.05$ 時，$F_\alpha = 3.522$。由於 $F = 7.663 > F_\alpha$，故否定原假設 H_0，即認為三種飼料對養鴨的增肥作用存在顯著差異。

第二節　　雙因素方差分析

在現實中，常常會遇到兩個因素同時都可能影響結果的情況。這就需要檢驗究竟是一個因素起作用，還是兩個因素都起作用。當分析兩個因素（分析時，需要將一個因素排在「行」，另一個因素排在「列」，因此一般也稱「行因素」和「列因素」）對試驗結果的影響時，稱為雙因素方差分析。

如果兩個因素對試驗結果的影響是相互獨立的，分別判斷行因素和列因素對試驗數

據的影響,這時的雙因素方差分析稱為無交互作用的雙因素方差分析或無重複雙因素分析。如果除了行因素和列因素對試驗數據的單獨影響外,兩個因素的搭配還會對結果產生一種新的影響,這時的雙因素方差分析稱為有交互作用的雙因素方差分析或可重複雙因素分析。

一、無交互作用的雙因素方差分析

1. 問題的一般提法

設行因素 A 有 k 個水平 $A_1, A_2, \cdots, A_k$,列因素 B 有 r 個水平 $B_1, B_2, \cdots, B_r$,它們每一個水平搭配的觀測值為 $x_{ij}(i=1,2,\cdots,k; j=1,2,\cdots,r)$,數據排列成的數據結構如表 7-4 所示。每一種搭配 (A_i, B_j) 對應一個總體,假定這些總體都服從正態分佈,且方差相同。$x_{ij}(i=1,2,\cdots,k; j=1,2,\cdots,r)$ 視為分別從 $k \times r$ 個總體中抽取的樣本容量為 1 的獨立隨機樣本。

表 7-4　　　　　　　無交互作用雙因素方差分析的數據結構

行因素 A \ 列因素 B	B_1	B_2	$\cdots$	B_r
A_1	x_{11}	x_{12}	$\cdots$	x_{1r}
A_2	x_{21}	x_{22}	$\cdots$	x_{2r}
$\cdots$	$\cdots$	$\cdots$	$\cdots$	$\cdots$
A_k	x_{k1}	x_{k2}	$\cdots$	x_{kr}

檢驗行因素 A 和列因素 B 對試驗結果有無影響,就是要檢驗假設:

$$H_{0A}: \mu_{A1} = \mu_{A2} = \cdots = \mu_{Ak}, H_{1A}: \mu_{A1}, \mu_{A2}, \cdots, \mu_{Ak} \text{ 不全等}$$
$$H_{0B}: \mu_{B1} = \mu_{B2} = \cdots = \mu_{Br}, H_{1B}: \mu_{B1}, \mu_{B2}, \cdots, \mu_{Br} \text{ 不全等}$$

2. 檢驗方法

類似於單因素方差分析,需把行因素 A、列因素 B 及隨機誤差各自所引起的數據差異從總的差異中分離出來,然后獲得檢驗統計量。

記 $\bar{x}_{i\cdot} = \dfrac{\sum\limits_{j=1}^{r} x_{ij}}{r}, (i=1,2,\cdots,k), \bar{x}_{\cdot j} = \dfrac{\sum\limits_{i=1}^{k} x_{ij}}{k}, (j=1,2,\cdots,r), \bar{x} = \dfrac{\sum\limits_{i=1}^{k}\sum\limits_{j=1}^{r} x_{ij}}{kr}$。可對總平方和 $SST = \sum\limits_{i=1}^{k}\sum\limits_{j=1}^{r}(x_{ij} - \bar{x})^2$ 進行如下分解:

$$SST = \sum_{i=1}^{k}\sum_{j=1}^{r}(\bar{x}_{i\cdot} - \bar{x})^2 + \sum_{i=1}^{k}\sum_{j=1}^{r}(\bar{x}_{\cdot j} - \bar{x})^2 + \sum_{i=1}^{k}\sum_{j=1}^{r}(x_{ij} - \bar{x}_{i\cdot} - \bar{x}_{\cdot j} + \bar{x})^2$$

(7.6)

其中,上述分解式右邊的三項分別就是行因素 A、列因素 B 和隨機因素所產生的誤差平方和。即:

$$SSA = \sum_{i=1}^{k}\sum_{j=1}^{r}(\bar{x}_{i\cdot} - \bar{x})^2 = r\sum_{i=1}^{k}(\bar{x}_{i\cdot} - \bar{x})^2 \tag{7.7}$$

$$SSB = \sum_{i=1}^{k}\sum_{j=1}^{r}(\bar{x}_{\cdot j}-\bar{x})^2 = k\sum_{j=1}^{r}(\bar{x}_{\cdot j}-\bar{x})^2 \qquad (7.8)$$

$$SSE = \sum_{i=1}^{k}\sum_{j=1}^{r}(x_{ij}-\bar{x}_{i\cdot}-\bar{x}_{\cdot j}+\bar{x})^2 \qquad (7.9)$$

則7.6式即是：

$$SST = SSA + SSB + SSE \qquad (7.10)$$

將誤差平方和除以自由度，可得到各均方：行因素 A 的均方記為 MSA，有 $MSA = SSA/(k-1)$；列因素 B 的均方記為 MSB，有 $MSB = SSB/(r-1)$；隨機因素的均方記為 MSE，有 $MSE = SSE/[(k-1)\cdot(r-1)]$。

可以證明，當原假設成立時，檢驗統計量：

$$F_A = \frac{MSA}{MSE} = \frac{SSA/(k-1)}{SSE/[(k-1)(r-1)]} \sim F(k-1,(k-1)(r-1)) \qquad (7.11)$$

$$F_B = \frac{MSB}{MSE} = \frac{SSB/(r-1)}{SSE/[(k-1)(r-1)]} \sim F(r-1,(k-1)(r-1)) \qquad (7.12)$$

在顯著性水平 α 下，查 F 分佈表得到臨界值 $F_{A\alpha}$，$F_{B\alpha}$。若 $F_A > F_{A\alpha}$，則否定原假設 H_{0A}，表明行因素 A 對觀測值有顯著影響；若 $F_B > F_{B\alpha}$，則否定原假設 H_{0B}，表明列因素 B 對觀測值有顯著影響。

3. 結果的一般呈現形式

雙因素方差分析的結果一般以表 7-5 的形式報告出來。

表 7-5　　　　　　　　無交互作用雙因素方差分析報告表

誤差來源	平方和 SS	自由度 df	均方 MS	F 值	F 臨界值
行因素 A	SSA	$k-1$	MSA	F_A	$F_{A\alpha}$
列因素 B	SSB	$r-1$	MSB	F_B	$F_{B\alpha}$
誤差	SSE	$(k-1)(r-1)$	MSE		
總和	SST	$kr-1$			

【例 7.2】為掌握產品包裝和銷售地區對銷售量是否有影響，某食品企業在 4 個地區同時推出 3 種不同包裝形式的食品，獲得銷售量數據見表 7-6。

表 7-6　　　　　　　　某食品企業的銷售量數據

包裝 A ＼ 地區 B	B_1	B_2	B_3	B_4
A_1	53	62	57	74
A_2	48	76	60	63
A_3	40	69	49	68

問不同的包裝形式和不同的地區對該食品的銷售量是否存在顯著影響？($\alpha = 0.05$)

解:

建立假設:

行因素 A(包裝形式):

$H_{0A}: \mu_{A1} = \mu_{A2} = \mu_{A3}$　　包裝形式對銷售量無顯著影響

$H_{1A}: \mu_{A1}, \mu_{A2}, \mu_{A3}$ 不全等　　包裝形式對銷售量有顯著影響

列因素 B(地區):

$H_{0B}: \mu_{B1} = \mu_{B2} = \mu_{B3} = \mu_{B4}$　　地區對銷售量無顯著影響

$H_{1B}: \mu_{B1}, \mu_{B2}, \mu_{B3}, \mu_{B4}$ 不全等　　地區對銷售量有顯著影響

根據樣本數據,借助 Excel「數據分析」宏工具進行無交互作用的雙因素方差分析,可得 Excel 的報告結果截圖見圖 7-2。

	A	B	C	D	E	F	G
6	方差分析: 無重復雙因素分析						
7							
8	SUMMARY	觀測數	求和	平均	方差		
9	行 1	4	246	61.5	83		
10	行 2	4	247	61.75	132.25		
11	行 3	4	226	56.5	205.666 7		
12							
13	列 1	3	141	47	43		
14	列 2	3	207	69	49		
15	列 3	3	166	55.333 33	32.333 33		
16	列 4	3	205	68.333 33	30.333 33		
17							
18							
19	方差分析						
20	差異源	SS	df	MS	F	P-value	F crit
21	行	70.166 67	2	35.083 33	0.880 139	0.462 191	5.143 253
22	列	1 023.583	3	341.194 4	8.559 582	0.013 764	4.757 063
23	誤差	239.166 7	6	39.861 11			
24							
25		1 332.917	11				

圖 7-2　Excel 方差分析的報告截圖

根據圖 7-2 所示結果,可得雙因素方差分析的報告表(見表 7-7)。

表 7-7　　　　　某食品企業銷售量的雙因素方差分析表

誤差來源	平方和 SS	自由度 df	均方 MS	F 值	F 臨界值
行因素 A	70.167	2	35.083	0.880	5.143
列因素 B	1,023.583	3	341.194	8.560	4.757
誤差	239.167	6	39.861		
總和	1,332.917	11			

當 $\alpha = 0.05$ 時,由於 $F_A = 0.880 < F_{A\alpha} = 5.143$,故不能否定原假設 H_{0A},即認為包裝形式對該食品的銷售量不存在顯著影響;由於 $F_B = 8.560 > F_{B\alpha} = 4.757$,故否定原假設 H_{0B},即認為地區對該食品的銷售量存在顯著影響。

二、有交互作用的雙因素方差分析

無交互作用的雙因素方差分析假定兩個因素對因變量的影響是獨立的,但如果兩因素的搭配對因變量產生了新效應,則需要進行有交互作用的雙因素方差分析。有交互作用的雙因素方差分析要求兩因素的每一種搭配都要重複試驗 m 次($m \geq 2$)。

與無交互作用的雙因素方差分析類似,有交互作用的雙因素方差分析的計算結果一般以表 7-8 的形式報告出來。

表 7-8　　　　　　　　　有交互作用的雙因素方差分析報告表

誤差來源	平方和 SS	自由度 df	均方 MS	F 值	F 臨界值
行因素 A	SSA	$k-1$	MSA	F_A	
列因素 B	SSB	$r-1$	MSB	F_B	
交互作用	SSAB	$(k-1)(r-1)$	MSAB	F_{AB}	
誤差	SSE	$kr(m-1)$	MSE		
總和	SST	$n-1$			

表 7-8 中:

$$SST = \sum_{i=1}^{k} \sum_{j=1}^{r} \sum_{l=1}^{m} (x_{ijl} - \bar{\bar{x}})^2$$

$$SSA = rm \sum_{i=1}^{k} (\bar{x}_{i\cdot} - \bar{\bar{x}})^2$$

$$SSB = km \sum_{j=1}^{r} (\bar{x}_{\cdot j} - \bar{\bar{x}})^2$$

$$SSAB = m \sum_{i=1}^{k} \sum_{j=1}^{r} (\bar{x}_{ij} - \bar{x}_{i\cdot} - \bar{x}_{\cdot j} + \bar{\bar{x}})^2$$

$$SSE = SST - SSA - SSB - SSAB$$

$$F_A = \frac{MSA}{MSE} = \frac{SSA/(k-1)}{SSE/[kr(m-1)]} \sim F(k-1, kr(m-1)) \qquad (7.13)$$

$$F_B = \frac{MSB}{MSE} = \frac{SSB/(r-1)}{SSE/[kr(m-1)]} \sim F(r-1, kr(m-1)) \qquad (7.14)$$

$$F_{AB} = \frac{MSAB}{MSE} = \frac{SSAB/[(k-1)(r-1)]}{SSE/[kr(m-1)]} \sim F((k-1)(r-1), kr(m-1))$$
$$(7.15)$$

式中,m 為樣本的行數;x_{ijl} 為對應於行因素 A 的第 i 個水平和列因素 B 的第 j 個水平的第 l 行的觀測值;$\bar{x}_{i\cdot}$ 為行因素 A 第 i 個水平的樣本均值;$\bar{x}_{\cdot j}$ 為列因素 B 第 j 個水平的樣本均

值；$\bar{x}_{ij}$ 為行因素 A 第 i 個水平和列因素 B 第 j 個水平組合的樣本均值；$\bar{x}$ 為全部 krm 個觀測值的總均值。

【例7.3】為分析 4 種化肥和 3 種玉米品種對玉米產量的影響，把一塊試驗田等分成 24 小塊，對種子和化肥的每一組合種植 2 小塊田，產量見表 7－9，問品種、化肥及二者的交互作用對玉米產量有無顯著影響？

表 7－9　　　　　　　　　　玉米產量試驗數據　　　　　　　　　　單位：千克

	化肥 1	化肥 2	化肥 3	化肥 4
品種 1	153	154	152	159
	152	156	153	160
品種 2	155	158	154	156
	153	159	155	154
品種 3	151	153	152	150
	151	154	150	149

解：

分別提出原假設：

H_{0A}：品種對玉米產量無顯著影響

H_{0B}：化肥對玉米產量無顯著影響

H_{0AB}：品種和化肥的交互作用對玉米產量無顯著影響

根據樣本數據，借助 Excel 進行有交互作用的雙因素方差分析，可得 Excel 的報告結果，截圖見圖 7－3。

根據圖 7－3 所示結果，可得有交互作用的雙因素方差分析的報告表（見表 7－10）。

表 7－10　　　　　　玉米產量的雙因素方差分析報告表

誤差來源	平方和 SS	自由度 df	均方 MS	F 值	F 臨界值
行因素 A	84.250	2	42.125	43.957	3.885
列因素 B	43.125	3	14.375	15.000	3.490
交互作用	63.750	6	10.625	11.087	2.996
誤差	11.500	12	0.958		
總和	202.625	23			

當 $\alpha = 0.05$ 時，由於：

$$F_A = 43.957 > F_{A\alpha} = 3.885$$
$$F_B = 15 > F_{B\alpha} = 3.49$$
$$F_{AB} = 11.087 > F_{AB\alpha} = 2.996$$

故分別否定原假設 H_{0A}, H_{0B}, H_{0AB}，即認為玉米品種不同、化肥種類不同、玉米品種與化肥種類的搭配不同，分別都對玉米的產量有顯著影響。

	A	B	C	D	E	F	G
9	方差分析：可重複雙因素分析						
10							
11	SUMMARY	化肥1	化肥2	化肥3	化肥4	總計	
12	品種1						
13	觀測數	2	2	2	2	8	
14	求和	305	310	305	319	1 239	
15	平均	152.5	155	152.5	159.5	154.875	
16	方差	0.5	2	0.5	0.5	9.839 286	
17							
18	品種2						
19	觀測數	2	2	2	2	8	
20	求和	308	317	309	310	1 244	
21	平均	154	158.5	154.5	155	155.5	
22	方差	2	0.5	0.5	2	4.285 714	
23							
24	品種3						
25	觀測數	2	2	2	2	8	
26	求和	302	307	302	299	1 210	
27	平均	151	153.5	151	149.5	151.25	
28	方差	0	0.5	2	0.5	2.785 714	
29							
30	總計						
31	觀測數	6	6	6	6		
32	求和	915	934	916	928		
33	平均	152.5	155.666 7	152.666 7	154.666 7		
34	方差	2.3	5.866 667	3.066 667	20.666 67		
35							
36	方差分析						
37	差異源	SS	df	MS	F	P-value	F crit
38	樣本	84.25	2	42.125	43.956 52	3E-06	3.885 294
39	列	43.125	3	14.375	15	0.000 231	3.490 295
40	交互	63.75	6	10.625	11.086 96	0.000 27	2.996 12
41	內部	11.5	12	0.958 333			
42							
43	總計	202.625	23				

圖 7－3　Excel 方差分析的報告結果截圖

第八章　相關與迴歸分析

【教學導讀】

　　具有相關關係的現象在各領域廣泛存在,相關與迴歸分析就是分析和處理變量之間相關關係的一種重要統計方法。相關分析主要用於判斷總體間是否存在相關關係,以及相關的方向、密切程度等;迴歸分析是對具有相關關係的現象之間的數量變化規律性進行測定,利用建立起來的迴歸方程對實際問題進行估計和預測。需要掌握的內容主要有:

　　(1)理解相關關係的有關概念,瞭解相關關係的種類,掌握相關係數的性質和計算方法,掌握判斷現象之間是否具有相關關係的方法。

　　(2)理解迴歸分析的概念和意義,明確迴歸分析與相關分析的區別與聯繫,掌握線性迴歸分析的基本原理,掌握最小二乘法的原理和估計迴歸系數的方法,能夠正確解釋迴歸方程中參數的意義。

　　(3)掌握迴歸方程擬合優度的評價方法,掌握迴歸分析中各種檢驗的基本原理,能夠對迴歸方程的顯著性、迴歸系數的顯著性做出檢驗,能夠應用迴歸方程進行估計和預測。

　　(4)能借助 Excel 計算相關係數,能夠操作軟件進行迴歸分析,並正確解讀輸出結果。

第一節　相關分析

　　相關與迴歸分析是現代統計學中非常重要的內容,它在自然科學、管理科學和社會經濟學等領域都有著十分廣泛的應用。

一、相關關係

　　無論是在自然界還是社會經濟領域,一種現象與另一種現象之間往往存在著依存關係,當我們用變量來反應這些現象的特徵時,便表現為變量之間的依存關係。變量之間的依存關係可以分為兩種:一種是函數關係,指變量之間存在嚴格的、確定的數量關係,如圓的面積與半徑之間的關係;另一種是相關關係,指變量之間存在不確定的數量依存關係。即當一個(或若幹個)變量 X 取一定值時,與之相對應的另一個變量 Y 的值雖然不確定,但卻按某種規律在一定範圍內變化。例如人的身高與體重這兩個變量,它們是相互依存的,但並不表現為確定的函數關係,通常具有相同身高的人的體重並不完全相同。

　　變量之間的相關關係需要用相關分析方法來識別和判斷。相關分析,就是借助於圖形和若幹分析指標(如相關係數)對變量之間的依存關係的密切程度進行測定的過程。

借助散點圖呈現出的特徵,可以判斷變量之間是否存在相關關係,以及相關的形式、相關的方向和相關的程度等。圖 8 - 1 列出了一些典型的相關類型:

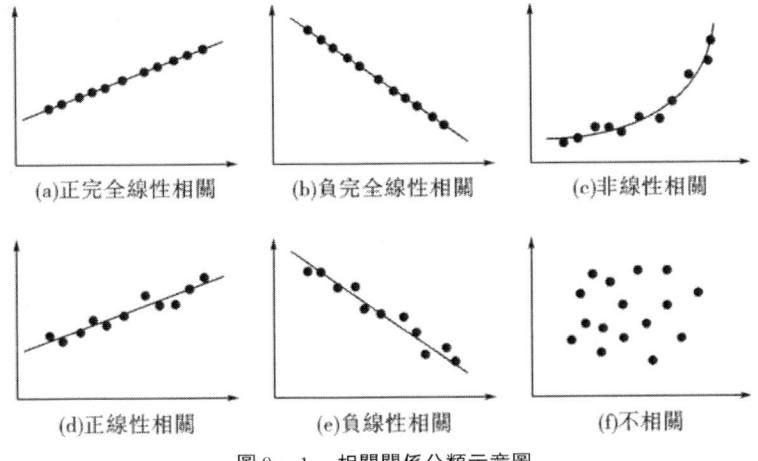

圖 8 - 1　相關關係分類示意圖

(a)正完全線性相關　(b)負完全線性相關　(c)非線性相關
(d)正線性相關　(e)負線性相關　(f)不相關

按相關的程度,相關關係可分為完全相關、不完全相關和不相關。當一個變量的變化完全由另一個變量所決定時,稱它們完全相關,這種關係實際上就是函數關係,見圖 8 - 1(a)(b)。當兩個變量之間不存在依存關係時,稱這兩個變量不相關,見圖 8 - 1(f)。當變量之間存在不嚴格的依存關係時,稱為不完全相關,見圖 8 - 1(c)(d)(e)。不完全相關關係是現實中相關關係的主要表現形式,也是相關分析的主要研究對象。

按相關的方向,相關關係可分為正相關和負相關。當一個變量隨著另一個變量的變動呈同向變動時,稱為正相關,見圖 8 - 1(a)(d)。當一個變量隨著另一個變量的變動呈反向變化時,稱為負相關,見圖 8 - 1(b)(e)。例如,通常居民收入與居民消費額呈正相關,產品產量與單位成本呈負相關。

按相關的形式,相關關係可分為線性相關和非線性相關。當變量之間的依存關係呈現為直線形式時,就稱為線性相關,見圖 8 - 1(a)(b)(d)(e)。當變量之間的依存關係接近於一條曲線時,稱為非線性相關,見圖 8 - 1(c)。

按相關涉及的變量多少,相關關係可分為簡單相關和多重相關。只有兩個變量的相關關係,稱為簡單相關。三個或三個以上變量的相關關係,稱為多重相關或復相關。例如,某種商品需求量與商品價格之間的相關關係就是簡單相關,商品需求量與商品價格及居民收入水平之間的相關關係就是多重相關。

二、相關係數

1. 相關係數的計算

散點圖雖然有助於識別變量間的相關關係,但它對變量相關關係及相關程度的描述不夠精確。因此在初步判定變量間存在相關關係的基礎上,通常還需要採用量化指標——相關係數來對相關關係進行度量。

對於特定的總體來說，兩個變量 X 和 Y 的數值是既定的，總體相關係數 ρ 是客觀存在的特定數值。然而，當總體較大時，變量 X 和 Y 的全部數值一般不可能去直接觀測，所以總體相關係數一般是不能直接計算的未知量。實際可能做到的是從總體中隨機抽取一定數量的樣本，通過 X 和 Y 的樣本觀測值 $(x_i, y_i)(i = 1, 2, \cdots, n)$ 獲得樣本相關係數 r，8.1 式就是常用的 r 的計算公式。

$$r = \frac{n\sum_{i=1}^{n} x_i y_i - \sum_{i=1}^{n} x_i \sum_{i=1}^{n} y_i}{\sqrt{n\sum_{i=1}^{n} x_i^2 - (\sum_{i=1}^{n} x_i)^2} \sqrt{n\sum_{i=1}^{n} y_i^2 - (\sum_{i=1}^{n} y_i)^2}} \tag{8.1}$$

【例8.1】某企業近10年的廣告費與銷售量資料見表8-1。試計算它們的線性相關係數。

表 8-1　　　　　某企業近 10 年的廣告費與銷售量情況

廣告費(萬元)	30	22	34	24	31	20	32	38	50	40
銷售量(萬件)	740	690	850	640	820	600	790	910	960	900

解：

可以借助 Excel 計算出所需要的有關數據，見圖 8-2，再帶入公式 8.1 計算：

	A	B	C	D	E	F
1	序號	廣告費x	銷售量y	x*y	x^2	y^2
2	1	30	740	22 200	900	547 600
3	2	22	690	15 180	484	476 100
4	3	34	850	28 900	1 156	722 500
5	4	24	640	15 360	576	409 600
6	5	31	820	25 420	961	672 400
7	6	20	600	12 000	400	360 000
8	7	32	790	25 280	1 024	624 100
9	8	38	910	34 580	1 444	828 100
10	9	50	960	48 000	2 500	921 600
11	10	40	900	36 000	1 600	810 000
12	合計	321	7 900	262 920	11 045	6 372 000

圖 8-2　相關係數的 Excel 計算表截圖

$$r = \frac{n\sum xy - \sum x \sum y}{\sqrt{n\sum x^2 - (\sum x)^2} \cdot \sqrt{n\sum y^2 - (\sum y)^2}}$$

$$= \frac{10 \times 262,920 - 321 \times 7,900}{\sqrt{10 \times 11,045 - 321^2} \cdot \sqrt{10 \times 6,372,000 - 7\,900^2}} = 0.947$$

2. 相關係數的性質

相關係數具有如下性質：①相關係數r的取值範圍是：$-1 \leq r \leq 1$；$|r|$的大小揭示了兩變量間線性相關關係的強弱，$|r|$越接近1，線性相關程度越強，$|r|$越接近0，線性相關程度越弱。$r = \pm 1$時，兩變量完全相關；$r = 0$說明兩變量之間沒有線性相關關係，稱為線性無關。通常的判斷標準是，$|r| < 0.3$稱為微弱相關，$0.3 \leq |r| < 0.5$稱為低度相關，$0.5 \leq |r| < 0.8$稱為中度相關，$|r| \geq 0.8$稱為高度相關。②r的符號說明變量間的線性相關關係的方向，$r > 0$，為正線性相關，$r < 0$，為負線性相關。③相關係數只反應變量間的線性相關程度，不能說明非線性相關關係。不能說明相關關係具體接近於哪條直線，也不能確定變量間的因果關係。

3. 相關係數的檢驗

在實際應用中，一般還需判斷一組樣本數據是否為總體相關係數$\rho \neq 0$提供了充分的證據，這就需要對相關係數進行檢驗。檢驗的假設為$H_0:\rho = 0;H_1:\rho \neq 0$。檢驗統計量為：

$$t = \frac{r\sqrt{n-2}}{\sqrt{1-r^2}} \tag{8.2}$$

可以證明，在原假設成立的條件下，8.2式的統計量服從自由度為$(n-2)$的t分佈。

【例8.2】根據【例8.1】的結果，在$\alpha = 0.05$的顯著性水平下，檢驗該企業廣告費與銷售量是否具有線性相關關係。

解：

當顯著性水平$\alpha = 0.05$時，查表得到臨界值：$t_{\alpha/2}(8) = 2.306$。檢驗統計量的值為：

$$t = \frac{r\sqrt{n-2}}{\sqrt{1-r^2}} = \frac{0.947 \times \sqrt{10-2}}{\sqrt{1-0.947^2}} = 8.338$$

由於$|t| > t_{\alpha/2}$，所以否定原假設$H_0:\rho = 0$，表明總體相關係數不為零，即該企業廣告費與銷售量之間確實存在著線性相關關係。

第二節　一元線性迴歸分析

相關分析主要分析現象間相互依存關係的性質和密切程度。如果要具體測定變量之間相關關係的數量形式，從一個變量的變化去推測另一個變量的具體變化，就還需要運用迴歸分析的方法。

相關分析與迴歸分析都是對變量間相關關係的研究，但二者也是有明顯區別的。從研究目的上看，相關分析是用一定的數量指標（相關係數）度量變量間相互聯繫的方向和程度；迴歸分析卻是要尋求變量間聯繫的具體數學形式，是要根據自變量的固定值去估計和預測因變量的平均值。從對變量的處理看，相關分析對稱地對待相互聯繫的變量，均視為隨機變量，相關的變量不一定具有因果關係；迴歸分析是建立在變量因果關係分析

基礎上的，必須明確劃分因變量和自變量，對變量的處理是不對稱的。在迴歸分析中通常假定自變量是非隨機變量，只有因變量是具有一定概率分佈的隨機變量。

一、一元線性迴歸模型

在許多問題的研究中，經常需要研究某一現象與影響它的某一最主要因素之間的關係。例如，在【例8.1】中，我們發現廣告費與銷售量之間有著密切的線性相關關係，為進一步探討變量 Y 與 x 之間的統計規律性，可用下面的數學模型來描述它：

$$Y = \beta_0 + \beta_1 x + \varepsilon \tag{8.3}$$

8.3式稱為總體變量 Y 對 x 的一元線性迴歸模型。一般稱 Y 為因變量（或被解釋變量）；x 為自變量（或解釋變量），式中 β_0 和 β_1 稱為迴歸系數。8.3式將問題中變量 Y 與 x 之間的關係用兩個部分描述。一部分是由於 x 的變化引起 Y 線性變化的部分，即 $\beta_0 + \beta_1 x$；另一部分是由其他隨機因素引起的，記為 ε。ε 是一個隨機變量，通常假定 $\varepsilon \sim N(0, \sigma^2)$。

8.3式從平均意義上表達了因變量 Y 隨自變量 x 的變化而有規律變化的特徵，它可以表示為：

$$E(Y|x) = \beta_0 + \beta_1 x \tag{8.4}$$

這是總體迴歸函數的條件期望表示方式。β_0 稱為截距系數，β_1 稱為斜率系數，它們都是未知的參數。如果 $x = 0$，則 β_0 是此時 Y 概率分佈的平均值；β_1 表示 x 每變動一個單位時 Y 概率分佈的均值的變化，即當 x 每增加一個單位時，Y 平均變化 β_1 個單位。

對於實際的問題，通常總體包含的單位數很多，無法掌握所有單位的數值，總體迴歸函數實際上是未知的。我們可能做到的只是對應於自變量 x 的選定水平，對因變量 Y 的某些樣本進行觀測，然後通過對樣本觀測獲得的信息去估計總體迴歸函數。迴歸分析的主要任務之一，就是通過 n 個樣本觀察值 $(x_i, y_i)(i = 1, 2, \cdots, n)$，獲得 β_0, β_1 的估計值 $\hat{\beta}_0$, $\hat{\beta}_1$。稱：

$$\hat{y} = \hat{\beta}_0 + \hat{\beta}_1 x \tag{8.5}$$

為樣本迴歸函數，它是 Y 關於 x 的一元線性經驗迴歸方程。

二、系數的最小二乘估計

為了由樣本數據盡可能準確地得到迴歸參數 β_0, β_1 的估計值，我們將使用普通最小二乘法。記 e_i 為實際觀察值 y_i 與其估計值 $\hat{y}_i = \hat{\beta}_0 + \hat{\beta}_1 x_i$ 的偏差，即 $e_i = y_i - \hat{y}_i$，稱 e_i 為殘差，見圖 8-3。稱 $\sum_{i=1}^{n} e_i^2$ 為殘差平方和。最小二乘法的基本思想就是希望線性迴歸直線與所有樣本數據點都比較靠近，即求 $\hat{\beta}_0, \hat{\beta}_1$，使得殘差平方和 $\sum_{i=1}^{n} e_i^2$ 達到最小，即：

$$min Q(\hat{\beta}_0, \hat{\beta}_1) = \min \sum_{i=1}^{n} e_i^2 = \min \sum_{i=1}^{n} (y_i - \hat{\beta}_0 - \hat{\beta}_1 x_i)^2 \tag{8.6}$$

根據微積分中求極值的原理，要使 $Q(\hat{\beta}_0, \hat{\beta}_1)$ 達到最小，待定系數 $\hat{\beta}_0$ 和 $\hat{\beta}_1$ 應滿足以下條件：

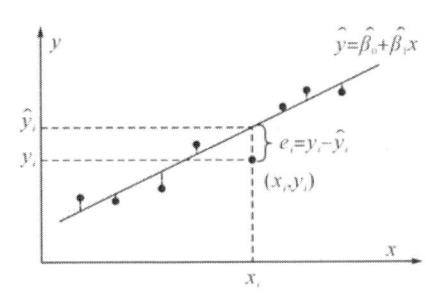

图 8-3 一元线性迴归残差示意图

$$\begin{cases} \dfrac{\partial Q}{\partial \hat{\beta}_0} = -2\sum_{i=1}^{n}[y_i - (\hat{\beta}_0 + \hat{\beta}_1 x_i)] = 0 \\ \dfrac{\partial Q}{\partial \hat{\beta}_1} = -2\sum_{i=1}^{n}[y_i - (\hat{\beta}_0 + \hat{\beta}_1 x_i)]x_i = 0 \end{cases}$$

經整理后,得到的下述方程組被稱為最小二乘法的正規方程組:

$$\begin{cases} n\hat{\beta}_0 + \hat{\beta}_1 \sum_{i=1}^{n} x_i = \sum_{i=1}^{n} y_i \\ \hat{\beta}_0 \sum_{i=1}^{n} x_i + \hat{\beta}_1 \sum_{i=1}^{n} x_i^2 = \sum_{i=1}^{n} x_i y_i \end{cases}$$

求解正規方程組,得:

$$\hat{\beta}_1 = \frac{n\sum_{i=1}^{n} x_i y_i - \sum_{i=1}^{n} x_i \sum_{i=1}^{n} y_i}{n\sum_{i=1}^{n} x_i^2 - (\sum_{i=1}^{n} x_i)^2}$$

$$\hat{\beta}_0 = \frac{\sum_{i=1}^{n} y_i}{n} - \hat{\beta}_1 \frac{\sum_{i=1}^{n} x_i}{n} = \bar{y} - \hat{\beta}_1 \bar{x} \tag{8.7}$$

8.7 式即是用樣本觀測值 x_i 和 y_i 求解 $\hat{\beta}_0$ 和 $\hat{\beta}_1$ 的最小二乘估計式。

【例 8.3】根據【例 8.1】的資料,建立銷售量受廣告費影響的迴歸方程。

解:

借助 Excel 計算獲得的有關數據,見圖 8-2,帶入公式 8.7 得:

$$\hat{\beta}_1 = \frac{n\sum_{i=1}^{n} x_i y_i - \sum_{i=1}^{n} x_i \sum_{i=1}^{n} y_i}{n\sum_{i=1}^{n} x_i^2 - (\sum_{i=1}^{n} x_i)^2} = \frac{10 \times 262,920 - 321 \times 7,900}{10 \times 11,045 - 321^2} = 12.593$$

$$\hat{\beta}_0 = \frac{\sum_{i=1}^{n} y_i}{n} - \hat{\beta}_1 \frac{\sum_{i=1}^{n} x_i}{n} = \frac{7,900}{10} - 12.59 \times \frac{321}{10} = 385.765$$

所以,迴歸方程為:

$$\hat{y} = 385.765 + 12.593x$$

迴歸方程自變量系數的含義是：廣告投入增加 1 萬元，銷售量平均增加 12.593 萬件。

其實，利用 Excel「工具」中「數據分析」裡面的「迴歸」宏可以完成迴歸分析的許多計算(如果「工具」菜單中沒有「數據分析」，則需要先點擊「加載宏」，加載「分析工具庫」)，直接獲得所需的迴歸方程系數，見圖 8－4。

	H	I	J	K	L	M	N
1	SUMMARY OUTPUT						
2							
3	回歸統計						
4	Multiple R	0.947 035 4					
5	R Square	0.896 876					
6	Adjusted R	0.883 985 5					
7	標准誤差	41.093 256					
8	觀測值	10					
9							
10	方差分析						
11		df	SS	MS	F	Significance F	
12	回歸分析	1	117 490.75	117 490.75	69.576 501	3.228 85E-05	
13	殘差	8	13 509.246	1 688.655 7			
14	總計	9	131 000				
15							
16		Coefficients	標准誤差	t Stat	P-value	Lower 95%	Upper 95%
17	Intercept	385.771 36	50.173 41	7.688 761 1	5.804E-05	270.071 268 9	501.471 45
18	X Variable	12.592 793	1.509 700 4	8.341 253	3.229E-05	9.111 417 298	16.074 168

圖 8－4　Excel 迴歸分析報告結果截圖

三、對一元迴歸方程的檢驗

總體迴歸函數雖然未知，但它是確定的。由於取得的樣本不同，樣本數據也不同。即存在「抽樣波動」，由某次抽樣獲得的樣本數據計算得來的經驗迴歸方程 $\hat{y} = \hat{\beta}_0 + \hat{\beta}_1 x$，是否很好地描述了總體變量 Y 與 x 之間的內在規律，還必須通過統計檢驗來評價。一元線性迴歸模型的評價分為擬合優度檢驗和方程的顯著性檢驗。

1. 模型擬合優度的評價

所謂擬合優度，是指所估計的樣本迴歸線對樣本觀測數據擬合的優劣程度。判斷迴歸模型擬合程度好壞的最常用的指標是可決系數 R^2，它的計算是建立在對因變量總變差平方和進行分解的基礎之上的。

我們把 Y 的 n 個觀察值之間的差異，用觀察值 y_i 與其平均值 $\bar{y}$ 的偏差平方和來表示，稱為總離差平方和，記為 SST：

$$SST = \sum_{i=1}^{n}(y_i - \bar{y})^2$$

利用 $y_i - \bar{y} = (y_i - \hat{y}_i) + (\hat{y}_i - \bar{y})$，並注意 $\sum_{i=1}^{n}(y_i - \hat{y}_i)(\hat{y}_i - \bar{y}) = 0$，可將 SST 做如下分解：

$$\sum_{i=1}^{n}(y_i - \bar{y})^2 = \sum_{i=1}^{n}(y_i - \hat{y}_i)^2 + \sum_{i=1}^{n}(\hat{y}_i - \bar{y})^2 \tag{8.8}$$

式中，$\sum_{i=1}^{n}(\hat{y}_i - \bar{y})^2$ 稱為迴歸平方和，記為 SSR；$\sum_{i=1}^{n}(y_i - \hat{y}_i)^2$ 就是殘差平方和，記為 SSE。這樣 8.8 式即為：

$$SST = SSR + SSE \tag{8.9}$$

將 8.9 式兩邊同除以 SST 得：

$$\frac{SSR}{SST} + \frac{SSE}{SST} = 1 \tag{8.10}$$

顯然，如果樣本迴歸線對樣本觀測值擬合程度越好，各樣本觀測點與迴歸線靠得越近，由樣本迴歸作出解釋的離差平方和在總離差平方和中占的比重也將越大；反之擬合程度越差，這部分所占比重就越小。所以 SSR/SST 可以作為綜合度量迴歸模型對樣本觀測值擬合優度的指標，這一比例稱為可決系數(或稱判定系數)，一般用 R^2 表示，即：

$$R^2 = \frac{SSR}{SST} = \frac{\sum_{i=1}^{n}(\hat{y}_i - \bar{y})^2}{\sum_{i=1}^{n}(y_i - \bar{y})^2} \tag{8.11}$$

可決系數是對迴歸模型擬合程度的綜合度量，可決系數越大，迴歸模型擬合程度越高。R^2 表示全部偏差中有百分之多少的偏差可由 x 與 y 的迴歸關係來解釋。可決系數 R^2 具有非負性，取值範圍為 0～1，它是樣本的函數，是一個統計量。可決系數在數值上等於簡單線性相關係數 r 的平方，即有 $R^2 = r^2$。

就【例 8.1】數據而言，從圖 8-4 的 Excel 報告結果可以看到，$SSR = 117,490.75$，$SSE = 13,509.246$，$SST = 131,000$，$R^2 = 0.896,876$。說明銷售量 y 的總變差中，有 89.687,6% 可以由廣告費 x 的變動來解釋。

2. 迴歸模型的顯著性檢驗

對線性迴歸模型的顯著性檢驗一般包括兩個方面的內容：一是對整個迴歸方程的顯著性檢驗(F 檢驗)，另一個是對各迴歸系數的顯著性檢驗(t 檢驗)。就一元線性迴歸模型而言，上述兩個檢驗是等價的。因而這裡僅介紹對迴歸系數的顯著性檢驗。

對迴歸系數的檢驗，主要是為了根據樣本迴歸估計的結果，判斷總體迴歸系數是否等於某一特定的數值。在一元線性迴歸中，人們最關心的是自變量 x 對因變量 Y 是否有顯著影響，因此一般提出假設是：$H_0:\beta_1 = 0$；$H_1:\beta_1 \neq 0$。對該假設進行檢驗將使用雙尾 t 檢

驗法，檢驗統計量是：$t = \dfrac{\hat{\beta}_1}{S_1}$，其中的 S_1 是迴歸系數 $\hat{\beta}_1$ 的標準差 $S_1 = \dfrac{\sqrt{\sum_{i=1}^{n} e_i^2/(n-2)}}{\sqrt{\sum_{i=1}^{n}(x_i-\bar{x})^2}}$，

在原假設成立時，該統計量 t 服從 $t(n-2)$ 分佈。

以對【例8.1】中自變量 x 的系數進行顯著性檢驗為例，從圖8－4的 Excel 報告結果可以看到，該系數對應的檢驗統計量的值 $t = 8.341$，當取顯著性水平 $\alpha = 0.05$ 時，$t_{\alpha/2}(n-2) = t_{0.025}(8) = 2.306$，因為 $|t| = 8.341 > t_{\alpha/2}$，因此否定原假設 $H_0:\beta_1 = 0$，即認為自變量 x 對因變量 Y 有顯著的影響。這裡，根據圖8－4的結果，按 P 值規則進行假設檢驗也可以：由於 $t = 8.341$ 對應的 P 值為 3.229×10^{-5}，小於顯著性水平 $\alpha(\alpha = 0.05)$，所以否定原假設。

四、應用迴歸方程進行預測

建立了迴歸模型，就可以用它對因變量進行合理的預測。預測的基本方法是將給定的自變量數值 $x = x_0$ 代入迴歸方程式8.5，計算得出因變量的預測值 $\hat{y}_0$：

$$\hat{y}_0 = \hat{\beta}_0 + \hat{\beta}_1 x_0 \tag{8.12}$$

可以看出，$\hat{y}_0$ 只是對應於 x_0 對因變量的值 y_0 做出的一個點估計。$\hat{y}_0$ 一般並不恰好等於真實值，所以我們往往更希望能給出因變量的一個預測值範圍。

在一元迴歸中，y_0 的置信度為 $1-\alpha$ 的預測區間為：

$$\hat{y}_0 \pm t_{\alpha/2} \cdot \hat{\sigma} \sqrt{1 + \dfrac{1}{n} + \dfrac{(x_0-\bar{x})^2}{\sum_{i=1}^{n}(x_i-\bar{x})^2}} \tag{8.13}$$

式中，$\hat{\sigma} = \sqrt{\dfrac{\sum_{i=1}^{n} e_i^2}{n-2}}$，$\hat{\sigma}$ 稱為估計標準誤差。

從8.13式可以看出：當預測點 $x_0 = \bar{x}$ 時，預測區間最窄；離 $\bar{x}$ 越遠，預測區間越寬，預測精度下降。

【例8.4】根據【例8.3】所得的迴歸方程，求當廣告費投入為60萬元時，銷售量的點預測值和置信度95%的預測區間。

解：

將 $x_0 = 60$ 代入迴歸方程得銷售量的點預測值：

$$\hat{y}_0 = 385.765 + 12.593 \times 60 = 1,141.345(萬件)$$

由於 $1-\alpha = 95\%$，查表得 $t_{\alpha/2}(8) = 2.306$。由圖8－4中迴歸結果中的「迴歸統計」部分知 $\hat{\sigma} = 41.093$。借助 Excel 計算可得 $\bar{x} = 32.1$，$\sum_{i=1}^{n}(x_i-\bar{x})^2 = 740.9$，代入公式8.13可得銷售量的置信度95%的預測區間：

$$\hat{y}_0 \pm t_{\alpha/2} \cdot \hat{\sigma} \sqrt{1 + \frac{1}{n} + \frac{(x_0 - \bar{x})^2}{\sum_{i=1}^{n}(x_i - \bar{x})^2}}$$

$$= 1,141.345 \pm 2.306 \times 41.093 \times \sqrt{1 + \frac{1}{10} + \frac{(60 - 32.1)^2}{740.9}}$$

$$= (1,002.379, 1,280.311)（萬件）$$

還應當強調,相關分析和迴歸分析只是從數據出發定量地分析變量間相互聯繫的手段,並不能決定現象相互之間的本質聯繫。現象間內在的本質聯繫,決定於它們的客觀規律性,如果對本來沒有內在聯繫的現象,僅憑數據進行相關分析和迴歸分析,有可能會是一種「偽相關」或「偽迴歸」,這樣不僅沒有實際的意義,而且會導致荒謬的結論。

第三節　　多元線性迴歸分析

實際生活中,客觀現象非常複雜,影響因變量變化的自變量往往是多個,因此有必要把一個因變量與多個自變量聯繫起來進行分析。

一、多元線性迴歸模型

多元線性迴歸模型與簡單線性迴歸模型基本類似,只不過自變量由一個增加到了多個。包含因變量 Y 與 p 個自變量 $x_1, x_2, \cdots, x_p$ 的多元總體線性迴歸函數的形式為:

$$Y = \beta_0 + \beta_1 x_1 + \beta_2 x_2 + \cdots + \beta_p x_p + \varepsilon \tag{8.14}$$

式中,$\beta_0, \beta_1, \cdots, \beta_p$ 是 $p+1$ 個未知參數,稱為迴歸系數。Y 為因變量(被解釋變量),$x_1, x_2, \cdots, x_p$ 是 p 個自變量(解釋變量)。ε 是隨機誤差,也常假定其滿足 $\varepsilon \sim N(0, \sigma^2)$。

二、多元迴歸模型的參數估計

多元線性迴歸分析要解決的主要問題,仍然是如何根據變量的樣本觀測值去估計迴歸模型中的各個系數,並且對估計的系數及迴歸方程進行統計檢驗,最后利用迴歸模型進行預測和分析。

利用樣本觀測值對多元線性迴歸方程迴歸系數 $\beta_0, \beta_1, \cdots, \beta_p$ 的估計,與一元線性迴歸方程系數的估計原理一樣,一般按最小二乘準則,採用使估計的殘差平方和 $Q = \sum(y - \hat{y})^2$ 最小的原則去確定迴歸系數的估計值。只不過多元線性迴歸模型包含了多個自變量,相應的分析過程及計算更為複雜,實際應用中一般借助計算機軟件完成這些計算。

三、對多元線性迴歸方程的檢驗

1. 模型的擬合優度

在多元線性迴歸分析中,總離差平方和的分解公式依然成立:$SST = SSR + SSE$,我們

可以用可決系數 R^2 來評價多元線性迴歸模型的擬合程度。但由於 R^2 是自變量個數 p 的非遞減函數,當因變量相同而自變量個數不同時,這會給運用可決系數去比較兩個模型的擬合程度帶來缺陷。因此,在多元線性迴歸分析中,通常採用「調整的可決系數 $\bar{R}^2$」來判定多元迴歸方程的擬合優度:

$$\bar{R}^2 = 1 - (1 - R^2) \times \frac{n-1}{n-p-1} \tag{8.15}$$

式中,p 是自變量的個數,n 為樣本容量。在進行迴歸分析時,一般總是希望以盡可能少的自變量去達到盡可能高的擬合程度,$\bar{R}^2$ 對增加自變量個數 p 做了「懲罰」,因此其作為綜合評價多元線性迴歸擬合優度的指標顯然比 R^2 更好。但是當 n 較小而自變量個數較多時,$\bar{R}^2$ 可能為負,這時一般規定 $\bar{R}^2 = 0$。

2. 多元線性迴歸模型的顯著性檢驗

多元線性迴歸模型包含多個自變量,模型中因變量與所有自變量之間的線性關係在總體上是否顯著成立,需要進一步作出判斷。另外,因為方程的整體線性關係顯著並不一定表示每個自變量對因變量的影響都是顯著的,因此,還必須分別對每個自變量進行顯著性檢驗。所以,多元線性迴歸模型的顯著性檢驗包括兩個方面的內容:一是對整個迴歸方程的顯著性檢驗(F 檢驗),另一個是對各迴歸系數的顯著性檢驗(t 檢驗)。

(1) 整個迴歸模型的顯著性檢驗

對多元迴歸模型整體顯著性的檢驗,提出的假設形式為:

$$H_0: \beta_1 = \beta_2 = \cdots = \beta_p = 0; H_1: \beta_i (i=1,2,\cdots,p) \text{ 不全為 } 0$$

該檢驗是在方差分析的基礎上利用 F 檢驗進行的,方差分析表見表 8-2。

表 8-2　　多元線性迴歸模型的方差分析表

方差來源	平方和	自由度	均方和	F 值
迴歸	SSR	p	$MSR = \dfrac{SSR}{p}$	$F = \dfrac{MSR}{MSE}$
誤差	SSE	$n-p-1$	$MSE = \dfrac{SSE}{n-p-1}$	
總計	SST	$n-1$		

可以證明,在 H_0 成立的條件下,統計量為:

$$F = \frac{SSR/p}{SSE/(n-p-1)} \sim F(p, n-p-1) \tag{8.16}$$

給定顯著性水平 α,查 F 分佈表得臨界值 $F_\alpha(p, n-p-1)$。將樣本觀測值代入 8.16 式計算得 F 值,若 $F \geq F_\alpha(p, n-p-1)$,則拒絕 H_0,說明總體迴歸系數 β_i 不全為零,即迴歸方程是顯著的;反之,則認為迴歸方程不顯著。

需要指出的是,在一元線性迴歸中,由於自變量只有一個,不存在自變量聯合影響的整體檢驗問題,也就用不著進行 F 檢驗。或者說,在一元迴歸情形下,對參數 β_1 的顯著性檢驗(t 檢驗)與對整體迴歸方程線性關係的顯著性檢驗(F 檢驗)是等價的。

(2) 迴歸係數的顯著性檢驗

多元迴歸分析中對各個迴歸係數的顯著性檢驗，目的在於分別檢驗當其他自變量不變時，該迴歸係數對應的自變量是否對因變量有顯著影響。檢驗方法與一元線性迴歸的檢驗基本相同。

檢驗時提出的假設是：$H_0: \beta_i = 0; H_1: \beta_i \neq 0$ $(i = 1, 2, \cdots, p)$。檢驗統計量為：$t_{\beta_i} = \dfrac{\hat{\beta}_i}{\hat{\sigma}\sqrt{c_{ii}}}$，其中 $\hat{\sigma}\sqrt{c_{ii}}$ 是迴歸係數標準差，而 c_{ii} 為 $(X^T X)^{-1}$ 主對角線上第 $i+1$ 個元素，這其中 $X = \begin{bmatrix} 1 & X_1 & X_2 \cdots X_p \end{bmatrix}$，是由第 1 列全為 1、第 2 列至第 p 列分別為各自變量的觀測值列向量構成的矩陣，在 H_0 成立的條件下，檢驗統計量 t_{β_i} 服從 $t(n-p-1)$ 分佈。對給定的顯著性水平 α，查表確定臨界值 $t_{\alpha/2}(n-p-1)$。若 $|t_{\beta_i}| \geq t_{\alpha/2}(n-p-1)$，則拒絕 H_0，認為總體迴歸係數 $\beta_i \neq 0$，說明在其他自變量不變的情況下，自變量 x_i 對因變量 Y 的影響是顯著的；反之，則認為 x_i 對 Y 的影響不顯著，應在模型中剔除該自變量，重新建立迴歸模型。

與一元線性迴歸方程類似，通過檢驗后的多元線性模型也可以用來進行預測。下面我們舉例予以說明：

【例8.5】某種商品的銷售量受到其價格以及銷售地區居民人均收入的影響。對 11 個地區的調查資料見表 8-3。試建立線性模型，預測若價格為 45 元/件、地區居民人均收入為 5,000 元/月時，該商品的銷售量。

表 8-3　　　　　　　　某商品 11 個地區的銷售相關情況表

地區	銷售量 y(件)	價格 x_1(元/件)	收入 x_2(元/月)
1	5,920	24	2,450
2	6,540	24	2,730
3	6,300	32	3,200
4	6,400	32	3,350
5	6,740	31	3,570
6	6,450	34	3,800
7	6,600	35	4,050
8	6,800	35	4,300
9	7,200	39	4,780
10	7,580	40	5,400
11	7,100	47	5,790

解：

借助 Excel「數據分析」工具中的「迴歸」功能（操作步驟與一元迴歸相似，注意多個自變量應放在相鄰單元格），可得 Excel 報告結果見圖 8-5。

	H	I	J	K	L	M	N
22	SUMMARY OUTPUT						
23							
24	回歸統計						
25	Multiple R	0.948 209 6					
26	R Square	0.899 101 5					
27	Adjusted R	0.873 876 9					
28	標准誤差	164.749 43					
29	觀測值	11					
30							
31	方差分析						
32		df	SS	MS	F	Significance F	
33	回歸分析	2	1 934 915.5	967 457.77	35.643 813	0.000 103 643	
34	殘差	8	217 139.01	27 142.376			
35	總計	10	2 152 054.5				
36							
37		Coefficients	標准誤差	t Stat	P-value	Lower 95%	Upper 95%
38	Intercept	6 058.435 4	352.501 92	17.186 957	1.336E-07	5 245.564 48	6 871.306 3
39	價格x1	-92.172	29.793 82	-3.093 662	0.014 807 2	-160.876 674	-23.467 3 3
40	收入x2	0.952 726 1	0.189 154 6	5.036 757 6	0.001 005 7	0.516 534 715	1.388 917 5

圖 8 - 5 多元線性迴歸分析結果截圖

根據圖 8 - 5 提供的數據,可以寫出線性迴歸方程:

$$\hat{y} = 6,058.435 - 92.172x_1 + 0.953x_2$$

調整的可決系數 $\bar{R}^2 = 0.873,9$,說明模型對數據的擬合程度較好。

統計量 $F = 35.643,8$,其對應的概率為 $0.000,1$,小於顯著性水平 α(取 $\alpha = 0.05$),因而否定「系數全為0」的原假設,判斷出迴歸方程是有意義的。

$t_{\beta_1} = -3.093,7$(對應 P 值 = 0.014,8);$t_{\beta_2} = 5.036,8$(對應 P 值 = 0.001,0),即若取 $\alpha = 0.05$,自變量 x_1, x_2 系數的 t 檢驗都是否定 H_0,也就是說,迴歸系數 $\hat{\beta}_1, \hat{\beta}_2$ 都是有意義的。迴歸系數 $\hat{\beta}_1$ 的含義是:如果其他因素不變,價格提高 1 元/件,銷售量平均減少 92.172 件。$\hat{\beta}_2$ 的含義是:其他因素不變,居民收入提高 100 元/月,銷售量平均增加 $0.953 \times 100 = 95.3$ 件。

當 $x_1 = 45, x_2 = 5,000$ 時,代入迴歸方程可得銷售量的預測值:

$$\hat{y} = 6,058.435 - 92.172 \times 45 + 0.953 \times 5,000 = 6,675.7(件)$$

第四節　可線性化的非線性迴歸模型

非線性模型的形式很多,但其中的一部分可以通過適當的轉化,只要模型關於參數

是線性的,就可以化為我們熟知的線性模型。

一、多項式模型

基本形式為:

$$y = \beta_0 + \beta_1 x + \beta_2 x^2 + \cdots + \beta_p x^p \tag{8.17}$$

令 $z_i = x^i$,則上述模型可化為線性模型:

$$y = \beta_0 + \beta_1 z_1 + \beta_2 z_2 + \cdots + \beta_p z_p \tag{8.18}$$

如,當因變量隨著自變量的變化呈拋物線變動時,就可以用一個二次多項式模型進行迴歸分析。

二、倒數變換模型

基本形式為:

$$y = \beta_0 + \frac{\beta_1}{x} \tag{8.19}$$

令 $z = \frac{1}{x}$,則上述模型可化為線性模型:

$$y = \beta_0 + \beta_1 z \tag{8.20}$$

這種模型表示隨著 x 的遞增 y 呈現非線性的遞減,且最終以 $y = \beta_0$ 為漸近線。

三、半對數模型

基本形式為:

$$y = \beta_0 + \beta_1 \ln x \tag{8.21}$$

$$\ln y = \beta_0 + \beta_1 x \tag{8.22}$$

令 $u = \ln y, v = \ln x$,則上述兩式可分別化為線性模型:

$$y = \beta_0 + \beta_1 v \tag{8.23}$$

$$u = \beta_0 + \beta_1 x \tag{8.24}$$

實際上,當自變量與因變量的函數關係為指數函數時,有 $y = \alpha e^{\beta x}$,對此式兩邊取自然對數,得 $\ln y = \ln \alpha + \beta x$,令 $u = \ln y, \beta_0 = \ln \alpha$,則線性化為:

$$u = \beta_0 + \beta x \tag{8.25}$$

四、雙對數模型

基本形式為:

$$\ln y = \beta_0 + \beta_1 \ln x \tag{8.26}$$

令 $u = \ln y, v = \ln x$,則上式可化為線性模型:

$$u = \beta_0 + \beta_1 v \tag{8.27}$$

當自變量與因變量的函數關係為冪函數時,通過兩邊取對數,即可按雙對數模型線性化。著名的柯布-道格拉斯生產函數(即 $C - D$ 函數) $Y = AL^\alpha K^\beta$ 就是典型的非線性模

型，對其函數兩邊取自然對數得：
$$\ln Y = \ln A + \alpha \ln L + \beta \ln K \tag{8.28}$$
令 $y = \ln Y, \alpha_0 = \ln A, x_1 = \ln L, x_2 = \ln K$，則可線性化為：
$$y = \alpha_0 + \alpha x_1 + \beta x_2 \tag{8.29}$$

五、S 形曲線

基本形式為：
$$y = \frac{1}{\alpha + \beta e^{-x}} \tag{8.30}$$

對上式先求倒數：
$$\frac{1}{y} = \alpha + \beta e^{-x}$$

然后令 $u = \frac{1}{y}, v = e^{-x}$，即可化為線性模型：
$$u = \alpha + \beta v \tag{8.31}$$

第九章 時間數列分析

【教學導讀】

時間數列分析是根據現象隨時間變動的一系列指標數值,計算其增減變動的水平、速度,研究其演變趨勢,並進行統計分析、預測,在社會經濟生活中有著廣泛的運用。本章學習要求熟練掌握各種動態水平分析指標和速度分析指標的計算方法,並熟悉各種動態水平分析指標之間、速度分析指標之間、水平分析與速度分析指標之間的相互數量關係;掌握時距擴大法、移動平均法以及各種數學模型法下的長期趨勢測定方法,掌握按月(季)平均法和趨勢剔除法下的季節變動的測定方法。

第一節 時間數列的意義和種類

一、時間數列的意義

1. 時間數列的概念及其構成要素

時間數列亦稱時間序列或動態數列,是指將同類社會經濟現象在不同時間上發展變化的一系列指標數值,按時間先後順序排列所形成的統計數列。時間數列分析就是在時間數列的基礎上,通過計算現象增減變動的水平、速度分析指標,進一步揭示現象發展演變的特徵、趨勢,預測現象的未來。

時間數列的構成要素有兩個:一是反應現象所處的不同時間;二是現象在不同時間下的觀察值(指標數值)。例如中國2001—2010年有關社會經濟統計數據見表9-1。

表9-1　　　　　2001—2010年中國有關社會經濟統計數據

指標	GDP（億元）	人均GDP（元/人）	GDP指數（%）	年末人口數（億）	財政收入（億元）
2001年	109,655.2	8,622	108.3	127,627	16,386.04
2002年	120,332.7	9,398	109.1	128,453	18,903.64
2003年	135,822.8	10,542	110	129,227	21,715.25
2004年	159,878.3	12,336	110.1	129,988	26,396.47
2005年	184,937.4	14,185	111.3	130,756	31,649.29
2006年	216,314.4	16,500	112.7	131,448	38,760.20
2007年	265,810.3	20,169	114.2	132,129	51,321.78

表9-1(續)

指標	GDP （億元）	人均GDP （元／人）	GDP指數 （%）	年末人口數 （億）	財政收入 （億元）
2008年	314,045.4	23,708	109.6	132,802	61,330.35
2009年	340,902.8	25,608	109.2	133,450	68,518.30
2010年	401,202.0	29,992	110.4	134,091	83,101.51

數據來源：http://www.stats.gov.cn/tjsj/ndsj/2011/indexch.htm。

指標說明：GDP係按現價計算，GDP指數是以上年為基數，按不變價格計算。

2. 編製時間數列的意義

編製時間數列的意義表現在以下幾個方面：

第一，通過時間數列可以描述客觀現象發展變化的過程和特點，使人們從動態的角度去認識和把握事物。

第二，利用時間數列資料可以計算一系列動態分析指標，包括水平分析指標和速度分析指標，使人們更加準確地把握事物發展變化的特徵和規律。

第三，根據時間數列可以揭示客觀現象發展演變的趨勢，為統計預測、決策提供依據。

二、時間數列的種類

根據不同的研究目的，時間數列可用絕對數編製，也可以用相對數或平均數編製。所以，時間數列可分為絕對數時間數列、相對數時間數列和平均數時間數列三種。其中，絕對數時間數列是最基本的時間數列，其餘兩種屬於派生的時間數列。

1. 絕對數時間數列

把反應現象的一系列同類總量指標數值（絕對數）按時間先後順序排列起來所形成的統計數列，稱為絕對數時間數列，用來反應現象總規模、總水平或工作總量隨時間變化的情況。按其所反應的社會經濟現象所屬時間不同，絕對數時間數列又分為時期數列和時點數列兩類。

（1）時期數列

把反應現象的一系列同類時期指標數值按時間先後順序排列起來，所形成的統計數列稱為時期數列。在時期數列中，各項指標數值都反應特定現象在一段時期內發展過程的總量，如產品產量、利潤總額、工業增加值等指標構成的時間數列。表9-1中，由GDP、財政收入指標構成的時間數列就屬於時期數列。

時期數列具有四個特徵：第一，時期數列中每個指標數值的原始數據是通過連續登記而取得的，不能間斷，一旦間斷就可能造成時期指標數值遺漏、不完整；第二，時期數列中指標數值的大小與時期間隔長短有直接關係，時期間隔越短，指標數值通常越小，時期間隔越長，指標數值通常越大；第三，時期數列中的指標數值可以直接相加，相加的結果表示更長時期的總量；第四，時期數列中的指標數值隨著時間的變化，通常只朝增加的方向流動，而不朝減少的方向流動，基於這個緣故，人們將時期指標稱為流量指標。

(2) 時點數列

把反應現象的一系列同類時點指標數值按時間先後順序排列起來所形成的統計數列，稱為時點數列。在時點數列中，各項指標數值都反應特定現象在某一具體時刻上的存量，如職工人數、商品庫存量、藏書總量等指標構成的時間數列。表 9-1 中，由年末人口數構成的時間數列就屬於時點數列。

時點數列具有四個特徵：第一，時點數列中每個指標數值的原始數據是通過一次性調查取得的，通常不需要進行連續調查，只需要在確定的時點進行全面調查就可以獲取相應的存量數據；第二，時點數列中指標數值的大小與時點間隔長短無直接關係，時點之間間隔越短，指標數值不一定越小，時點之間間隔越長，指標數值不一定越大；第三，時點數列中的指標數值不能直接相加，相加的結果無意義；第四，時點數列中的指標數值隨著時間的變化，同時朝增加和減少兩個方向變動，因此，時點指標數值就是現象隨時間增減變動的結果，變動結果究竟是增加還是減少，取決於兩個時點之間是增加的數量更多還是減少的數量更多。

2. 相對數時間數列

把反應現象的一系列同類相對指標數值按時間先後順序排列起來，所形成的統計數列稱為相對數時間數列，用來反應現象相對水平隨時間變化的狀況。比如將計劃完成程度相對數、結構相對數、發展速度、某些強度相對數等指標按時間順序排列以後，都可以形成相應的時間數列。表 9-1 中由人均 GDP 和 GDP 指數構成的時間數列就屬於相對數時間數列。

3. 平均數時間數列

把反應現象的一系列同類平均指標數值按時間先后順序排列起來，所形成的統計數列稱為平均數時間數列，用來反應現象一般水平隨時間變化的情況。其指標數值按反應的時間狀況不同，有靜態平均數和序時平均數之分。例如，某公司 2009—2015 年職工平均月工資構成的時間數列見表 9-2。

表 9-2　　　　　　某公司 2009—2015 年職工平均月工資

年份	2009 年	2010 年	2011 年	2012 年	2013 年	2014 年	2015 年
平均月工資(元)	2,340	2,680	2,930	3,300	3,520	3,970	4,430

三種時間數列中，絕對數時間數列是最基本的，相對數時間數列和平均數時間數列都是在絕對數時間數列的基礎上計算形成的，因此也可以認為，相對數時間數列和平均數時間數列都是在絕對數時間數列的基礎上派生而成的。

三、編製時間數列的原則

編製時間數列的目的就是要通過對數列中各時間下的指標數值進行比較，以研究客觀現象發展變化的狀況、特徵及其規律。因此，保證數列中各指標數值的可比性，是編製時間數列必須遵循的基本原則。具體要求是：

第一，各指標數值所屬時間的長短應當統一。對於時期數列，因為指標數值的大小與

時間間隔長短有直接的關係,所以每個指標數值所包含的時期長短必須一致;對時點數列來說,相鄰數值之間的時間間隔應盡可能一致。

第二,各指標數值所屬的總體範圍、內容含義、計算口徑、計算方法等都應當保持一致,計量單位也要相同。

需要指出的是,時間數列中各指標數值的可比性問題,不能絕對化,有時由於資料的限制,只要大體可比,能正確說明問題就可以。

第二節 時間數列水平分析指標

時間數列分析指標包括水平分析指標和速度分析指標。其中水平分析指標包括平均發展水平、增減量和平均增減量。而要正確計算時間數列分析指標,需要先瞭解發展水平指標。

一、發展水平

發展水平是指構成時間數列的每一項具體指標數值,用來反應現象在發展過程中不同時間下達到的水平,它是時間數列的構成要素之一。發展水平是進行動態分析的基礎指標,它既可以是絕對指標,也可以是相對指標和平均指標。

為方便計算動態分析指標,通常用符號 $a_0, a_1, a_2, a_3, \cdots, a_{n-1}, a_n$ 代表數列中各個發展水平。其中 a_0 代表數列的第一個指標數值,又叫最初水平;a_n 代表數列的最后一個指標數值,又叫最末水平;其餘各項 $a_1, a_2, a_3, \cdots, a_{n-1}$ 統稱為中間水平。例如,中國2005—2010年貨物進出口總額見表9-3。

表9-3　　　　　中國2005—2010年貨物進出口總額

年份	2005年	2006年	2007年	2008年	2009年	2010年
貨物進出口總額(億元)	a_0	a_1	a_2	a_3	a_4	a_5
	116,921.8	140,974.0	166,863.7	179,921.5	150,648.1	201,722.1

數據來源:http://www.stats.gov.cn/tjsj/ndsj/2011/indexch.htm。

動態對比需要在兩個時間之間進行,我們把作為對比基礎的時間叫基期,與基期對比的時間叫報告期或計算期。相應地把基期指標數值叫基期水平,而把報告期指標數值叫報告期水平。

發展水平在基期與報告期之間的變化,習慣上用「增加到」「增加為」「降低(減少)到」「降低(減少)為」「發展到」「發展為」等文字表示。如表9-3中,中國貨物進出口總額由2005年的116,921.8億元增加到(增加為)2010年的201,722.1億元,或者說由2005年的116,921.8億元發展到(發展為)2010年的201,722.1億元;中國貨物進出口總額由2008年的179,921.5億元減少到(減少為)2009年的150,648.1億元,此處的「到」和「為」不能換成「了」。

二、平均發展水平

平均發展水平又稱序時平均數或動態平均數,是對時間數列在不同時間下的發展水平指標計算的平均數,用來表明現象在一段時期內發展水平所達到的一般水平。

序時平均數與前面學過的一般平均數既有相同點也有不同點。相同點是兩種平均數都是被平均數據的代表值,都反應現象的一般水平,有時二者還採用相同的計算方法。不同點是序時平均數是對現象在不同時間上的指標數值進行平均,從動態上說明現象的一般水平,是根據時間數列計算的;而一般平均數是對現象在同一時間上的數據(通常是變量值)進行平均,從靜態上說明現象的一般水平,是根據變量數列計算的。

平均發展水平除了在動態分析中反應某種現象達到的一般水平外,還可以用來消除現象在短時間內波動的影響,便於觀察現象發展的基本趨勢。此外,還可以解決時間數列分析中某些可比性問題。

由於不同種類時間數列的指標數值具有不同的特性,導致序時平均數有不同的計算方法。下面分別介紹不同種類時間數列計算序時平均數的方法。其中,根據絕對數時間數列計算序時平均數是最基本的。

(一)絕對數時間數列計算序時平均數

絕對數時間數列又分為時期數列和時點數列,由於時期指標與時點指標之間的差異,使得二者在計算序時平均數的方法上也有較大差異。

1. 時期數列計算序時平均數

由於時期數列中的指標數值可以直接相加,因此,根據時期數列計算序時平均數,採用簡單算術平均的方法,用時期數列各個指標值之和除以時期項數。計算公式為:

$$\bar{a} = \frac{a_1 + a_2 + a_3 + \cdots + a_{n-1} + a_n}{n} = \frac{\sum_{i=1}^{n} a_i}{n} \qquad (9.1)$$

式中,$\bar{a}$ 表示序時平均數,a 表示時間數列中的發展水平,n 表示時期總長度(總年數、總季數、總月數、總天數等),也表示指標數值的項數。

【例9.1】根據表9-3計算中國2005—2010年平均每年的貨物進出口總額為:

$$\bar{a} = \frac{\sum_{i=1}^{n} a_i}{n}$$

$$= \frac{116,921.8 + 140,974 + 166,863.7 + 179,921.5 + 150,648.1 + 201,722.1}{6}$$

$$= 159,508.53(億元)$$

2. 時點數列計算序時平均數

時點數列計算序時平均數要區分連續時點數列和間斷時點數列兩種情況。

(1)連續時點數列

連續時點數列是指掌握了現象在一段時期內每一天的時點指標,或者說相鄰時點之間是以「天數」來計算間隔的。根據連續時點數列計算序時平均數,還要區分兩種類型:一

种是频繁变动的连续时点数列，其每天的水平都可能不一样，例如企业每日的库存现金余额、个人一卡通与余额等；另一种是变动不够频繁的连续时点数列，其水平会连续若干天保持相对稳定，而后再发生变动，例如个人银行卡帐户余额、产品或原材料库存量等。

① 频繁变动的连续时点数列，采用简单算术平均的方法计算序时平均数：

$$\bar{a} = \frac{a_1 + a_2 + a_3 + \cdots + a_{n-1} + a_n}{n} = \frac{\sum\limits_{i=1}^{n} a_i}{n} \quad (9.2)$$

式中，n 既可以表示连续时点数列的总天数，也可以表示时点指标数值的项数。

【例9.2】某公司1月上旬库存现金余额见表9-4，计算上旬现金平均库存额。

表9-4　　　　　　　某公司1月上旬库存现金余额

日期	1日	2日	3日	4日	5日	6日	7日	8日	9日	10日
库存现金(元)	375	248	567	433	667	138	336	478	362	511

解：
该公司上旬平均现金库存额为：

$$\bar{a} = \frac{\sum\limits_{i=1}^{n} a}{n} = \frac{375 + 248 + 567 + 433 + 667 + 138 + 336 + 478 + 362 + 511}{10}$$

$$= 411.5(元)$$

② 变动不够频繁的连续时点数列，应采用加权算术平均的方法计算序时平均数：

$$\bar{a} = \frac{\sum\limits_{i=1}^{n} a_i f_i}{\sum\limits_{i=1}^{n} f_i} \quad (9.3)$$

式中，f 表示每一发展水平持续的天数。

【例9.3】某公司2016年一季度产品库存量变动情况见表9-5，计算一季度平均库存量。

表9-5　　　　　某公司2016年一季度产品库存量资料

日期	1月1日	1月16日	2月3日	2月11日	3月12日
库存量(台)	70	35	85	33	5

解：
表9-5数据告诉我们，凡库存量发生了变动的，都有交代，凡库存量没有发生变动的，无须说明。也就是说，1月1日的库存量70台，一直延续到1月15日都没有发生变动。到16日出库35台后，余下35台一共持续了18天。同理判断出85台持续了8天，33台持续了30天，5台持续了20天。该公司一季度平均库存量为：

$$\bar{a} = \frac{\sum_{i=1}^{n} a_i f_i}{\sum_{i=1}^{n} f_i} = \frac{70 \times 15 + 35 \times 18 + 85 \times 8 + 33 \times 30 + 5 \times 20}{15 + 18 + 8 + 30 + 20} = 37.9(臺)$$

（2）間斷時點數列

間斷時點數列是指相鄰時點之間以「月」、「季」或「年」的整倍數作為間隔，通常情況下，時點表示為「月初（末）」「季初（末）」「年初（末）」等。

① 如果相鄰時點之間間隔相等，在假定相鄰時點之間事物是均勻變動的前提下，可採用首尾折半平均法計算序時平均數。計算公式為：

$$\bar{a} = \frac{\frac{a_1}{2} + a_2 + a_3 + \cdots + a_{n-1} + \frac{a_n}{2}}{n-1} \tag{9.4}$$

式中，n 代表時點的個數，$n-1$ 通常情況下表示自第一個時點至最後一個時點之間的時期長度。

【例9.4】某公司2015年度商品庫存額數據見表9–6，計算全年平均庫存額。

表9–6　　　　　　　　　某公司2015年商品庫存額資料

日期	一季初	二季初	三季初	四季初	四季末
庫存額（萬元）	100	86	104	114	132

解：

在假定相鄰時點之間庫存額是均勻變動的情況下，就可以用兩個時點的算術平均數代表相鄰兩個時點之間那段時間的平均水平，統計上稱這種相鄰兩個時點之間的算術平均數為分層平均數。各季度的平均庫存額用分層平均數計算如下：

一季度平均庫存額：

$$\frac{100 + 86}{2} = 93(萬元)$$

二季度平均庫存額：

$$\frac{86 + 104}{2} = 95(萬元)$$

三季度平均庫存額：

$$\frac{104 + 114}{2} = 109(萬元)$$

一季度平均庫存額：

$$\frac{114 + 132}{2} = 123(萬元)$$

對各季度的分層平均數進行簡單算術平均就可以得到2015年全年平均庫存額，即全年平均庫存額：

$$\frac{93 + 95 + 109 + 123}{4} = 105(萬元)$$

上述計算結果與直接套用首尾折半平均法運算的結果相吻合：

$$\bar{a} = \frac{\frac{a_1}{2} + a_2 + a_3 + a_4 + \frac{a_5}{2}}{5-1} = \frac{\frac{100}{2} + 86 + 104 + 114 + \frac{132}{2}}{4} = 105(萬元)$$

② 如果相鄰時點之間間隔不等，在假定相鄰時點之間事物是均勻變動的前提下，以相鄰兩個時點之間間隔的時間為權數，對分層平均數進行加權算術平均的方法計算序時平均數。計算公式為：

$$\bar{a} = \frac{\frac{a_1+a_2}{2}f_1 + \frac{a_2+a_3}{2}f_2 + \cdots + \frac{a_{n-1}+a_n}{2}f_{n-1}}{f_1 + f_2 + \cdots + f_{n-1}} \quad (9.5)$$

式中，f 表示相鄰時點之間間隔的時期長度。

【例9.5】某飼養場2015年度生豬存欄數見表9-7，計算全年平均存欄數。

表9-7　　　　　某飼養場2015年度生豬存欄數

日期	1月1日	4月1日	9月1日	12月31日
生豬存欄數(頭)	1,520	1,400	1,600	1,460

解：

根據表9-7的資料，計算每相鄰兩個時點之間的分層平均數及時期長度，見表9-8。

表9-8　　　　　分層平均數及時期長度計算表

期間	1～3月	4～8月	9～12月
分層平均數(頭)	1,460	1,500	1,530
時期長度(月)	3	5	4

全年平均庫存數為：

$$\bar{a} = \frac{1,460 \times 3 + 1,500 \times 5 + 1,530 \times 4}{3+5+4} = \frac{18,000}{12}$$
$$= 1,500(頭)$$

也可以直接套公式9.5計算，結果如下：

$$\bar{a} = \frac{\frac{1,520+1,400}{2} \times 3 + \frac{1,400+1,600}{2} \times 5 + \frac{1,600+1,460}{2} \times 4}{3+5+4} = \frac{18,000}{12}$$
$$= 1,500(頭)$$

統計實務中，絕大多數情況下統計資料是完整的，時點之間間隔相等的情況較時點之間間隔不等的情況更為常見。因此，對於間斷時點數列，更多的時候是採用首尾折半法計算序時平均數。對分層平均數進行加權算術平均的方法，只適用於統計數據不完整的間斷時點數列。

(二) 相對數時間數列計算序時平均數

由於相對數的基本公式是：

$$相對數\ c = \frac{比數\ a}{基數\ b} \tag{9.6}$$

因此，相對數時間數列的序時平均數等於比數指標時間數列的序時平均數除以基數指標時間數列的序時平均數。計算公式為：

$$\bar{c} = \frac{\bar{a}}{\bar{b}} \tag{9.7}$$

式中，$\bar{a}$ 為相對數分子指標時間數列的序時平均數；$\bar{b}$ 為相對數分母指標時間數列的序時平均數；$\bar{c}$ 為相對數時間數列的序時平均數。

相對數時間數列計算序時平均數的關鍵是計算分子指標時間數列的序時平均數 $\bar{a}$ 和分母指標時間數列的序時平均數 $\bar{b}$。而 $\bar{a}$ 和 $\bar{b}$ 通常又分以下三種情況處理：

1. $\bar{a}$ 和 $\bar{b}$ 都根據時期數列計算

【例9.6】某公司2015年各季度銷售收入計劃完成情況見表9－9，計算全年平均銷售收入計劃完成程度。

表9－9　　　　某公司 2015 年各季度銷售收入計劃完成情況

季別	一季度	二季度	三季度	四季度
計劃銷售收入（萬元）	5,000	5,200	5,400	5,500
銷售收入計劃完成 %	115	118	120	116

解：已知條件為「銷售收入計劃完成程度」指標 c_i 及其分母指標「銷售收入計劃完成數」b_i，分子指標「銷售收入實際完成數」a_i 未知，由於 a_i 和 b_i 都是時期指標，$\bar{a}$ 和 $\bar{b}$ 都按簡單算術平均方法計算。全年平均銷售收入計劃完成程度為：

$$\bar{c} = \frac{\bar{a}}{\bar{b}} = \frac{\frac{\sum_{i=1}^{n} a_i}{n}}{\frac{\sum_{i=1}^{n} b_i}{n}} = \frac{\sum_{i=1}^{n} a_i}{\sum_{i=1}^{n} b_i} = \frac{\sum_{i=1}^{n} b_i c_i}{\sum_{i=1}^{n} b_i}$$

$$= \frac{5,000 \times 115\% + 5,200 \times 118\% + 5,400 \times 120\% \times 5,500 \times 116\%}{5,000 + 5,200 + 5,400 + 5,500}$$

$$= \frac{24,746}{21,100} = 117.28\%$$

從上式計算中不難看出，平均每個季度的計劃完成程度等於全年實際完成數除以全年計劃完成數，實際上就是全年計劃完成程度。據此可以得出結論：計劃完成程度的高低與時間長短沒有直接的關係。

如果把本例中的「計劃銷售收入」換成「實際銷售收入」，平均銷售收入計劃完成程度又該如何計算？這個問題留給讀者思考。

2. $\bar{a}$ 和 $\bar{b}$ 都根據時點數列計算

【例9.7】某公司2015年各季度職工總人數和技術人員數量見表9-10，計算全年技術人員占全部職工總人數的平均比重。

表9-10　某公司2015年各季度職工總人數和技術人員資料

時間	一季度初	二季度初	三季度初	四季度初	四季度末
職工總人數(人)	500	550	580	600	650
技術人員數量(人)	200	240	265	285	330

解：

已知條件為「技術人員占全部職工總人數比重」指標的分子 a 和分母 b，a 和 b 均屬於間隔相等的時點指標，a 和 b 都按首尾折半平均法計算。全年技術人員占全部職工總人數的平均比重為：

$$c = \frac{\bar{a}}{\bar{b}} = \frac{\frac{\frac{a_1}{2} + a_2 + a_3 + a_4 + \frac{a_5}{2}}{5-1}}{\frac{\frac{b_1}{2} + b_2 + b_3 + b_4 + \frac{b_5}{2}}{5-1}} = \frac{\frac{a_1}{2} + a_2 + a_3 + a_4 + \frac{a_5}{2}}{\frac{b_1}{2} + b_2 + b_3 + b_4 + \frac{b_5}{2}}$$

$$= \frac{\frac{200}{2} + 240 + 265 + 285 + \frac{330}{2}}{\frac{500}{2} + 550 + 580 + 600 + \frac{650}{2}} \times 100\% = \frac{1,055}{2,305} \times 100\% = 45.77\%$$

3. $\bar{a}$ 和 $\bar{b}$ 中有一個根據時期數列計算，另一個根據時點數列計算

【例9.8】某地區「十二五」期間的糧食總產量及人口數量見表9-11。

表9-11　某地區在「十二五」期間糧食總產量及人口數量資料

年份	2011年	2012年	2013年	2014年	2015年
糧食總產量(萬千克)	211,500	235,100	258,800	275,600	290,400
年初人口數(萬人)	210	212	213	215	216

另：2015年年末的人口數為218萬人。計算該地區「十二五」期間平均每年的人均糧食產量。

解：

已知條件為「人均糧食產量」指標的分子 a 和分母 b，糧食總產量 a 是時期指標，$\bar{a}$ 按簡單算術平均方法計算；年初人口數 b 為間隔相等的時點指標，$\bar{b}$ 按首尾折半法計算。則「十二五」期間平均每年的人均糧食產量為：

$$\bar{c} = \frac{\bar{a}}{\bar{b}} = \frac{\dfrac{a_1+a_2+a_3+a_4+a_5}{5}}{\dfrac{\dfrac{b_1}{2}+b_2+b_3+b_4+b_5+\dfrac{b_6}{2}}{6-1}} = \frac{a_1+a_2+a_3+a_4+a_5}{\dfrac{b_1}{2}+b_2+b_3+b_4+b_5+\dfrac{b_6}{2}}$$

$$= \frac{211,500+235,100+258,800+275,600+290,400}{\dfrac{210}{2}+212+213+215+216+\dfrac{218}{2}} = 1,188.22(千克／人)$$

(三) 平均數時間數列計算序時平均數

平均數時間數列包含靜態平均數構成的時間數列和動態平均數構成的時間數列，這兩種時間數列在計算序時平均數時，在方法上存在差異。

1. 靜態平均數時間數列計算序時平均數

靜態平均數一般以算術平均數為代表，它是以總體標誌總量除以總體單位總量得到的比值，這個模式與相對數等於比數與基數之間的比值非常類似。因此，靜態平均數構成的時間數列計算序時平均數的模式與相對數時間數列計算序時平均數的模式一致：

$$\bar{c} = \frac{\bar{a}}{\bar{b}} \qquad (9.8)$$

式中，$\bar{a}$ 表示總體標誌總量時間數列的序時平均數；$\bar{b}$ 表示總體單位總量時間數列的序時平均數；$\bar{c}$ 表示靜態平均數時間數列的序時平均數。

通常情況下，$\bar{a}$ 根據時期數列計算，$\bar{b}$ 根據間隔相等的時點數列計算。

【例9.9】某企業2015年度分季度的職工工資總額和職工人數資料見表9-12。

表9-12　某企業2015年度分季度的職工工資總額和職工人數

季別	一季度	二季度	三季度	四季度
工資總額(元)	986,850	1,027,420	1,035,960	1,028,750
季初職工人數(人)	125	128	124	120

另：企業四季度末的職工人數為123人。計算該企業2015年度職工的年平均工資和月平均工資。

解：

已知條件為「平均工資」指標的分子 a 和分母 b。分子 a 為時期指標，$\bar{a}$ 按簡單算術平均方法計算，指標 b 為間隔相等的時點指標，$\bar{b}$ 根據首尾折半法計算。

首先計算該企業2015年度職工的季平均工資：

$$\bar{c} = \frac{\bar{a}}{\bar{b}} = \frac{\dfrac{a_1+a_2+a_3+a_4}{4}}{\dfrac{\dfrac{b_1}{2}+b_2+b_3+b_4+\dfrac{b_5}{2}}{5-1}} = \frac{a_1+a_2+a_3+a_4}{\dfrac{b_1}{2}+b_2+b_3+b_4+\dfrac{b_5}{2}}$$

$$= \frac{986,850 + 1,027,420 + 1,035,960 + 1,028,750}{\frac{125}{2} + 128 + 124 + 120 + \frac{123}{2}} = 8,223.75(元)$$

年平均工資應等於季平均工資的 4 倍,即:$8,223.75 \times 4 = 32,895(元)$。

月平均工資應等於季平均工資的 $\frac{1}{3}$,即:$8,223.75 \times \frac{1}{3} = 2,741.25(元)$。

2. 動態平均數時間數列計算序時平均數

動態平均數時間數列計算序時平均數要區分每個動態平均數所代表的時間長度是相等還是不相等兩種情況。

如果每個動態平均數所代表的時間長度相等,則採用簡單算術平均的方法計算序時平均數:

$$\bar{a} = \frac{a_1 + a_2 + a_3 + \cdots + a_i + \cdots + a_{n-1} + a_n}{n} = \frac{\sum_{i=1}^{n} a_i}{n} \qquad (9.9)$$

式中,a_i 表示第 i 期的序時平均數。

很顯然,這種情況是間隔相等的時點數列計算序時平均數的簡化形式。

【例9.10】某企業 2015 年各季度的流動資金平均占用額分別為 200 萬元,220 萬元,250 萬元,310 萬元。則全年流動資金平均占用額為:

$$\bar{a} = \frac{a_1 + a_2 + a_3 + a_4}{4} = \frac{200 + 220 + 250 + 310}{4} = 245(萬元)$$

如果每個動態平均數所代表的時間長度不等,則採用加權算術平均的方法計算序時平均數:

$$\bar{a} = \frac{\sum_{i=1}^{n} a_i f_i}{\sum_{i=1}^{n} f_i} \qquad (9.10)$$

式中,a 表示各期間的序時平均數,f 表示各期間的時間長度。

很顯然,這種情況是間隔不等的時點數列計算序時平均數的簡化形式。

【例9.11】某企業 2015 年度 A 材料平均庫存額為:1 至 4 月 52 萬元,5 至 9 月 43 萬元,10 至 12 月 66 萬元。則 A 材料全年平均庫存額為:

$$\bar{a} = \frac{\sum_{i=1}^{n} a_i f_i}{\sum_{i=1}^{n} f_i} = \frac{52 \times 4 + 43 \times 5 + 66 \times 3}{4 + 5 + 3} = 51.75(萬元)$$

三、增減量

增減量也叫增長量,是指現象在報告期水平與基期水平之差,表明報告期水平較基期增加或減少的數量。計算公式為:

$$增減量 = 報告期水平 - 基期水平 \qquad (9.11)$$

如果差值為正數,表示報告期比基期增長的數量,如果差值為負數,表示報告期比基期減少的數量。

根據基期的選擇方式不同,增減量分為逐期增減量與累計增減量兩種。

選擇報告期的上一期作為基期,計算的增減量稱為逐期增減量。計算公式如下:

$$逐期增減量 = 報告期水平 a_i - 上一期水平 a_{i-1} \qquad (9.12)$$

現象在各期的逐期增減量可以描述為:

$$a_1 - a_0, a_2 - a_1, a_3 - a_2, \cdots, a_n - a_{n-1} \qquad (9.13)$$

選擇過去某一固定的時間作為基期,計算的增減量稱為累計增減量,也叫累積增減量或總增減量。選擇的固定基期通常具有一定的歷史意義,比如中國可以選擇1949年、1978年作為固定基期。累計增減量的計算公式如下:

$$累計增減量 = 報告期水平 a_i - 固定基期水平 a_0 \qquad (9.14)$$

現象在各期的累計增減量可以描述為:

$$a_1 - a_0, a_2 - a_0, a_3 - a_0, \cdots, a_n - a_0 \qquad (9.15)$$

逐期增減量與累計增減量的數量關係是:逐期增減量之和等於相應的累計增減量。用公式表示為:

$$(a_1 - a_0) + (a_2 - a_1) + (a_3 - a_2) + \cdots + (a_n - a_{n-1}) = a_n - a_0 \qquad (9.16)$$

利用上述關係,還可以導出另外一種數量關係,即:

$$上期累計增減量 + 本期逐期增減量 = 本期累計增減量 \qquad (9.17)$$

根據公式9.17,可以在逐期增減量與累計增減量之間進行相互推算。

【例9.12】根據表9-3中國2005—2010年貨物進出口總額資料計算的各年逐期增減量和累計增減量見圖9-1。

	A	B	C	D	E	F	G
1							
2	年 份	2005年	2006年	2007年	2008年	2009年	2010年
3	貨物進出口總額(億元)	116 921.8	140 974.0	166 863.7	179 921.5	150 648.1	201 722.1
4	逐期增減量(億元)	—	24 052.2	25 889.7	13 057.8	-29 273.4	51 074.0
5	累計增減量(億元)	—	24 052.2	49 941.9	62 999.7	33 726.3	84 800.3
6	環比發展速度(%)	—	120.57	118.36	107.83	83.73	133.90
7	定基發展速度(%)	100	120.57	142.71	153.88	128.85	172.53
8	環比增減速度(%)	—	20.57	18.36	7.83	-16.27	33.90
9	定基增減速度(%)	—	20.57	42.71	53.88	28.85	72.53
10	環比增減1%的絕對值(億元)	—	1 169.22	1 409.74	1 668.64	1 799.22	1 506.48

圖9-1 水平分析指標和速度分析指標截圖

四、平均增減量

平均增減量是對現象在一段時間內的逐期增減量進行簡單算術平均所得到的序時平均數,表明現象逐期增減量達到的一般水平。計算公式為:

$$平均增減量 = \frac{逐期增減量之和}{逐期增減量的項數} = \frac{最后一期累計增減量}{時間數列項數 - 1} \qquad (9.18)$$

【例9.13】 根據圖9－1中的增減量數據計算的中國2006—2010年貨物進出口總額的平均增減量為：

$$\frac{24,052.2 + 25,889.7 + 13,057.8 - 29,273.4 + 51,074}{5} = \frac{84,800.3}{6-1} = 16,960.06(億元)$$

第三節 時間數列速度分析指標

時間數列的速度分析指標主要包括發展速度、平均發展速度、增減速度和平均增減速度等指標。

一、發展速度

發展速度是指現象在報告期的發展水平與基期水平進行對比，表明現象在基期水平基礎上發展、變化程度的動態分析指標，通常用百分數表示。計算公式如下：

$$發展速度 = \frac{報告期發展水平}{基期發展水平} \times 100\% \tag{9.19}$$

根據基期選擇不同，發展速度分為環比發展速度和定基發展速度兩種。

環比發展速度是現象在報告期的發展水平與上一期水平進行對比的結果，表明現象在上期水平基礎上變動的程度。計算公式如下：

$$環比發展速度 = \frac{報告期發展水平\ a_i}{上期發展水平\ a_{i-1}} \times 100\% \tag{9.20}$$

各期環比發展速度可以表示為：

$$\frac{a_1}{a_0}, \frac{a_2}{a_1}, \frac{a_3}{a_2}, \cdots, \frac{a_n}{a_{n-1}} \tag{9.21}$$

定基發展速度也稱總發展速度，是現象在報告期的發展水平與過去某一固定基期水平進行對比的結果，表明現象在固定基期水平基礎上變動的程度。定基發展速度計算公式如下：

$$定基發展速度 = \frac{報告期發展水平\ a_i}{固定基期發展水平\ a_0} \times 100\% \tag{9.22}$$

各期定基發展速度可以表示為：

$$\frac{a_1}{a_0}, \frac{a_2}{a_0}, \frac{a_3}{a_0}, \cdots, \frac{a_n}{a_0} \tag{9.23}$$

環比發展速度與定基發展速度的數量關係是：環比發展速度的連乘積等於相應的定基發展速度。用公式表示為：

$$\frac{a_1}{a_0} \times \frac{a_2}{a_1} \times \frac{a_3}{a_2} \times \cdots \times \frac{a_n}{a_{n-1}} = \frac{a_n}{a_0} \tag{9.24}$$

利用上述關係，還可以導出另外一種數量關係，即：

上期定基發展速度 × 本期環比發展速度 = 本期定基發展速度 (9.25)

根據公式9.25,可以在環比發展速度與定基發展速度之間進行相互推算。

【例9.14】根據表9-3中國2005—2010年貨物進出口總額資料計算的各年環比發展速度與定基發展速度見圖9-1。

二、增減速度

增減速度是報告期增減量與基期水平進行對比的結果,表明報告期水平較基期水平增減變化的程度,一般用百分數表示。計算公式如下:

$$增減速度 = \frac{增減量}{基期發展水平} \times 100\% = 發展速度 - 100\% \quad (9.26)$$

根據基期選擇不同,增減速度也分為環比增減速度和定基增減速度兩種。

環比增減速度是現象在報告期的逐期增減量與上期水平進行對比的結果,表明現象在上期水平基礎上增減變動的百分數。計算公式如下:

$$環比增減速度 = \frac{逐期增減量(a_i - a_{i-1})}{上期發展水平 \ a_{i-1}} \times 100\% = 環比發展速度 \frac{a_i}{a_{i-1}} - 100\%$$
(9.27)

定基增減速度也稱總增減速度,是現象在報告期的累計增減量與相應固定基期水平進行對比的結果,表明現象在固定基期水平基礎上增減變動的百分數。計算公式如下:

$$定基增減速度 = \frac{累計增減量(a_i - a_0)}{固定基期發展水平 \ a_0} \times 100\% = 定基發展速度 \frac{a_i}{a_0} - 100\%$$
(9.28)

環比增減速度與定基增減速度之間沒有直接的數量關係,但有間接的數量關係:環比增減速度加1的連乘積等於相應的定基增減速度加1。利用這種關係可以在環比增減速度與定基增減速度之間進行相互推算,也可以在相應的增減速度與發展速度之間進行相互推算。

【例9.15】根據表9-3中國2005—2010年貨物進出口總額資料計算的各年環比增減速度與定基增減速度見圖9-1。

三、平均發展速度與平均增減速度

平均發展速度是對現象在一段時間上的環比發展速度計算的序時平均數,用來表明現象在一段時間上發展速度達到的一般水平。平均增減速度是對現象在一段時間上的環比增減速度計算的序時平均數,用來表明現象在一段時間上增減速度達到的一般水平。平均發展速度與平均增減速度之間存在直接的數量關係:

$$平均發展速度 = 平均增減速度 + 100\% \quad (9.29)$$

二者之中計算出任何一個指標后,都可以直接推算出另一個指標。

通常,我們把計算的重點放在平均發展速度上,然後再推算平均增減速度。

平均發展速度主要有水平法和累計法兩種計算方法。

1. 平均發展速度的水平法

水平法計算平均發展速度的基本原理是：如果現象在一段時間內以平均發展速度演變，按平均發展速度推算的最末一期發展水平應等於現象在最末一期的實際發展水平。

假定現象在一段時間上的發展水平分別為 $a_0, a_1, a_2, \cdots, a_n$，最末一期的定基發展速度為 R，平均發展速度為 $\bar{x}$，結合最初水平 a_0 和平均發展速度 $\bar{x}$ 推算最後一期的發展水平為 $a_0 \cdot (\bar{x})^n$，根據水平法的基本思路可得：

$$a_0 \cdot (\bar{x})^n = a_n \tag{9.30}$$

則有：

$$\bar{x} = \sqrt[n]{\frac{a_n}{a_0}} \tag{9.31}$$

在此基礎上演變出另外兩個計算公式：

$$\bar{x} = \sqrt[n]{R} \tag{9.32}$$

$$\bar{x} = \sqrt[n]{\frac{a_1}{a_0} \cdot \frac{a_2}{a_1} \cdot \frac{a_3}{a_2} \cdot \ldots \cdot \frac{x_n}{a_{n-1}}} \tag{9.33}$$

很顯然，按水平法計算的平均發展速度所採用的方法就是幾何平均法。

【例9.16】根據上述三個公式，結合圖9－1計算的中國2005—2010年貨物進出口總額的平均發展速度為：

$$\bar{x} = \sqrt[5]{120.57\% \times 118.36\% \times 107.83\% \times 83.73\% \times 133.9\%} = 111.53\%$$

$$\bar{x} = \sqrt[5]{\frac{201,722.1}{116,921.8}} = 111.53\%$$

$$\bar{x} = \sqrt[5]{172.53\%} = 111.53\%$$

則：平均增長速度 $= 111.53\% - 100\% = 11.53\%$

2. 平均發展速度的累計法

累計法計算平均發展速度的基本原理是：如果現象在一段時間內以平均發展速度演變，按平均發展速度推算的各期發展水平之和，應該等於現象各期實際發展水平的累計數。

假定現象在一段時間上的發展水平依次為 $a_0, a_1, a_2, a_3, \cdots, a_n$，平均發展速度為 $\bar{x}$，根據最初水平 a_0 和平均發展速度 $\bar{x}$ 推算以後各期的發展水平分別為：$a_0 \cdot \bar{x}, a_0 \cdot (\bar{x})^2, a_0 \cdot (\bar{x})^3, \cdots, a_0 \cdot (\bar{x})^n$。根據累計法的基本思路，得到如下方程：

$$a_0 \cdot \bar{x} + a_0 \cdot (\bar{x})^2 + a_0 \cdot (\bar{x})^3 + \cdots + a_0 \cdot (\bar{x})^n = a_1 + a_2 + a_3 + \cdots + a_n$$

化簡得：

$$\bar{x} + (\bar{x})^2 + (\bar{x})^3 + \cdots + (\bar{x})^n - \frac{\sum_{i=1}^{n} a_i}{a_0} = 0 \tag{9.34}$$

解此高次方程，所得 $\bar{x}$ 的正根就是平均發展速度。如果時間間隔 n 較長，解此方程較為複雜，統計實務中，一般都利用事先編製好的「平均發展速度查對表」或「平均增長速度查對表」來查得所求的平均發展速度。

由於計算手段的高度發達,利用「平均發展速度查對表」或「平均增長速度查對表」來求平均發展速度或平均增減速度顯得較為繁瑣。通常情況下人們都採用水平法計算平均發展速度與平均增減速度,而很少採用累計法。

四、環比增減1%的絕對值

環比增減1%的絕對值就是在上期水平基礎上,每增加或減少1%所帶來的絕對效果。由於在環比的動態分析中,基期是變動的,因而基期水平也是變化的,在使用環比發展速度和環比增減速度分析問題時,不能只看速度指標,還需要配合使用「環比增減1%的絕對值」指標。計算公式為:

$$環比增減1\%的絕對值 = \frac{逐期增減量(a_i - a_{i-1})}{環比增減速度(\frac{a_i}{a_{i-1}} - 1) \times 100} = \frac{上期水平\ a_{i-1}}{100}$$

(9.35)

【例9.17】根據表9-3中國2005—2010年貨物進出口總額資料計算的環比增減1%的絕對值見圖9-1。

由於「定基增減1%的絕對值」是一個恒定值,沒有太大的實用價值。

五、計算和使用速度分析指標應注意的問題

第一,計算發展速度和增減速度,應根據研究的目的,合理地選擇基期。日常統計分析中,統計實務中通常以「上期」作為環比基期和以「去年同期」作為同比基期,如果需要,也可以選擇其他基期。

第二,計算發展速度指標時,首先要求各發展水平必須是同方向的,如果有正有負,比如淨利潤中有虧損的,就不適宜計算發展速度,只適合計算增減量;其次還要求某些基期水平和報告期水平的絕對值不宜太小,如果基期水平太小,計算的發展速度或增長速度會不符合常規。比如某中型企業上年淨利潤僅微利2萬元,本年淨利潤達到正常水平,盈利1,500萬元,就不適宜使用發展速度和增長速度來分析其盈利變化。

第三,計算平均發展速度時,要求各環比發展速度不要有太大的差距,起碼要求各環比發展速度是同方向的,要麼都大於100%,呈增長態勢,要麼都小於100%,呈降低態勢;否則,計算的結果代表性太差。

第四,用環比發展速度補充說明平均發展速度,用環比增減速度補充說明平均增減速度。既看到現象發展速度和增減速度的一般水平,又反應現象發展速度和增減速度的典型水平和特殊水平。

第五,用環比增減1%的絕對值補充說明環比發展速度和環比增減速度。

第四節 現象發展的趨勢分析

研究時間數列的一個重要目的,就是要把握事物發展變化的趨勢和規律,認知現象

未來發展的可能狀態,為管理和決策服務。時間數列的趨勢分析提供了一系列有效的方法。

一、現象發展的影響因素

現象隨時間變化會受到各種不同因素的共同影響。影響事物發展變化的因素眾多,影響各種事物發展變化過程的具體因素也不相同,有些是起決定性作用的基本因素,也有起臨時作用的、局部作用的偶然因素。為便於分析,我們把時間數列的影響因素歸納為以下四類:長期趨勢因素、季節變動因素、循環變動因素和不規則變動因素。

1. 長期趨勢因素(T)

長期趨勢因素是一種對事物發展具有普遍和長期作用的基本因素,它使現象在一段較長時期內,持續地呈現為同一方向發展變化。比如生產力就是比較典型的長期趨勢因素。由於長期趨勢因素的決定性作用,使得現象隨時間變化的結果呈現出穩定的增長或下降趨勢。比如在長期趨勢因素的作用下,人們的生活水平會不斷提高,而一些工業製成品的價格會不斷降低。絕大多數事物都會受到長期趨勢因素的影響,分析長期趨勢,可以把握事物發展變化的基本特點。

2. 季節變動因素(S)

季節變動因素是指某些現象因受自然條件或社會經濟季節變化的影響,在一年內的不同季節或更短的期間,呈現出有規律的週期性變動。一般以半年、季度或月度為週期,受季節因素影響的事物,在一年之中會呈現明顯的旺季和淡季,如旅遊收入、某些商品的銷售收入等。但把時距擴大到整年度,旺季和淡季的影響就被相互抵消。認識和掌握季節變動,對於近期行動決策有重要作用。

3. 循環變動因素(C)

循環變動因素是指現象發生週期較長(一年以上)的漲落起伏的變動,比如經濟發展的週期性呈現出的危機、蕭條、復甦、高漲四個階段。它與季節變動有明顯區別,一是週期較長且不固定;二是規律顯現沒有季節變動明顯;三是影響因素的性質不一樣。

4. 不規則變動因素(I)

不規則變動因素是指由於意外的自然或社會偶然因素引起的隨機的、偶然性、突然波動。這種變動不同於前三種變動,是因為完全無規律可循,無法預知、無法控制、無法消除,也無法抗拒。但由於這種因素具有偶然性,根據概率論原理,如果這類原因很多,而且相互獨立,則有相互抵消的可能;如果這些因素相互之間有聯繫而且受一兩個重大因素所支配,則難以相互抵消,極可能形成數列的波動,而且振幅往往很大,無法以前三種變動加以解釋。例如戰爭、自然災害對事物的影響。

現象變動趨勢分析就是要把時間數列受各類因素的影響狀況分別測定出來,弄清研究對象發展變化的原因及其規律,為預測和決策提供依據。

二、時間數列的分析模型

時間數列中的數據(也稱觀察值),總是由各種不同因素共同影響的結果。換言之,時間數列中的數據,總是包含著不同的影響因素。若以 Y 代表時間數列中的數據,長期趨勢

因素、季節變動因素、循環波動因素、不規則變動因素對現象的影響值分別以 T、S、C、I 表示,則現象實際值(觀察值)Y 受以上四個因素影響而形成的分析模型為:

$$加法模型: Y = T + S + C + I \qquad (9.36)$$

$$乘法模型: Y = T \times S \times C \times I \qquad (9.37)$$

在加法模型中,四個因素是相互獨立的,均為與 Y 同計量單位的絕對量。季節因素和循環因素影響的結果,在各自的週期時間範圍內總和為零,從較長的時間週期來看,不規則因素對現象影響結果的總和也為零。加法模型中,要測定某種因素的影響,只需從時間數列數值中減去其餘因素即可,如: $T = Y - (S + C + I)$。

在乘法模型中,只有長期趨勢值 T 與觀察值 Y 屬於同一計量單位的絕對值,其餘因素都是以長期趨勢值為基礎的比率,表示其對長期趨勢值的相對變化程度,通常以百分數表示。季節影響因素和循環影響因素的數值,在各自的週期時間範圍內平均值為 100%,若無突發重大因素的影響,不規則變動因素的數值從長時間來看,其平均值也為 100%。乘法模型中,要測定某種因素的影響,需要從時間數列數值中除以其餘因素,如: $T = Y/(S \times C \times I)$。

實際工作中,時間數列構成因素分析主要採用乘法模型。

在現階段,較為成熟的趨勢分析方法主要是對長期趨勢和季節變動的測定。下面分別討論這兩個問題:

三、長期趨勢的測定

(一) 測定長期趨勢的目的與意義

長期趨勢的測定就是採用一定的數學方法對時間數列進行修勻,消除數列中季節變動因素、循環變動因素以及不規則變動因素對現象的影響,以顯示出現象長期變動的基本趨勢。這種趨勢既可能是增長型的,也可能是平穩型或下降型的。

測定長期趨勢的意義表現在以下幾個方面:

第一,通過對現象過去變動規律的認識,對事物未來發展趨勢做出預測和推算。

第二,認識和掌握事物隨時間演變的趨勢和規律,為制定相關政策和進行相應管理提供依據。

第三,測定出長期趨勢值后,可根據原時間數列剔除長期趨勢因素,更好地測定和分析其餘因素的變動。

需要指出的是,對一個時間數列進行因素分析,數據的時間應盡可能長一些,時間越長,越能反應現象發展變化的基本規律,偶然性因素的影響更容易相互抵消。如果長時間的數據中出現了前后不可比的情況,或者個別有悖於基本趨勢的不正常數據,則應視具體情況予以調整或刪除。

(二) 長期趨勢測定的方法

長期趨勢測定的方法主要有時距擴大法、移動平均法和數學模型法。數學模型法又有線性模型和非線性模型兩種類型。

1. 時距擴大法

時距擴大法是對較長時間的時間數列資料進行數學修勻的一種最簡便的方法。它是將原時間數列中的時距延長,並相應地將各項指標加以合併或平均,得到一個新的更長時距的時間數列,以消除季節因素和偶然因素對現象的影響,顯示出現象變動的基本趨勢。

應用時距擴大法應當注意兩點:一是前後擴大的時距應當一致,以便相互比較;二是注意指標數值的表示方法。如果是時期數列,擴大時距後的指標數值既可以用總和數,也可以用序時平均數;而對於時點數列,擴大時距後的指標數值只能用序時平均數。

【例9.18】某蛋品收購站2009—2015年蛋品收購額見圖9-2。

	A	B	C	D	E	F	G	H	I	J	K	L	M
1												單位:萬元	
2	月份	1月	2月	3月	4月	5月	6月	7月	8月	9月	10月	11月	12月
3	2009年	10	50	80	90	50	20	8	9	10	60	50	20
4	2010年	15	54	85	93	51	22	9	9	11	75	54	22
5	2011年	22	60	88	95	56	23	9	10	14	81	51	23
6	2012年	23	64	90	99	60	30	11	12	15	85	59	25
7	2013年	25	70	93	98	62	32	13	14	19	90	61	28
8	2014年	28	75	100	110	68	35	16	18	25	98	66	32
9	2015年	32	81	111	123	74	39	20	22	30	105	72	36

圖9-2 某蛋品收購站收購額資料截圖

從圖9-2可以明顯看出,蛋品收購額明顯受到季節因素的影響,使得一年的銷售額在春秋季節明顯偏高,而夏冬季節明顯偏低,而且年復一年。這其中也可能受到一些偶然因素的影響。採用時距擴大法,將月度時間擴大為年度時間,就可以消除季節因素和偶然因素的影響,從而反映出蛋品收購額無論從年度收購額還是從平均每個月的收購額來看,其長期變動趨勢都應該是穩定增長的態勢。結果見圖9-3。

	A	B	C	D	E	F	G	H
1								
2	年度	2009年	2010年	2011年	2012年	2013年	2014年	2015年
3	全年收購額(萬元)	457	500	532	573	605	671	745
4	月平均收購額(萬元)	38.1	41.7	44.3	47.8	50.4	55.9	62.1

圖9-3 時距擴大法計算表截圖

2. 移動平均法

移動平均法是對時距擴大法的一種改良。它是採取逐期遞推移動的方法對原時間數列按一定時距擴大,計算一系列擴大時距後的序時平均數,並用這些序時平均數編製一個新的時間數列,來消除季節因素和偶然因素對事物的影響,使現象的基本趨勢得以呈現。它的原理和時距擴大法類似,通過擴大時距來消除時間數列中的不規則變動和其他

變動,揭示出時間數列的長期趨勢,較之時距擴大法的優點在於移動平均法可以保留更多的數據信息,對原時間數列波動的修勻效果更明顯。

移動平均法的具體步驟如下:

第一,擴大原時間數列的時間間隔,確定合理的時距項數 N。通常情況下,對於月度和季度資料,延長后的時距應達到一年或整數年,才能消除掉季節因素和不規則變動因素對事物的影響;對於年度資料,延長后的時距通常選擇 3 年、5 年等奇數年。

第二,採用遞次移動的方法對原數列遞次移動 N 項計算一系列序時平均數。每一次移動平均的結果,就是這一段時間最中間一期的「修勻」值。如果選擇移動的項數為偶數項時,需要進行第二次的兩項移正平均;如果選擇移動的項數為奇數項,一次移動平均的結果就是長期趨勢的值。

【例9.19】某村2006—2015年糧食產量分別採用3年、4年移動平均計算的長期趨勢值見圖9－4。

	A	B	C	D	E	F
1						單位:噸
2	年份	糧食產量Y	3項移動平均趨勢值T	糧食產量Y	4項移動平均	2項移正趨勢值T
3	2006	286	—	286		
4	2007	283	291.33	283		—
5	2008	305	306.67	305	301.5	305.88
6	2009	332	319.33	332	310.25	315.5
7	2010	321	326	321	320.75	326.88
8	2011	325	333.33	325	333	339.88
9	2012	354	355.33	354	346.75	357.5
10	2013	387	382.67	387	368.25	375
11	2014	407	391	407	381.75	—
12	2015	379		379		

圖9－4　某村糧食產量移動平均計算表截圖

三項移動平均的具體方法:

第一次對2006—2008年3年的糧食產量進行平均:

$$\frac{286+283+305}{3}=291.33,291.33 對應 2006—2008 年的最中間時間 2007 年。$$

第二次對2007—2009年3年的糧食產量進行平均:

$$\frac{283+305+332}{3}=306.67,306.67 對應 2007—2009 年的最中間時間 2008 年。$$

其餘以此類推,到最后一次對2013—2015年3年的糧食產量進行平均:

$$\frac{387+407+379}{3}=391,391 對應 2013—2015 年的最中間時間 2014 年。$$

由此得出2007—2014年糧食產量的長期趨勢值見圖9－4第3列,居於首尾兩端的2006年和2015年沒有長期趨勢值。

四項移動平均的具體方法(年度數據最好不採用偶數項移動平均,這裡是將年度資料當作季度資料看待,以便與3項移動平均進行比較):

第一次對2006—2009年4年的糧食產量進行平均:

$$\frac{286+283+305+332}{4}=301.5$$,301.5對應2006—2009年的最中間時間,位置在2007年、2008年中間。

第二次對2007—2010年4年的糧食產量進行平均:

$$\frac{283+305+332+321}{4}=310.25$$,310.25對應2007—2010年的最中間時間,位置在2008年、2009年中間。

其餘以此類推,到最后一次對2012—2015年4年的糧食產量進行平均:

$$\frac{354+387+407+379}{4}=381.75$$,381.75對應2012—2015年的最中間時間,位置在2013年、2014年中間。

由於偶數項移動平均的結果不是正對某一具體時間,而是處在兩項時間的中間,因而需要進行第二次移正平均。第二次移正平均不需要使用原來的項數,只需要兩項移動平均即可,第二次移動平均得到的算術平均數,就是移正趨勢值。

第一個2項移正平均數:

$$\frac{301.5+310.25}{2}=305.88$$,305.88對應301.5與310.25的中間時間就是2008年。

第二個2項移正平均數:

$$\frac{310.25+320.75}{2}=315.5$$,315.5對應310.25與320.75的中間時間就是2009年。

其餘以此類推,直到最后一個移正平均數375,就是2013年的長期趨勢值。

由圖9-4可以看出,該村2006—2015年糧食產量原數列所反應的長期趨勢不明顯,存在較為明顯的波動。但經過三項或四項移動平均過后,通過移動平均數構成新時間數列,能夠更明顯地反應出糧食產量的長期增長趨勢,短期波動被消除了。

應用移動平均法分析長期趨勢時,應注意以下幾點:

第一,每一次移動平均得到的平均值,對應N項最中間的時間。採用偶數項移動平均時,由於移動平均值不能正對具體的時間,需要進行第二次的兩項移正平均。相比之下,採用偶數項移動平均較奇數項移動平均更繁瑣一些。

第二,移動平均所得趨勢值的項數,比原時間數列少。由於這個原因,使得移動平均法不能直接進行外推預測。同時移動項數越多,時距越大,對原時間數列的修勻效果就越好,但所得的趨勢值也越少,損失的信息量就越多。

將圖9-4中各年糧食總產量、3年移動趨勢值和4年移正趨勢值繪製成的折線圖見圖9-5。從圖中可以明顯看出,實際總產量在各年之間有明顯的波動,3年移動趨勢值已經能夠反應明顯的增長趨勢,而4年移動趨勢值則基本上呈現出直線形態。

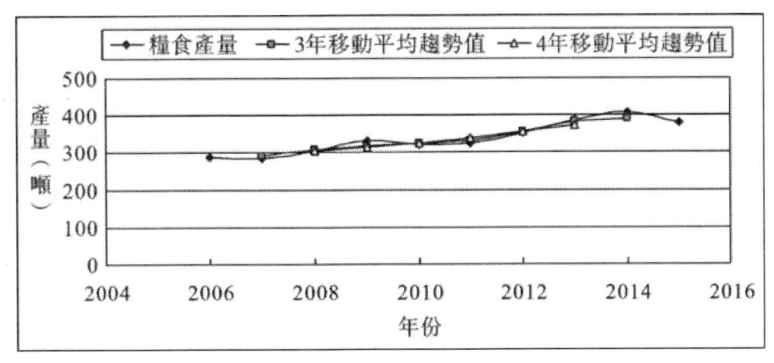

圖 9-5　移動平均趨勢值折線圖

3. 數學模型法

數學模型法是採用適當的數學模型對時間數列擬合一個方程式，並據以計算各期趨勢值的方法。用數學模型擬合時間數列的方法很多，這裡主要介紹直線趨勢模型、二次拋物線模型、指數曲線模型三種基本的趨勢分析模型。

(1) 直線趨勢模型

如果時間數列的逐期增減量相對穩定，即現象滿足各逐期增減量大致相等的條件，可以用直線方程來描述現象的發展趨勢，據以進行分析和預測。直線方程的一般形式是：

$$\hat{y}_t = a + bt \tag{9.38}$$

式中，$\hat{y}_t$ 表示時間數列在某一時間下的長期趨勢值；t 表示時間值（或時間序號）；a 表示趨勢值的起點值，即表示現象在 $t=0$ 時的長期趨勢值；b 表示時間值 t 每變動一個單位時，$\hat{y}_t$ 平均增減的數量。

a 和 b 是直線趨勢方程中的兩個待估參數，確定 a、b 參數的方法有半數平均法、三點法、最小平方法等，最常用的是最小平方法。

最小平方法的基本原理是：時間數列實際值與其對應趨勢值之間的離差平方和達到一個最小值，且滿足離差之和為零。滿足這一條件的只有一條直線，稱為原時間數列的最適線，它使趨勢線同原時間數列處於最佳擬合狀態。

令 $Q = \sum_{i=1}^{n}(Y_i - \hat{y}_t)^2$，利用最小平方法可以建立如下兩個標準方程：

$$\begin{cases} \sum_{i=1}^{n} Y_i = na + b \sum_{i=1}^{n} t \\ \sum_{i=1}^{n} t_i Y_i = n \sum_{i=1}^{n} t_i + b \sum_{i=1}^{n} t_i^2 \end{cases} \tag{9.39}$$

解上述方程組，即可得出參數 a、b 的計算公式：

$$\begin{cases} b = \dfrac{n\sum\limits_{i=1}^{n} t_i Y_i - \sum\limits_{i=1}^{n} t_i \sum\limits_{i=1}^{n} Y_i}{n\sum\limits_{i=1}^{n} t_i^2 - (\sum\limits_{i=1}^{n} t_i)^2} \\ a = \bar{Y} - b\bar{t} = \dfrac{\sum\limits_{i=1}^{n} Y_i}{n} - \dfrac{b\sum\limits_{i=1}^{n} t_i}{n} \end{cases} \quad (9.40)$$

【例9.20】 根據【例9.19】某村 2006—2015 年糧食產量資料建立該村糧食產量的直線趨勢方程，並預測 2016 年和 2017 年的糧食產量。

解：

由於各年糧食產量的逐期增減量大致相等，可以判斷糧食產量呈直線變動趨勢。假定直線趨勢方程為 $\hat{y}_t = a + bt$，列出 a、b 參數的計算表，見圖 9-6。

	A	B	C	D	E	F	G
1							
2	年份	糧食產量Y（噸）	時間值 t	tY	t^2	趨勢值（噸）$\hat{y}_t$	離差 $Y - \hat{y}_t$
3	2006	286	0	0	0	278.32	7.68
4	2007	283	1	283	1	291.56	-8.56
5	2008	305	2	610	4	304.8	0.2
6	2009	332	3	996	9	318.04	13.96
7	2010	321	4	1 284	16	331.28	-10.28
8	2011	325	5	1 625	25	344.52	-19.52
9	2012	354	6	2 124	36	357.76	-3.76
10	2013	387	7	2 709	49	371	16
11	2014	407	8	3 256	64	384.24	22.76
12	2015	379	9	3 411	81	397.48	-18.48
13	合計	3 379	45	16 298	285	—	0

圖 9-6　直線趨勢方程參數計算表截圖

代入參數計算公式得：

$$b = \dfrac{n\sum\limits_{i=1}^{n} t_i Y_i - \sum\limits_{i=1}^{n} t_i \sum\limits_{i=1}^{n} Y_i}{n\sum\limits_{i=1}^{n} t_i^2 - (\sum\limits_{i=1}^{n} t_i)^2} = \dfrac{10 \times 16,298 - 45 \times 3,379}{10 \times 285 - 45^2} = \dfrac{10,925}{825} = 13.24$$

$$a = \dfrac{\sum\limits_{i=1}^{n} Y_i}{n} - \dfrac{b\sum\limits_{i=1}^{n} t_i}{n} = \dfrac{3,379}{10} - \dfrac{13.24 \times 45}{10} = 278.32$$

採用最小平方法擬合的直線趨勢方程為：

$\hat{y}_t = 278.32 + 13.24t$

根據直線趨勢方程計算的各年糧食產量趨勢值見圖 9-6。

直線趨勢方程的含義是：2006 年（$t=0$）糧食產量的趨勢值為 278.32 噸，以后每一年的長期趨勢值增加 13.24 噸。

預測 2016 年、2017 年時，時間值分別為 $t=10$、$t=11$，則：

$$\hat{y}_{2016} = 278.32 + 13.24 \times 10 = 410.72（噸）$$
$$\hat{y}_{2017} = 278.32 + 13.24 \times 11 = 423.96（噸）$$

公式 9.40 是根據最小平方法原理直接推算出的 a、b 參數計算公式，稱為參數的直接計算法或普通計算法。

由於直接計算法中的時間值是人為確定的，因而可以讓參數的計算方法變得更簡捷一些，這就要想辦法使 $\sum_{i=1}^{n} t_i = 0$，此時關於 a、b 參數的方程組簡化如下：

$$\begin{cases} \sum_{i=1}^{n} Y_i = na \\ \sum_{i=1}^{n} t_i Y_i = b \sum_{i=1}^{n} t_i^2 \end{cases} \quad (9.41)$$

或者：

$$\begin{cases} b = \dfrac{\sum_{i=1}^{n} t_i Y_i}{\sum_{i=1}^{n} t_i^2} \\ a = \bar{Y} = \dfrac{\sum_{i=1}^{n} Y_i}{n} \end{cases} \quad (9.42)$$

令 $\sum_{i=1}^{n} t = 0$ 存在兩種情況：如果時間數列為奇數項，令最中間項的時間值為 0，其餘相鄰時間值依次相差 1，即令 $t = \cdots, -3, -2, -1, 0, 1, 2, 3, \cdots$；如果時間數列為偶數項，則令最中間兩項的時間值分別為 -1 和 1，其餘相鄰時間值依次相差 2，即令 $t = \cdots, -5, -3, -1, 1, 3, 5, \cdots$。

【例 9.21】根據【例 9.19】某村 2006—2015 年糧食產量資料，採用簡捷法建立該村糧食產量的直線趨勢方程，並預測 2016 年和 2017 年的糧食產量。

解：

假定直線趨勢方程為 $\hat{y}_t = a + bt$，列 a、b 參數的計算表見圖 9-7。

代入參數計算公式：

$$b = \frac{\sum_{i=1}^{n} t_i Y_i}{\sum_{i=1}^{n} t_i^2} = \frac{2,185}{330} = 6.62$$

表示每一年增加的糧食產量為 $6.62 \times 2 = 13.24$。

	A	B	C	D	E	F	G
1							
2	年份	糧食產量Y（噸）	時間值 t	tY	t^2	趨勢值 $\hat{y}_t$（噸）	離差 $Y-\hat{y}_t$
3	2006	286	-9	-2 574	81	278.32	7.68
4	2007	283	-7	-1 981	49	291.56	-8.56
5	2008	305	-5	-1 525	25	304.8	0.2
6	2009	332	-3	-996	9	318.04	13.96
7	2010	321	-1	-321	1	331.28	-10.28
8	2011	325	1	325	1	344.52	-19.52
9	2012	354	3	1 062	9	357.76	-3.76
10	2013	387	5	1 935	25	371	16
11	2014	407	7	2 849	49	384.24	22.76
12	2015	379	9	3 411	81	397.48	-18.48
13	合計	3 379	0	2 185	330	—	0

圖 9-7　直線趨勢方程簡捷法參數計算表截圖

$$a = \frac{\sum_{i=1}^{n} Y_i}{n} = \frac{3,379}{10} = 337.9$$

表示時間值為 0 年度（介於 2010 年、2011 年中間）的趨勢值。

採用簡捷法擬合的直線趨勢方程為：

$$\hat{y}_t = 337.9 + 6.62t$$

根據簡捷法直線趨勢方程計算的各年糧食產量趨勢值與直接法的結果完全一致。

預測 2016 年、2017 年糧食產量，時間值分別為 $t=11$、$t=13$，則：

$$\hat{y}_{2016} = 337.9 + 6.62 \times 11 = 410.73（噸）$$

$$\hat{y}_{2017} = 337.9 + 6.62 \times 13 = 423.96（噸）$$

從以上計算結果可以看出，用兩種方法擬合的直線趨勢方程的參數不一致，是因為時間值發生了變化，但根據兩種方法得出的直線趨勢方程對同一時間計算的長期趨勢值是相等的。

利用 Excel 確定直線趨勢方程的參數並進行預測：

第一步，將時間數列的年份、糧食產量和時間值依次分別輸入工作表 A2:A11、B2:B11、C2:C11，然後選中兩個空白單元格 E2、F2。

第二步，從菜單欄點擊「插入」「函數」，在「或選擇類別(C)」中選擇「統計」。

第三步，在「選擇函數(N)」中，選擇「LINEST」，單擊「確定」。彈出「函數參數」對話框，在 Known_y's 欄輸入 B2:B11，在 Known_x's 欄輸入 C2:C11。具體見圖 9-8。

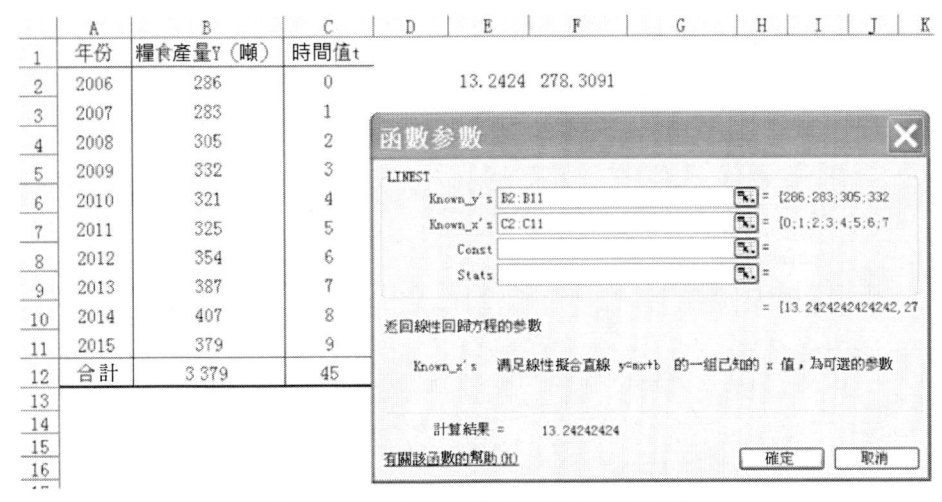

图 9-8　利用 Excel 进行直线趋势方程预测

第四步，同时按下 CTRL + SHIFT + 回车，在 E2 和 F2 出现两个参数 13.242,4 和 278.309,1，即为 b 和 a 的参数值。

如果在第三步「选择函数(N)」中，选择「TREND」，在 Known_ y's 栏输入 B2:B11，在 Known_ x's 栏输入 C2:C11，在 New_ x's 栏输入 10，单击「确定」，则对应 2016 年的预测值会出现在选定的单元格中。见图 9-9。

图 9-9　利用 Excel 进行直线趋势方程预测

(2) 二次抛物线模型

根据时间数列增减量计算的增减量大致相等，即二级增减量大致相等的条件下，可以用二次抛物线拟合现象的长期发展趋势。其趋势方程为：

$$\hat{y}_t = a + bt + ct^2 \tag{9.43}$$

a、b、c 三個待定參數仍然採用最小平方法計算，建立三個標準方程：

$$\begin{cases} \sum_{i=1}^{n} Y = na + b\sum_{i=1}^{n} t + c\sum_{i=1}^{n} t^2 \\ \sum_{i=1}^{n} tY = a\sum_{i=1}^{n} t + b\sum_{i=1}^{n} t^2 + c\sum_{i=1}^{n} t^3 \\ \sum_{i=1}^{n} t^2 Y = a\sum_{i=1}^{n} t^2 + b\sum_{i=1}^{n} t^3 + c\sum_{i=1}^{n} t^4 \end{cases} \quad (9.44)$$

參照直線趨勢方程的簡捷計算法，令 $\sum_{i=1}^{n} t_i = 0$，同時 $\sum_{i=1}^{n} t^3 = 0$，關於參數 a、b、c 的方程組可以簡化為：

$$\begin{cases} \sum_{i=1}^{n} Y = na + c\sum_{i=1}^{n} t^2 \\ \sum_{i=1}^{n} tY = b\sum_{i=1}^{n} t^2 \\ \sum_{i=1}^{n} t^2 Y = a\sum_{i=1}^{n} t^2 + c\sum_{i=1}^{n} t^4 \end{cases} \quad (9.45)$$

解上述方程組即得 a、b、c 三個參數的值。

【例9.22】某企業2016—2017年生產某種產品的產量見圖9－10，擬合相應的二次曲線趨勢方程，並預測2016年和2017年產品產量。

	A	B	C	D
1				
2	年 份	產品產量（噸）	逐期增減量	二級增減量
3	2007年	200	—	
4	2008年	225	25	—
5	2009年	270	45	20
6	2010年	340	70	25
7	2011年	429	89	19
8	2012年	542	113	24
9	2013年	676	134	21
10	2014年	832	156	24
11	2015年	1 010	178	22

圖9－10

解：
根據二級增減量判斷，產量呈二次曲線趨勢。各年產量的散點圖見圖9－11。

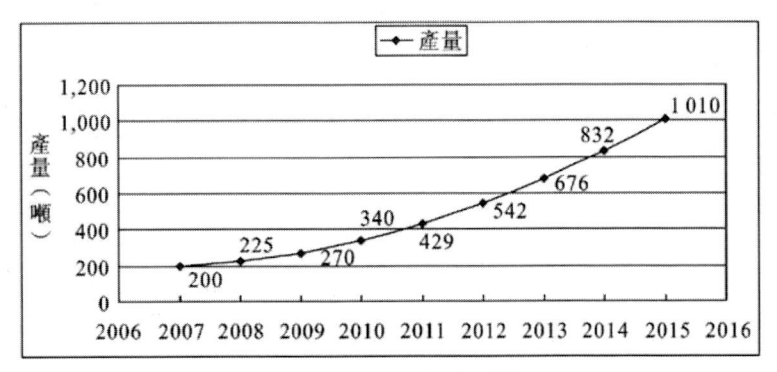

圖 9－11　產品產量散點圖

假定二次曲線方程為：$\hat{y}_t = a + bt + ct^2$，列參數計算表見圖 9－12。

	A	B	C	D	E	F	G	H
1								
2	年 份	產品產量 Y（台）	t	tY	t^2	t^4	t^2Y	趨勢值 $\hat{y}_t$
3	2007年	200	-4	-800	16	256	3 200	200.05
4	2008年	225	-3	-675	9	81	2 025	224.51
5	2009年	270	-2	-540	4	16	1 080	270.91
6	2010年	340	-1	-340	1	1	340	339.25
7	2011年	429	0	0	0	0	0	429.53
8	2012年	542	1	542	1	1	542	541.75
9	2013年	676	2	1 352	4	16	2 704	675.91
10	2014年	832	3	2 496	9	81	7 488	832.01
11	2015年	1 010	4	4 040	16	256	16 160	1 010.05
12	合 計	4 524	0	6 075	60	708	33 539	—

圖 9－12　二次曲線趨勢方程參數計算表截圖

得方程組如下：

$$\begin{cases} 4,524 = 9a + 60c \\ 6,075 = 60b \\ 33,539 = 60a + 708c \end{cases}$$

解之得：$a = 429.53, b = 101.25, c = 10.97$

二次曲線趨勢方程為：$\hat{y}_t = 429.53 + 101.25t + 10.97t^2$

若預測 2016 年的產品產量，$t = 5$ 代入趨勢方程得：

$$\hat{y}_{2016} = 429.53 + 101.25 \times 5 + 10.97 \times 5^2 = 1,210(臺)$$

預測 2017 年的產品產量，$t = 6$ 代入趨勢方程得：

$$\hat{y}_{2017} = 429.53 + 101.25 \times 6 + 10.97 \times 6^2 = 1,432(臺)$$

(3) 指數曲線模型

如果時間數列滿足環比發展速度大體相同的條件，那麼可以擬合指數曲線模型來反

應現象發展變化的趨勢。指數曲線趨勢方程的一般模型為：

$$\hat{y}_t = ab^t \tag{9.46}$$

計算指數曲線趨勢的參數 a、b，通常需要將指數曲線轉化為相對簡單的直線方程。對指數曲線兩邊取常用對數，可得：

$$\lg\hat{y}_t = \lg a + t\lg b \tag{9.47}$$

令 $Y' = \lg\hat{y}_t$，$A = \lg a$，$B = \lg b$，則公式9.46可表示為：

$$Y' = A + Bt \tag{9.48}$$

上式與式9.38一樣，屬於直線趨勢方程。仍然按最小平方法計算出 A、B 的值，再取反對數得出 a、b 參數的估計值。最后將 a、b 值代入式9.46即得所求的指數曲線模型。

【例9.23】某企業2008—2015年淨利潤額見圖9-13，擬合相應的指數曲線趨勢方程，並預測2016年和2017年的淨利潤額。

	A	B	C
1			
2	年 份	淨利潤額 Y（萬元）	環比發展速度（%）
3	2008年	200	—
4	2009年	240	120
5	2010年	300	125
6	2011年	355	118.33
7	2012年	435	122.54
8	2013年	530	121.84
9	2014年	660	124.53
10	2015年	810	122.73
11	合 計	3 530	—

圖9-13　某企業淨利潤數據截圖

解：

由於各年的環比發展速度基本相等，結合各年淨利潤的散點圖（見圖9-14）可以判斷該公司的淨利潤額基本呈指數曲線形態。

假定指數曲線趨勢方程為：$\hat{y}_t = ab^t$，列參數計算表，見圖9-15。

帶入參數計算公式：

$$A = \frac{\sum_{i=1}^{n} Y'}{n} = \frac{20.799,4}{8} = 2.599,9$$

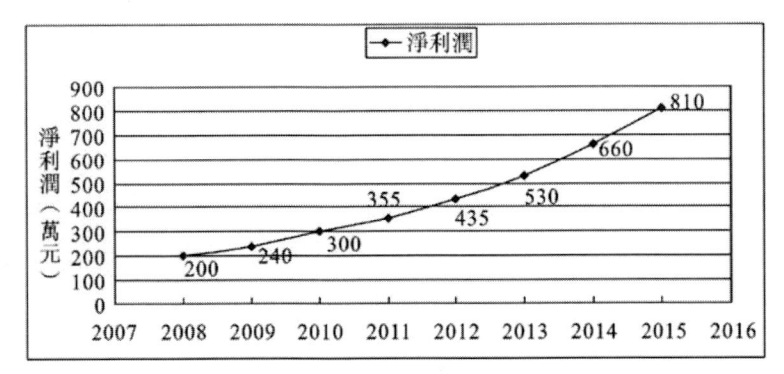

圖 9－14　某企業淨利潤散點圖

	A	B	C	D	E	F	G
1			指數曲線趨勢方程參數計算表				
2	年 份	時間值 t	淨利潤額 Y（萬元）	$Y'=\lg Y$	tY'	t^2	值 $\hat{y}_t$
3	2008年	-7	200	2.301	-16.107 2	49	198.11
4	2009年	-5	240	2.380 2	-11.901 1	25	241.81
5	2010年	-3	300	2.477 1	-7.431 4	9	295.15
6	2011年	-1	355	2.550 2	-2.550 2	1	360.26
7	2012年	1	435	2.638 5	2.638 5	1	439.73
8	2013年	3	530	2.724 3	8.172 8	9	536.72
9	2014年	5	660	2.819 5	14.097 7	25	655.12
10	2015年	7	810	2.908 5	20.359 4	49	799.62
11	合 計	0	3 530	20.799 4	7.278 5	168	—

圖 9－15　指數曲線趨勢方程參數計算表截圖

$$B = \frac{\sum_{t=1}^{n} tY'}{\sum_{t=1}^{n} t^2} = \frac{7.278,5}{168} = 0.043,3$$

取 A、B 值的反對數,可得：

$$a = 398.015,5, b = 1.104,8$$

所求指數曲線趨勢方程為：

$$\hat{y}_t = 398.015,5 \times 1.104,8^t$$

若預測 2016 年的淨利潤,$t = 9$ 代入趨勢方程：

$$\hat{y}_{2016} = 398.015,5 \times 1.104,8^9 = 976.01(萬元)$$

預測 2017 年的淨利潤,$t = 11$,代入趨勢方程：

$$\hat{y}_{2017} = 398.015,5 \times 1.104,8^{11} = 1,191.30(萬元)$$

四、季節變動的測定

季節變動具有三個明顯的特徵:有規律的變動,按一定的週期重複進行,每個週期內波動幅度大體相同。測定季節變動的意義在於通過分析與測定過去的季節變動規律,為當前的經營管理決策提供依據,特別是組織商業活動,避免由於季節變動引起的不良影響。還可以預測未來,制訂工作計劃,提前做好工作安排。由於季節變動的最大週期為一年,所以以年份為間隔單位的時間數列中不存在季節變動。測定季節變動的方法有很多,下面介紹常用的按月(季)平均法和趨勢剔除法:

1. 按月(季)平均法

按月(季)平均法是測定季節變動最簡便的方法,其特點是測定季節變動時,不考慮長期趨勢因素的影響。它要求至少使用3年以上分月(季)資料,求出同月(季)的平均水平與全年的月(季)平均水平,將二者對比得出各月(季)的季節指數來表明季節變動的程度。

季節指數也叫季節比率,是用來表明時間數列在一個年度內各月(季)的典型季節特徵,反應各年相同月份(季度)的平均值與全年總的月度(季度)平均值的比率。如果現象發展過程中沒有季節變動,則各期的季節指數都等於100%,季節變動的程度是根據各季節指數與其平均數(100%)的偏差程度來反應,如果某一月份或季度有明顯的季節變化,則該期的季節指數應明顯大於或小於100%。

按月(季)平均法測算的具體步驟如下:

第一步,列表,將各年同月(季)的數值列在同一行(或列)內;
第二步,將各年同月(季)數值加總,計算同月(季)平均數;
第三步,將所有月(季)數值加總,計算總的月(季)平均數;
第四步,計算各月(季)季節指數,計算公式為:

$$月(季)季節指數\ S = \frac{各月(季)平均數}{全年總的月(季)平均數} \times 100\% \tag{9.49}$$

【例9.24】某副食品經營店2008—2015年各季度啤酒銷售量見圖9-16,採用按季平均法計算各季度啤酒銷售量的季節指數。假定2016年一季度的啤酒銷售量為28噸,試預測2016年第二、三、四季度的啤酒銷售量。

	A	B	C	D	E	F	G	H	I
1									單位:噸
2	年份	2008年	2009年	2010年	2011年	2012年	2013年	2014年	2015年
3	一季度	11	13	16	17	19	21	23	25
4	二季度	15	17	18	20	21	23	26	29
5	三季度	18	20	23	25	27	30	35	40
6	四季度	12	14	15	18	21	24	26	30

圖9-16　某副食品經營店2007—2015年各季度啤酒銷售量截圖

解:
採用按季平均法的前提是假定啤酒銷售量不存在長期趨勢。
第一步,列表,將8年中同一季度的啤酒銷售量放在同一行內;
第二步,將8年同一季度的啤酒銷售量加總,分別計算出1～4季度的季平均銷售量;
第三步,將所有季度的啤酒銷售量加總,計算出32個季度的平均銷售量:

$$全年總的季平均銷售量 = \frac{692}{32} = 21.625(噸)$$

第四步,計算各季度的季節指數:

$$季節指數 S = \frac{各季度平均銷售量}{全年總的季平均銷售量} \times 100\%$$

各年同季度的合計數、各季度的平均銷售量以及各季度的季節指數計算結果見圖 9－17。

	A	B	C	D	E	F	G	H	I	J	K	L
1												单位:吨
2	年 份	2008年	2009年	2010年	2011年	2012年	2013年	2014年	2015年	合計	季平均	季节指数(%)
3	一季度	11	13	16	17	19	21	23	25	145	18.125	83.82
4	二季度	15	17	18	20	21	23	26	29	169	21.125	97.69
5	三季度	18	20	23	25	27	30	35	40	218	27.250	126.01
6	四季度	12	14	15	18	21	24	26	30	160	20.000	92.49
7	合計	56	64	72	80	88	98	110	124	692	21.625	400.00

圖9－17　啤酒銷售量季節指數計算圖

季節指數表明,一年當中第三季度為啤酒銷售旺季,第三季度啤酒銷售量較全年平均水平超出26.01%。其餘三個季度都是啤酒銷售淡季,其中第一、二、四度的啤酒銷售量分別比全年平均水平低16.18%、2.31% 和7.51%,一季度的銷售表現最差。

各季度季節指數波動折線圖見圖9－18。

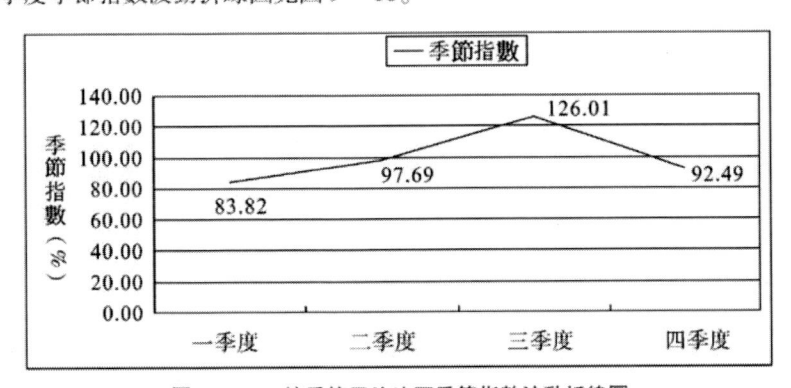

圖9－18　按季節平均法下季節指數波動折線圖

如果已知2016年一季度的啤酒銷售量為28噸,結合各季度的季節指數預測2016年第二、三、四季度的啤酒銷售量分別為:

二季度：$\dfrac{97.69\%}{83.82\%} \times 28 = 32.63$（噸）

三季度：$\dfrac{126.01\%}{83.82\%} \times 28 = 42.09$（噸）

四季度：$\dfrac{92.49\%}{83.82\%} \times 28 = 30.90$（噸）

2. 趨勢剔除法

在具有明顯的長期趨勢變動的時間數列中，為了測定季節變動，必須先測定出長期趨勢值，然後將長期趨勢影響因素加以剔除。假定長期趨勢、季節變動、循環變動和不規則變動對時間數列的影響可以用乘法模型來反應，為了精確計算季節指數，首先設法從時間數列中測定並消除長期趨勢因素(T)，然後再用平均的方法消除循環變動(C)和不規則變動(I)，從而分解出季節變動的結果。具體步驟如下：

第一步，計算時間數列的移動平均值（季度數據採用 4 個季度移動平均，月份數據採用 12 個月移動平均），並將其結果進行「移正」處理，得到現象的長期趨勢值(T)。

第二步，計算時間數列觀察值與其對應移動平均趨勢值的比值，得到包含了循環變動和不規則變動的季節變動指數 $S \times C \times I$。即：

$$\dfrac{Y}{T} = \dfrac{T \times S \times C \times I}{T} = S \times C \times I \qquad (9.50)$$

第三步，用平均的方法消除循環變動和不規則變動，計算出各比值的季度（或月份）平均值，即季節指數。

第四步，季節指數調整。各季節指數的簡單算術平均數應等於 1 或 100%，若根據第三步計算的季節指數的平均值不等於 1 時，則需要進行調整。具體方法是：將各月（季）的季節指數乘以調整系數。

$$月（季）季節指數調整系數 = \dfrac{1,200\%（或400\%）}{各月（季）季節指數合計} \qquad (9.51)$$

$$調整后的季節指數 = 月（季）季節指數 \times 月（季）季節指數調整系數 \qquad (9.52)$$

【例 9.25】根據【例 9.24】的數據，採用趨勢剔除法計算各季度啤酒銷售量的季節指數。假定 2016 年一季度的啤酒銷售量為 28 噸，試預測 2016 年第二、三、四季度的啤酒銷售量。

解：

很明顯，圖 9-16 中的啤酒銷售量受到了季節因素和長期趨勢因素的影響，同時也會受到循環因素和不規則變動因素的影響。

第一步，採用遞次移動的方法，計算 4 項移動平均值：

$$\dfrac{11 + 15 + 18 + 12}{4} = 14$$

移動平均值 14 對應 2008 年 1~4 季度的最中間時間，即 2 季度和 3 季度的中間。

$$\dfrac{15 + 18 + 12 + 13}{4} = 14.5$$

移動平均值 14.5 對應 2008 年 2 季度至 2009 年 1 季度的最中間時間，即 2008 年 3 季

度和 4 季度的中間。

其餘移動平均值及其對應時間依此類推,計算結果見表 9－12 第(2) 列。

由於第一次移動平均得到的平均值,不是正對某一時間的趨勢值,因而需要進行第二次的兩項移正平均,其中:

$$\frac{14+14.5}{2}=14.25, 14.25 \text{ 正對 } 2008 \text{ 年第 } 3 \text{ 季度},得到該季度的長期趨勢值;$$

$$\frac{14.5+15}{2}=14.75, 14.75 \text{ 正對 } 2008 \text{ 年第 } 4 \text{ 季度},得到該季度的長期趨勢值。$$

其餘移正平均趨勢值及其對應的時間依此類推。計算結果見表 9－12 第(3) 列。

表 9－12　　　　　啤酒銷售量移動平均趨勢值計算表　　　　　單位:噸

年份	季別	啤酒銷售量 Y	4 個季度移動平均值	兩項移正平均 T	觀察值比趨勢值 $\frac{Y}{T}(\%)$
(甲)	(乙)	(1)	(2)	(3)	(4)
2008 年	1	11			
	2	15	14		
	3	18	14.5	14.25	126.32
	4	12	15	14.75	81.36
2009 年	1	13	15.5	15.25	85.25
	2	17	16	15.75	107.94
	3	20	16.75	16.375	122.14
	4	14	17	16.875	82.96
2010 年	1	16	17.75	17.375	92.09
	2	18	18	17.875	100.70
	3	23	18.25	18.125	126.90
	4	15	18.75	18.5	81.08
2011 年	1	17	19.25	19	89.47
	2	20	20	19.625	101.91
	3	25	20.5	20.25	123.46
	4	18	20.75	20.625	87.27
2012 年	1	19	21.25	21	90.48
	2	21	22	21.625	97.11
	3	27	22.5	22.25	121.35
	4	21	23	22.75	92.31

表9-12(續)

年份	季別	啤酒銷售量 Y	4個季度移動平均值	兩項移正平均 T	觀察值比趨勢值 $\frac{Y}{T}(\%)$
2013年	1	21		23.375	89.84
	2	23	23.75	24.125	95.34
			24.5		
	3	30	25	24.75	121.21
	4	24	25.75	25.375	94.58
2014年	1	23	27	26.375	87.20
	2	26	27.5	27.25	95.41
	3	35	28	27.75	126.13
	4	26	28.75	28.375	91.63
2015年	1	25	30	29.375	85.11
	2	29	31	30.5	95.08
	3	40			
	4	30			

第二步，以時間數列的觀察值除以對應的移動平均趨勢值，得到包含了循環變動和不規則變動的季節變動指數 $S \times C \times I$。見表9-12第(4)列。

第三步，將表9-12第(4)列各比率數字轉入圖9-19第(1)~(4)列對應時間，用平均的方法消除循環變動和不規則變動因素的影響，計算出各比值的季平均值，該平均值就是調整前的季節指數。計算結果見圖9-19「季平均」行。

第四步，季節指數調整。各季度的季節指數相加應等於400%，但根據第三步計算的各季度季節指數的合計數為398.804,3%，需要進行調整：

$$季節指數調整系數 = \frac{400\%}{398.804,3\%} = 1.002,998,2$$

用各季度的「季平均」值乘以調整系數1.002,998,2，即得修正后各季度的季節指數。

如：一季度的季節指數 = 88.491,4% × 1.002,998,2 = 88.756,7%

其餘各季度修正后的季節指數見圖9-19「季節指數」行。

趨勢剔除法的計算結果表明，一年當中第三季度為啤酒銷售旺季，第三季度啤酒銷售量較全年平均水平超出24.301,6%。其餘三個季度都是啤酒銷售淡季，其中第一、二、四季度的啤酒銷售量分別比全年平均水平低11.243,3%、0.633,0%和12.425,3%，四季度的銷售表現最差。

各季度季節指數波動情況見圖9-20。

如果2016年一季度的啤酒銷售量為28噸，結合各季度的季節指數預測2016年第二、三、四季度的啤酒銷售量分別為：

	A	B	C	D	E	F
1						
2	年份	一季度	二季度	三季度	四季度	合計
3	(甲)	(1)	(2)	(3)	(4)	(5)
4	2008年	—	—	126.32	81.36	—
5	2009年	85.25	107.94	122.14	82.96	—
6	2010年	92.09	100.7	126.9	81.08	—
7	2011年	89.47	101.91	123.46	87.27	—
8	2012年	90.48	97.11	121.35	92.31	—
9	2013年	89.84	95.34	121.21	94.58	—
10	2014年	87.2	95.41	126.13	91.63	—
11	2015年	85.11	95.08	—	—	—
12	季平均	88.491 4	99.07	123.93	87.312 9	398.804 3
13	季節指數	88.756 7	99.367 0	124.301 6	87.574 7	400

圖 9-19　季節指數(%)計算表截圖

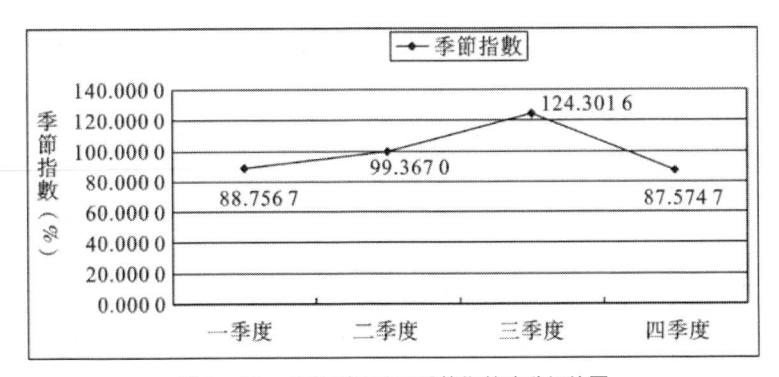

圖 9-20　趨勢剔除法下季節指數波動折線圖

$$二季度：\frac{99.367,0\%}{88.756,7\%} \times 28 = 31.35(噸)$$

$$三季度：\frac{124.301,6\%}{88.756,7\%} \times 28 = 39.21(噸)$$

$$四季度：\frac{87.574,7\%}{88.756,7\%} \times 28 = 27.63(噸)$$

將按月(季)平均法與趨勢剔除法計算的季節指數進行比較,二者的結果略有差異,其主要原因是前者假定不存在長期趨勢因素對現象的影響,而后者是先剔除長期趨勢因素對現象的影響,而后再計算季節指數。相比而言,趨勢剔除法的計算結果更科學一些,但計算過程也相對複雜。

第十章 統計指數

【教學導讀】

統計指數簡稱指數(Index Number)是一種特殊的相對數,在日常工作及生活中應用非常廣泛,比如居民消費價格指數(CPI)、股票價格指數、工業生產指數等。學習本章要求在正確選擇同度量因素的基礎上,熟練編製數量指標綜合指數和質量指標綜合指數;掌握加權算術平均指數和加權調和平均指數的編製方法,清楚綜合指數與加權平均指數之間的異同點;能夠熟練運用指數體系對複雜現象總量指標的變動以及平均指標的變動進行因素分析,瞭解幾種常用經濟指數的編製方法。

第一節 統計指數的概念與種類

一、統計指數的概念

1650年英國人沃漢(Rice Youghan)首創物價指數,用於度量物價的變化狀況。其后指數的應用範圍不斷擴大,其含義和內容也隨之發生了變化。從內容上看,指數由單純反應一種現象的相對變動發展到反應多種現象的綜合變動;從對比的場合上看,指數由單純不同時間的對比分析發展到不同空間的對比分析。

統計指數簡稱指數,有廣義和狹義之分。廣義指數是指任何兩個數值對比所形成的相對數都可以稱為指數,因此計劃完成程度、比較相對指標和動態相對數等相對指標都屬於廣義的指數;而狹義指數,則是從某一特定意義上講的,它是用來綜合說明複雜現象總體在數量上綜合變動程度的一種特殊相對數。所謂複雜現象總體,是指由多因素構成、在數量上不能直接加總的社會經濟現象所構成的總體,比如超市銷售的各種商品所構成的總體。但從指數理論和方法上看,指數所研究的主要是狹義的指數。因此,本章所討論的也主要是狹義的指數。

二、統計指數的作用

統計指數的作用主要體現在以下三個方面:
(1)綜合反應複雜現象總體在數量上變動的方向和程度

指數一般以百分數表示,如果大於100%則表明現象朝增加的方向變動,如果小於100%則表明現象朝減少的方向變動。比如某月的居民消費價格指數同比為103.6%,則表明該月居民消費品價格綜合比上年同期增長了3.6%。

(2) 分析現象總體變動中,各構成因素變動所起的作用

某些現象的總量是由若干個因素相乘來計算的,比如:商品銷售總額 = $\sum$(銷售量 × 銷售價格),則可以利用統計指數體系,分別計算商品銷售量和商品銷售價格變動對商品銷售總額的影響,從而找出商品銷售總額變動的主要原因。

(3) 通過指數數列可以顯示現象在較長時間內發展變化的趨勢和規律

比較典型的例子就是通過連續編製股票價格指數來反應股票價格的變動趨勢。

三、統計指數的種類

統計指數通常按照以下四個標準進行分類:

1. 統計指數按其所反應現象的範圍不同分為個體指數與總指數

個體指數是指反應單個現象變動程度的相對數,如某種工業產品的產量指數、某種商品的價格指數等。個體指數又根據計算的對象不同分為個體物量指數(如某種產品產量的個體指數、某種商品的銷售量指數等)與個體價格指數(如某種商品銷售價格的個體指數)。編製公式如下:

$$個體物量指數:K_q = \frac{q_1}{q_0} \times 100\% \qquad (10.1)$$

$$個體價格指數:K_p = \frac{p_1}{p_0} \times 100\% \qquad (10.2)$$

式中,K 代表個體指數,p 代表價格,q 代表物量(數量指標),下標 1 代表報告期,下標 0 代表基期。

總指數是指綜合反應複雜現象總體總變動程度的特殊相對數,如反應各種工業產品產量綜合變動程度的工業品產量指數、反應各種股票價格綜合變動程度的股票價格指數等。總指數是統計指數研究的主要對象。

2. 總指數按編製方法不同分為綜合指數與平均指數

綜合指數是指將兩個時期不能直接加總的複雜現象總體轉換為可以加總的價值量指標后,再進行綜合對比所得到的特殊相對數。其思路是先將不能直接加總的指標,利用同度量因素的作用,轉換為價值量指標后再進行綜合對比來編製總指數,其特徵是先綜合,后對比。

平均指數則是運用加權平均的方法,對同類個體指數或類指數進行加權平均所編製的總指數。其思路是先編製個體指數或類指數,然后選用相應的權數對其進行加權平均來編製總指數。

3. 統計指數按指數化指標的性質不同分為數量指標指數與質量指標指數

指數化指標是編製指數的對象,所有的指數都會落實到具體的指標。比如編製居民消費價格指數針對的對象就是各種居民消費品的價格,這些價格就是指數化指標。

數量指標指數是反應現象總規模或總水平變動程度的相對數,其指數化指標為數量指標,如產品產量指數、商品銷售量指數、職工人數指數等。

質量指標指數是反應現象的相對水平或平均水平變動程度的相對數,其指數化指標為質量指標,如勞動生產率指數以及各種類型的價格指數等。

4. 統計指數按其選用的基期不同分為定基指數與環比指數

在指數數列中，採用固定基期編製的統計指數稱為定基指數。股票價格指數即是典型的定基指數，比如中國的上證指數是以 1990 年 12 月 19 日為固定基日，基日指數定為 100 點；而深證成指是以 1994 年 7 月 20 日為固定基日，基日指數定為 1,000 點。

在指數數列中，採用報告期的上一期為基期編製的統計指數稱為環比指數。環比指數中按時間長短不同有月度環比、季度環比和年度環比幾種類型。

第二節　　綜合指數

一、綜合指數的意義

綜合指數是總指數的一種表現形式，它是將兩個時期不能直接加總的複雜現象總體轉換為可以相加的價值量指標後，再進行綜合對比所得到的特殊相對數。

編製綜合指數時，必須將數量上不能直接相加的複雜現象轉換為價值量指標才能進行綜合，這種轉換需要引進一個起媒介作用的因素——同度量要素。所謂同度量因素是指在編製綜合指數時，能夠將不能直接相加或對比的現象轉化為可以相加或對比，在指數編製過程中起媒介作用的因素。通俗地理解，同度量因素就是與指數化因素相關聯的一個或幾個指標。例如在編製股票價格指數時，由於每一只股票的價格不能直接相加，如果將每只股票價格乘以股票的總股本計算出股票市值就可以相加了，這裡的總股本對股票價格來說就是同度量因素。

編製綜合指數的關鍵在於正確選擇同度量因素。正確選擇同度量因素需要解決好兩個的問題：一是選擇什麼指標作為同度量因素，二是將作為同度量因素的指標固定在報告期還是基期。

作為同度量因素的指標，必須與指數化指標有必然聯繫，同時還要能正確反應不同因素對現象影響的重要性，不能把每個因素對現象變動所起的作用同等看待。例如，在股票價格綜合指數中，之所以選擇每只股票的總股本作為股票價格的同度量因素，一方面是股票價格與總股本之間存在著客觀直接的聯繫，用股票價格乘以其總股本就是股票的市值；另一方面是用每只股票價格乘以總股本時，由於總股本有大小之分，可以使每只股票價格的變動在價格總指數中的重要性與影響得到充分反應。

把作為同度量因素的指標固定在某一時期，編製出來的綜合指數才能真實反應指數化因素的綜合變動程度，否則編製出來的綜合指數就會包含有同度量因素本身變化的影響。

下面分別說明數量指標綜合指數和質量指標綜合指數的編製方法。

二、數量指標綜合指數的編製

數量指標綜合指數是以數量指標為指數化因素，表明數量指標綜合變動程度的特殊相對數。此處以商品銷售量指數的編製為例，說明數量指標綜合指數的編製方法。

【例 10.1】某商店銷售三種商品的銷售量及銷售價格資料見表 10－1。

表 10－1　　　　　　　　某商店三種商品的銷售量及銷售價格資料

商品名稱	計量單位	銷售量 基期 q_0	銷售量 報告期 q_1	銷售價格(元) 基期 p_0	銷售價格(元) 報告期 p_1
甲商品	米	1,000	2,000	10	9
乙商品	件	2,000	2,200	25	28
丙商品	臺	3,000	3,150	20	25

以 k_q 代表個體銷售量指數，根據表 10－1 資料編製的三種商品個體銷售量指數分別為：

甲商品：$k_{q甲} = \dfrac{q_1}{q_0} \times 100\% = \dfrac{2,000}{1,000} \times 100\% = 200\%$，銷售量增長 100%。

乙商品：$k_{q乙} = \dfrac{q_1}{q_0} \times 100\% = \dfrac{2,200}{2,000} \times 100\% = 110\%$，銷售量增長 10%。

丙商品：$k_{q丙} = \dfrac{q_1}{q_0} \times 100\% = \dfrac{3,150}{3,000} \times 100\% = 105\%$，銷售量增長 5%。

三種商品的銷售量增長幅度不同，為了綜合反應三種商品銷售量總的增長情況，需要編製銷售量綜合指數。

編製銷售量綜合指數，在此需要把與銷售量指標有直接聯繫的銷售價格作為同度量因素。由於有基期和報告期兩個銷售價格資料，選用不同時期的價格作為同度量因素，編製銷售量綜合指數的方法和結果會有差異。

以 $\bar{k}_q$ 代表銷售量總指數，如果採用基期銷售價格作為同度量因素，編製的銷售量總指數為：

$$\bar{k}_q = \frac{\sum q_1 p_0}{\sum q_0 p_0} \qquad (10.3)$$

上式的基本含義是：將報告期和基期不能直接相加的銷售量都分別乘以基期的銷售價格，轉換為銷售額后就可以加在一起了。分子、分母共同的因子 p_0 就是同度量因素。該公式是 1864 年由德國統計學家拉斯貝爾(Laspeyre) 提出的，他認為編製統計指數應該將同度量因素固定在基期，故被稱為拉氏指數或拉氏公式。

如果採用報告期銷售價格作為同度量因素，編製的銷售量總指數為：

$$\bar{k}_q = \frac{\sum q_1 p_1}{\sum q_0 p_1} \qquad (10.4)$$

上式的基本含義是：將報告期和基期不能直接相加的銷售量都分別乘以報告期的銷售價格，轉換為銷售額后就可以加在一起了。分子、分母共同的因子 p_1 就是同度量因素。上述公式是由另外一位德國統計學家派許(Paashe) 於 1874 年提出的，他認為編製統計指數應將同度量因素固定在報告期，故又稱為派氏指數或派氏公式。

從理論上講，上述兩個公式均可用於編製銷售量總指數，但為了單純反應商品銷售

量的變化程度,把銷售價格固定在基期更好。原因是以報告期銷售價格作同度量因素,就會在反應商品銷售量變動的指數中包含有銷售量和銷售價格共同變動的影響,因為:

$$\sum q_1p_1 - \sum q_0p_1 = \sum (q_1 - q_0)p_1 = \sum (q_1 - q_0)[(p_1 - p_0) + p_0]$$
$$= \sum (q_1 - q_0)p_0 + \sum (q_1 - q_0)(p_1 - p_0) \qquad (10.5)$$

式中,$\sum (q_1 - q_0)p_0$ 僅表示銷售量變動的影響結果,而 $\sum (q_1 - q_0)(p_1 - p_0)$ 表示銷售量和銷售價格共同變動的影響結果。從這個意義上講,編製數量指標綜合指數應將同度量因素固定在基期。

為便於編製綜合指數,根據表10-1的資料編製綜合指數計算表,見圖10-1。

	A	B	C	D	E	F	G	H	I	J
1										
2	商品名稱	計量單位	銷售量		銷售价格(元)		銷售額(元)			
3			基期q_0	報告期q_1	基期p_0	報告期p_1	基期p_0q_0	報告期p_1q_1	假定p_0q_1	假定p_1q_0
4	甲商品	米	1 000	2 000	10	9	10 000	180 00	20 000	9 000
5	乙商品	件	2 000	2 200	25	28	50 000	616 00	55 000	56 000
6	丙商品	台	3 000	3 150	20	25	60 000	787 50	63 000	75 000
7	合計	—	—	—	—	—	120 000	158 350	138 000	140 000

圖10-1　綜合指數計算表截圖

根據公式10.3,採用拉氏公式編製三種商品銷售量的綜合指數為:

$$\bar{k}_q = \frac{\sum q_1p_0}{\sum q_0p_0} = \frac{138,000}{120,000} \times 100\% = 115\%$$

即三種商品的銷售量綜合上升15%。

在商品銷售價格保持不變的情況下,由於銷售量增長而增加的銷售額為:

$$\sum q_1p_0 - \sum q_0p_0 = 138,000 - 120,000 = 18,000(元)$$

根據公式10.4,採用派氏公式編製三種商品銷售量的綜合指數為:

$$\bar{k}_q = \frac{\sum q_1p_1}{\sum q_0p_1} = \frac{158,350}{140,000} \times 100\% = 113.11\%$$

即三種商品的銷售量綜合上升13.11%。

在銷售價格保持不變的情況下,由於銷售量增長而增加的銷售額為:

$$\sum q_1p_1 - \sum q_0p_1 = 158,350 - 140,000 = 18,350(元)$$

兩種方法編製指數的結果存在差異,其原因是將作為同度量因素的銷售價格固定在報告期的銷售量指數中,包含了銷售量和銷售價格共同變動產生的影響。

三、質量指標綜合指數的編製

質量指標綜合指數是以質量指標為指數化因素,表明質量指標綜合變動程度的特殊相對數。此處以商品銷售價格指數為例,說明質量指標綜合指數的編製方法。

以 k_p 代表個體價格指數。根據表10-1的資料編製的三種商品的個體銷售價格指數

分別為：

甲商品：$k_{p甲} = \dfrac{p_1}{p_0} \times 100\% = \dfrac{9}{10} \times 100\% = 90\%$，銷售價格降低 10%。

乙商品：$k_{p乙} = \dfrac{p_1}{p_0} \times 100\% = \dfrac{28}{25} \times 100\% = 112\%$，銷售價格提高 12%。

丙商品：$k_{p丙} = \dfrac{p_1}{p_0} \times 100\% = \dfrac{25}{20} \times 100\% = 125\%$，銷售價格提高 25%。

三種商品的銷售價格增減幅度不同，為了反應三種商品銷售價格總的變動情況，需要編製銷售價格綜合指數。

編製銷售價格綜合指數，在此需要將與銷售價格有直接聯繫的銷售量指標作為同度量因素。由於有基期和報告期兩個可供選擇的銷售量資料，選用不同時期的銷售量作為同度量因素，編製銷售價格綜合指數的方法和結果也存在差異。

以 k_p 代表銷售價格總指數，以基期銷售量作為同度量因素編製銷售價格總指數，也就是採用拉式公式編製的價格總指數為：

$$\bar{k}_p = \dfrac{\sum p_1 q_0}{\sum p_0 q_0} \tag{10.6}$$

分子、分母共同的因子 q_0 就是同度量因素。

也可以用報告期銷售量作為同度量因素編製銷售價格總指數，也就是採用派式公式編製的價格總指數為：

$$\bar{k}_p = \dfrac{\sum p_1 q_1}{\sum p_0 q_1} \tag{10.7}$$

分子、分母共同的因子 q_1 就是同度量因素。

同樣，上述兩個公式在理論上都成立。如果單純反應商品銷售價格的變動程度，把商品銷售量固定在基期更好。但從指數體系和因素分析的角度看，把銷售量固定在報告期編製銷售價格指數更有實際意義，雖然用報告期銷售量作同度量因素，會在編製銷售價格變動的指數中包含有銷售量和銷售價格共同變動的影響。從這個意義上講，編製質量指標綜合指數還是應將同度量因素固定在報告期。

$$\sum p_1 q_1 - \sum p_0 q_1 = \sum (p_1 - p_0) q_1 = \sum (p_1 - p_0)[(q_1 - q_0) + q_0]$$
$$= \sum (p_1 - p_0) q_0 + \sum (p_1 - p_0)(q_1 - q_0) \tag{10.8}$$

根據圖 10-1，用公式 10.6 即拉氏公式編製三種商品銷售價格的綜合指數為：

$$\bar{k}_p = \dfrac{\sum p_1 q_0}{\sum p_0 q_0} = \dfrac{140,000}{120,000} \times 100\% = 116.67\%$$

即三種商品的銷售價格綜合上升 16.67%。

在銷售量保持不變的情況下，由於銷售價格提高而增加的銷售額為：

$$\sum p_1 q_0 - \sum p_0 q_0 = 140,000 - 120,000 = 20,000(元)$$

根據圖 10-1，用公式 10.7 即派氏公式編製三種商品銷售價格的綜合指數為：

$$\bar{k}_p = \frac{\sum p_1 q_1}{\sum p_0 q_1} = \frac{158,350}{138,000} \times 100\% = 114.75\%$$

即三種商品的銷售價格綜合上升14.75%。

在銷售量保持不變的情況下，由於銷售價格提高而增加的銷售額為：

$$\sum p_1 q_1 - \sum p_0 q_1 = 158,350 - 138,000 = 20,350(元)$$

兩種方法編製的結果產生差異，其原因是將作為同度量因素的銷售量固定在報告期的價格指數中，包含了銷售價格和銷售量共同變動產生的影響。

四、編製綜合指數應該明確的幾個問題

1. 綜合指數編製中包含著兩類因素

一類叫指數化因素，即通過指數要觀察其變動的因素；另一類叫同度量因素。在狹義指數中，指數化因素只能有一個，而同度量因素可以是一個或多個。同度量因素不僅起著同度量作用，而且起著權數的作用。

2. 綜合指數的分子、分母，都是由有關數量指標與質量指標的乘積所構成的總量

在只包含兩個因素的綜合指數中，必然有一個是數量指標，另一個是質量指標。於是數量指標指數化必然要以質量指標作為同度量因素，而質量指標指數化必然要以數量指標作為同度量因素。

3. 在綜合指數的編製中，採用了一種科學假定的分析方法

即在觀察某個因素變動時，假定其他因素保持不變。為了使這種假定科學、合理，就需要結合所編製指數的目的、意義選擇同度量因素固定的時期。按現行統計制度規定，編製綜合指數的一般原則是：編製數量指標指數，通常以相應的基期質量指標作為同度量因素；編製質量指標指數，通常以相應的報告期數量指標作為同度量因素。遵循上述原則的基本意義在於指數體系和因素分析。

4. 綜合指數需要根據全面資料才能編製

編製數量指標綜合指數和質量指標綜合指數，需要佔有全面的基期、報告期的數量指標和質量指標的資料才能實現。

第三節　平均指數

平均指數也叫平均數指數，是指以個體指數為基礎，採用加權平均方法編製的總指數。它是與綜合指數對應的編製總指數的另一種重要方法。根據加權平均的方法不同，平均指數分為加權算術平均指數和加權調和平均指數兩種。

一、加權算術平均指數

加權算術平均指數是指以基期的總量指標($p_0 q_0$)為權數，對個體指數(k_p 或 k_q)進行加權算術平均所編製的總指數。編製公式如下：

加權算術平均數量指標指數：

$$\bar{k}_q = \frac{\sum k_q \cdot p_0 q_0}{\sum p_0 q_0} \qquad (10.9)$$

加權算術平均質量指標指數：

$$\bar{k}_p = \frac{\sum k_p \cdot p_0 q_0}{\sum p_0 q_0} \qquad (10.10)$$

根據圖 10-1，結合此前編製的個體銷售量指數與個體價格指數，編製的加權算術平均銷售量指數和加權算術平均價格指數分別為：

$$\bar{k}_q = \frac{\sum k_q \cdot p_0 q_0}{\sum p_0 q_0}$$

$$= \frac{200\% \times 10,000 + 110\% \times 50,000 + 105\% \times 60,000}{10,000 + 50,000 + 60,000} \times 100\%$$

$$= \frac{138,000}{120,000} \times 100\%$$

$$= 115\%$$

$$\bar{k}_p = \frac{\sum k_p \cdot p_0 q_0}{\sum p_0 q_0}$$

$$= \frac{90\% \times 10,000 + 112\% \times 50,000 + 125\% \times 60,000}{10,000 + 50,000 + 60,000} \times 100\%$$

$$= \frac{140,000}{120,000} \times 100\%$$

$$= 116.67\%$$

上述結果與採用拉氏公式編製的銷售量指數和銷售價格指數一致。原因是加權算術平均指數可以轉化為拉氏公式。

考慮 $k_q = \dfrac{q_1}{q_0}$，公式 10.9 可以轉化為：

$$\bar{k}_q = \frac{\sum k_q \cdot p_0 q_0}{\sum p_0 q_0} = \frac{\sum \dfrac{q_1}{q_0} \cdot p_0 q_0}{\sum p_0 q_0} = \frac{\sum q_1 p_0}{\sum q_0 p_0} \qquad (10.11)$$

其結果與拉氏公式編製的數量指標指數公式一致。顯然，根據同一資料用公式 10.9 編製的加權算術平均數量指標指數與拉氏數量指標指數公式編製的結果相一致。

同理，考慮 $k_p = \dfrac{p_1}{p_0}$，公式 10.10 將轉換為拉氏質量指標指數公式。根據同一資料用公式 10.10 編製的指數與拉氏質量指標指數公式編製的結果相一致。

二、加權調和平均指數

加權調和平均指數是指以報告期的總量指標（$p_1 q_1$）為權數，對個體指數（k_p 或 k_q）

進行加權調和平均所編製的總指數。公式如下：

加權調和平均數量指標指數：

$$\bar{k}_q = \frac{\sum p_1 q_1}{\sum \dfrac{p_1 q_1}{k_q}} \tag{10.12}$$

加權調和平均質量指標指數：

$$\bar{k}_p = \frac{\sum p_1 q_1}{\sum \dfrac{p_1 q_1}{k_p}} \tag{10.13}$$

根據圖 10 - 1，結合此前編製的個體銷售量指數和個體價格指數，編製的加權調和平均銷售量指數和加權調和平均價格指數分別為：

$$\bar{k}_q = \frac{\sum p_1 q_1}{\sum \dfrac{p_1 q_1}{k_q}} = \frac{18,000 + 61,600 + 78,750}{\dfrac{18,000}{200\%} + \dfrac{61,600}{110\%} + \dfrac{78,750}{105\%}} \times 100\% = \frac{158,350}{140,000} \times 100\% = 113.11\%$$

$$\bar{k}_p = \frac{\sum p_1 q_1}{\sum \dfrac{p_1 q_1}{k_p}} = \frac{18,000 + 61,600 + 78,750}{\dfrac{18,000}{90\%} + \dfrac{61,600}{112\%} + \dfrac{78,750}{125\%}} \times 100\% = \frac{158,350}{138,000} \times 100\% = 114.75\%$$

上述結果與採用派氏公式編製的銷售量指數和銷售價格指數一致。原因是加權調和平均指數可以轉化為派氏公式。

考慮 $k_q = \dfrac{q_1}{q_0}$，公式 10.12 可以轉化為：

$$\bar{k}_q = \frac{\sum p_1 q_1}{\sum \dfrac{p_1 q_1}{k_q}} = \frac{\sum p_1 q_1}{\sum \dfrac{p_1 q_1}{\dfrac{q_1}{q_0}}} = \frac{q_1 p_1}{q_0 p_1} \tag{10.14}$$

其結果與派氏公式編製的數量指標指數公式一致。很顯然，根據同一資料用公式 10.12 編製的指數與派氏數量指標指數公式編製的結果相一致。

同理，考慮 $k_p = \dfrac{p_1}{p_0}$，公式 10.13 將轉換為派氏質量指標指數公式。根據同一資料用公式 10.13 編製的指數與派氏質量指標指數公式編製的結果相一致。

三、平均數指數與綜合指數的比較

（1）兩種指數編製的程序不同。綜合指數是先運用同度量因素進行綜合，然后對比編製指數；平均指數不像綜合指數那樣，先綜合後對比，而是先對比編製出個體指數，然後再綜合平均編製總指數。

（2）兩種指數運用的資料不同。綜合指數適用於根據全面資料編製；而平均數指數既可以用全面資料編製，也可以用非全面資料編製，即只需要對少數有代表性的個體指數加權平均即可，所需資料比較少。因此，平均指數比綜合指數更具有現實應用意義。

（3）綜合指數一般要用實際資料作同度量因素；而平均數指數不僅可以用實際資料做權數，而且可以用固定權數編製，這就為指數的編製提供了便利條件，從而可以保證指數編製結果的及時性。

第四節　　指數體系與因素分析

一、指數體系的意義

指數體系是指由三個或三個以上的、具有內在聯繫和數量關係的若干個統計指數所構成的整體。

指數體系是客觀存在的，其客觀性是由統計指標體系的客觀性所決定。例如：

$$\text{工業總產值} = \sum(\text{產品產量} \times \text{產品價格}) \quad (10.15)$$

$$\text{商品銷售總額} = \sum(\text{商品銷售量} \times \text{商品銷售價格}) \quad (10.16)$$

$$\text{原材料消耗總額} = \sum(\text{產品產量} \times \text{單位產品原材料消耗量} \times \text{單位原材料價格}) \quad (10.17)$$

……

上述這些現象在數量上存在的相互聯繫，表現在動態變化關係上，就可以形成如下指數體系：

$$\text{工業總產值指數} = \text{產品產量指數} \times \text{產品價格指數} \quad (10.18)$$

$$\text{商品銷售總額指數} = \text{商品銷售量指數} \times \text{商品銷售價格指數} \quad (10.19)$$

$$\text{原材料消耗總額指數} = \text{產品產量指數} \times \text{單位產品原材料消耗量指數} \times \text{原材料價格指數} \quad (10.20)$$

……

在指數體系中，包含的指數分為兩大類：一類是反應現象總變動的指數，通常表現為廣義的總指數，這類指數在一個指數體系中只有一個，一般放在等式的左邊；另一類是反應具體因素變動的指數，稱為因素指數，這類指數一般是狹義的指數，在一個指數體系中有兩個或兩個以上，一般放在等式的右邊。

指數體系的作用表現在以下兩個方面：

一是利用指數體系可以進行因素分析。指數體系是利用指數對現象變化的原因進行分析，借助指數體系可以從相對數和絕對數兩個方面分析各因素變動對現象總變動的影響。

二是利用指數體系還可以進行指數間的相互推算。在一個指數體系中，當已知其中某幾個指數時，可以利用指數體系表現出的數量關係，推算出某個未知指數的值。

二、總量指標變動的因素分析

因素分析就是利用統計指數來反應複雜現象變動的原因。總量指標按其複雜程度不

同分為簡單總量指標(基本模式為:總量指標 = 數量指標 × 質量指標)和複雜總量指標[基本模式為:總量指標 = $\sum$(數量指標 × 質量指標)]兩類,按其影響因素的多少不同分為兩因素總量指標和多因素總量指標。此處主要討論複雜現象總量變動的兩因素分析和多因素分析。

1. 複雜現象總量指標變動的兩因素分析

受兩因素影響的複雜現象總體,其總量指標體系的一般模型為:

$$總量指標 = \sum(數量指標 \times 質量指標) \quad (10.21)$$

相應的指數體系的一般模式:

$$總量指標總指數 = 數量指標總指數 \times 質量指標總指數 \quad (10.22)$$

用符號表示為:

$$\bar{k}_{pq} = \bar{k}_q \times \bar{k}_p \quad (10.23)$$

按照綜合指數中同度量因素選擇的一般原則:數量指標指數一般採用基期的質量指標作為同度量因素,而質量指標指數一般採用報告期的數量指標作為同度量因素,公式10.23 可以展開為:

$$\frac{\sum p_1 q_1}{\sum p_0 q_0} = \frac{\sum q_1 p_0}{\sum q_0 p_0} \times \frac{\sum p_1 q_1}{\sum p_0 q_1} \quad (10.24)$$

相應的,絕對值的變動額為:

$$\sum p_1 q_1 - \sum p_0 q_0 = (\sum q_1 p_0 - \sum q_0 p_0) + (\sum p_1 q_1 - \sum p_0 q_1) \quad (10.25)$$

公式 10.24 和 10.25 就是利用指數體系進行因素分析的一般模型。

利用這一指數體系模式進行兩因素總量指標變動的因素分析,在計算出基期總量 $\sum p_0 q_0$、報告期總量 $\sum p_1 q_1$ 和假定總量 $\sum p_0 q_1$ 三個指標的基礎上,一般有以下四個步驟:

第一步,計算現象總量的變動。

總量指標指數:

$$\bar{k}_{pq} = \frac{\sum p_1 q_1}{\sum p_0 q_0}$$

總量指標變動的絕對額:

$$\sum p_1 q_1 - \sum p_0 q_0$$

第二步,計算數量指標因素變動對現象總量的影響。

數量指標指數:

$$\bar{k}_q = \frac{\sum q_1 p_0}{\sum q_0 p_0}$$

數量指標因素變動對總量指標產生影響的絕對額:

$$\sum q_1 p_0 - \sum q_0 p_0$$

第三步,計算質量指標因素變動對現象總量的影響。
質量指標指數:

$$\bar{k}_p = \frac{\sum p_1 q_1}{\sum p_0 q_1}$$

質量指標因素變動對總量指標產生影響的絕對額:

$$\sum p_1 q_1 - \sum p_0 q_1$$

第四步,將以上三個步驟計算的結果代入式 10.24 和 10.25 構成的指數體系進行檢驗,並敘述說明現象總量變動的原因。

【例 10.2】某連鎖超市 2014 年實現商品銷售總額 26,000 萬元,2015 年達到 35,000 萬元。並且知道 2015 年商品銷售價格較 2014 年上升了 6%。試從相對數和絕對數兩個方面計算分析該連鎖超市商品銷售量和銷售價格對商品銷售總額的影響。

解:

已知條件為: $\sum p_0 q_0 = 26,000$ 萬元, $\sum p_1 q_1 = 35,000$ 萬元, 並根據: $\bar{k}_p = \frac{\sum p_1 q_1}{\sum p_0 q_1} \times 100\% = 106\%$, 推算: $\sum p_0 q_1 = \frac{\sum p_1 q_1}{\bar{k}_p} = \frac{35,000}{106\%} = 33,018.87$(萬元)。

第一步,計算商品銷售總額的變動。
商品銷售總額指數:

$$\bar{k}_{pq} = \frac{\sum p_1 q_1}{\sum p_0 q_0} = \frac{35,000}{260,00} \times 100\% = 134.62\%$$

2015 年商品銷售總額較 2014 年增長 34.62%,增加的絕對額為:

$$\sum p_1 q_1 - \sum p_0 q_0 = 35,000 - 26,000 = 9,000(萬元)$$

第二步,計算商品銷售量因素變動對商品銷售總額的影響。
商品銷售量總指數:

$$\bar{k}_q = \frac{\sum q_1 p_0}{\sum q_0 p_0} = \frac{33,018.87}{26,000} \times 100\% = 127.00\%$$

2015 年銷售量比 2014 年增長 27% 使得銷售總額也增長 27%,由於銷售量因素增長而增加的銷售總額:

$$\sum q_1 p_0 - \sum q_0 p_0 = 33,018.87 - 26,000 = 7,018.87(萬元)$$

第三步,計算商品銷售價格因素變動對商品銷售總額的影響。
商品銷售價格總指數:

$$\bar{k}_p = \frac{\sum p_1 q_1}{\sum p_0 q_1} \times 100\% = \frac{35,000}{33,018.87} \times 100\% = 106\%$$

2015 年商品銷售價格較 2014 年提高 6% 使得銷售總額也增長 6%,由於銷售價格因素提高而增加的銷售總額:

$$\sum p_1q_1 - \sum p_0q_1 = 35,000 - 33,018.87 = 1,981.13（萬元）$$

第四步，驗證計算結果，得出分析結論。

從相對數看，該連鎖超市 2015 年商品銷售總額較 2014 年增長 34.62%，是由於商品銷售量增長 27% 和銷售價格提高 6% 兩個因素共同作用的結果。即：134.62% = 127% × 106%。

從絕對數看，該連鎖超市 2015 年商品銷售總額較 2014 年增加 9,000 萬元，是由於以下兩個因素共同作用的結果：一是商品銷售量增長使銷售總額增長 7,018.87 萬元，二是銷售價格提高使銷售總額增加 1,981.13 萬元。即：9,000 萬元 = 7,018.87 萬元 + 1,981.13 萬元。

2. 複雜現象總量變動的多因素分析

此處的多因素是指某一總量指標受三個或三個以上因素的影響。其指數體系是由四個或四個以上的指數構成，以分析多個因素對現象總量變動的影響結果。如：

$$原材料消耗總額 = \sum（產品產量 \times 單位產品原材料消耗量 \times 單位原材料價格） \quad (10.26)$$

$$產品總產值 = \sum（職工人數 \times 工人數占職工人數比重 \times 工人勞動生產率） \quad (10.27)$$

$$商品利稅總額 = \sum（商品銷售量 \times 商品銷售價格 \times 商品利稅率） \quad (10.28)$$

對複雜現象總量指標變動進行多因素分析，要解決兩個重要的問題：一是影響因素的排列順序，二是同度量因素的選擇原則，而且因素的排列順序又決定了同度量因素的選擇。

多因素的排列順序一般遵循如下原則：一是數量指標排列在前，質量指標排列在後；二是如果出現多個數量指標或多個質量指標的情況下，重要的因素在前，而次要的因素在後，並且確保相鄰因素的乘積有意義。例如在分析「原材料消耗總額」變動時，三個因素中的「產品產量」作為數量指標自然排在第一位，而「單位產品原材料消耗量」「單位原材料價格」作為質量指標排在「產品產量」因素后面；而將「單位產品原材料消耗量」排在中間的原因是「產品產量」乘以「單位產品原材料消耗量」表示「原材料消耗總額」，而「單位產品原材料消耗量」乘以「單位原材料價格」又表示「單位產品原材料消耗額」。

多因素分析中，同度量因素選擇的一般原則是：對某一影響因素進行指數化，需要將其他所有因素固定作為同度量因素；排在指數化因素之前的因素作為同度量因素時固定在報告期，排在指數化因素之后的因素作為同度量因素時固定在基期。

如果分別以 q、m、p 代表產品產量、單位產品原材料消耗量和單位原材料價格，則分析原材料消耗總額變動的指數體系為：

$$相對數：\frac{\sum q_1m_1p_1}{\sum q_0m_0p_0} = \frac{\sum q_1m_0p_0}{\sum q_0m_0p_0} \times \frac{\sum q_1m_1p_0}{\sum q_1m_0p_0} \times \frac{\sum q_1m_1p_1}{\sum q_1m_1p_0} \quad (10.29)$$

$$絕對數：\sum q_1m_1p_1 - \sum q_0m_0p_0 = \left(\sum q_1m_0p_0 - \sum q_0m_0p_0\right) +$$

$$(\sum q_1 m_1 p_0 - \sum q_1 m_0 p_0) + (\sum q_1 m_1 p_1 - \sum q_1 m_1 p_0) \qquad (10.30)$$

【例10.3】某企業生產 A、B、C 三種產品耗用甲材料的相關數據見圖 10-2。試從相對數和絕對數兩個方面計算分析產品產量、單位產品消耗甲材料數量以及單位甲材料價格三個因素對甲材料消耗總額的影響。

A	B	C	D	E	F	G	H	I	J	K	L
			產品產量	單位產品耗用甲材料(kg)		甲材料單價(元)		甲材料耗用額(元)			
產品名稱	計量單位	基期	報告期	基期	報告期	基期	報告期	基期	假定		報告期
		q_0	q_1	m_0	m_1	p_0	p_1	$q_0 m_0 p_0$	$q_1 m_0 p_0$	$q_1 m_1 p_0$	$q_1 m_1 p_1$
A	件	200	300	50	46	10	12	100 000	150 000	138 000	165 600
B	吨	80	100	400	380	10	12	320 000	400 000	380 000	456 000
C	台	50	60	500	510	10	12	250 000	300 000	306 000	367 200
合計	—	—	—	—	—	10	12	670 000	850 000	824 000	988 800

圖 10-2　多因素指數體系分析計算表截圖

第一步,計算甲材料消耗總額的變動。

甲材料消耗總額指數:

$$\bar{k}_{qmp} = \frac{\sum q_1 m_1 p_1}{\sum q_0 m_0 p_0} = \frac{988,800}{670,000} \times 100\% = 147.58\%$$

甲材料消耗總額增長 47.58%,增加的絕對額:

$$\sum q_1 m_1 p_1 - \sum q_0 m_0 p_0 = 988,800 - 670,000 = 318,800(元)$$

第二步,計算產品產量變動對甲材料消耗總額的影響。

產品產量總指數:

$$\bar{k}_q = \frac{\sum q_1 m_0 p_0}{\sum q_0 m_0 p_0} = \frac{850,000}{670,000} \times 100\% = 126.87\%$$

產品產量增長 26.87%,在其他條件不變的情況下將導致甲材料消耗總額增加 26.87%。

由於產品產量增加而增加的甲材料消耗總額:

$$\sum q_1 m_0 p_0 - \sum q_0 m_0 p_0 = 850,000 - 670,000 = 180,000(元)$$

第三步,計算單位產品耗用甲材料數量變動對甲材料消耗總額的影響。

單位產品耗用甲材料總指數:

$$\bar{k}_m = \frac{\sum q_1 m_1 p_0}{\sum q_1 m_0 p_0} = \frac{824,000}{850,000} \times 100\% = 96.94\%$$

單位產品耗用甲材料綜合降低 3.06%,在其他條件不變的情況下將導致甲材料消耗總額相應減少 3.06%。

由於單位產品耗用甲材料數量減少而節約的甲材料數額:

$$\sum q_1 m_1 p_0 - \sum q_1 m_0 p_0 = 824,000 - 850,000 = -26,000(元)$$

第四步,計算單位甲材料價格變動對甲材料消耗總額的影響。

單位甲材料價格指數：

$$\bar{k}_p = \frac{\sum q_1 m_1 p_1}{\sum q_1 m_1 p_0} = \frac{988,800}{824,000} \times 100\% = 120\%$$

由於只有一種原材料，其價格指數實際上就是甲材料的個體價格指數。由於甲材料價格上漲20%，在其他條件不變的情況下將導致甲材料消耗總額增加20%。

由於甲材料價格提高而增加的甲材料消耗總額：

$\sum q_1 m_1 p_1 - \sum q_1 m_1 p_0 = 988,800 - 824,000 = 164,800(元)$

第五步，驗證計算結果，得出分析結論。

從相對數看，甲材料消耗總額報告期較基期增長47.58%，是由產品產量增長26.87%、單位產品耗用甲材料綜合降低3.06%和甲材料價格上漲20%三個因素共同作用的結果。即：147.58% = 126.87% × 96.94% × 120%。

從絕對數看，甲材料消耗總額報告期較基期增加318,800元，是由於以下三個因素共同作用的結果：一是各種產品產量增長使甲材料消耗總額增加180,000元，這是正常和合理的增加，對企業有利；二是單位產品耗用甲材料數量減少使甲材料消耗總額減少26,000元，這對企業也是有利的；三是甲材料價格上漲使得甲材料消耗總額增加164,800元，這對企業是不利的，是企業未來管理工作要控制和消化的因素。即：318,800元 = 180,000元 - 26,000元 + 164,800元。

第五節　平均指標指數及其因素分析

在現實生活中，需要對某種現象在兩個時期平均水平的變動進行分析。例如，分析平均工資、平均單位成本以及平均糧食畝產量等指標變動的原因。解決這些問題就需要編製平均指標指數，並在此基礎上，利用平均指標指數體系進行因素分析。

一、平均指標的影響因素

平均指標的影響因素還得從加權算數平均數的公式談起：

$$\bar{x} = \frac{\sum xf}{\sum f} = \sum x \cdot \frac{f}{\sum f} \qquad (10.31)$$

在以頻率為權數的加權算術平均數計算公式中可以看出，加權算術平均數的影響因素就是各組變量值x和各組變量值的頻率(或結構)$\frac{f}{\sum f}$。

其中變量值對平均數的影響方式是：如果變量值增加，平均數相應增加；變量值減少，則平均數相應減少。而頻率則是通過其在大、小變量值上的分佈來影響加權算術平均數的，如果大變量值的頻率越大則平均數越大，如果小變量值的頻率越大則平均數偏小。

二、平均指標指數及其因素分析

平均指標指數是指現象在報告期的平均水平與基期平均水平進行對比的結果，表明現象平均水平變動程度的相對數。

平均指標指數不同於平均數指數。平均數指數是一種總指數，它反應複雜現象的綜合變動程度，其僅僅在形式上採用了加權算術平均或加權調和平均的方法而已；而平均指標指數則是直接用現象在報告期的平均水平與基期平均水平進行對比，表明平均水平變動的程度。

平均指標指數一共有三個：

1. 反應平均指標本身變動程度的指數 —— 平均指標可變構成指數

平均指標可變構成指數是直接以報告期的平均水平與基期平均水平進行對比，它反應總平均水平的變動程度。編製公式為：

$$I_{可變} = \frac{\bar{x}_1}{\bar{x}_0} = \frac{\sum x_1 f_1}{\sum f_1} \div \frac{\sum x_0 f_0}{\sum f_0} \qquad (10.32)$$

平均水平變動的絕對值：

$$\bar{x}_1 - \bar{x}_0 = \frac{\sum x_1 f_1}{\sum f_1} - \frac{\sum x_0 f_0}{\sum f_0} \qquad (10.33)$$

式中，x_0 代表基期變量值水平；x_1 代表報告期變量值水平；f_0 代表基期總體單位數量；f_1 代表報告期總體單位數量；$\bar{x}_0$ 代表基期總平均水平；$\bar{x}_1$ 代表報告期總平均水平。

2. 反應變量值水平變動程度的指數 —— 平均指標固定構成指數

平均指標固定構成指數是在可變構成指數的基礎上，將結構固定在報告期，以反應變量值水平變動及其對平均指標影響的程度。編製公式為：

$$I_{固定} = \frac{\sum x_1 f_1}{\sum f_1} \div \frac{\sum x_0 f_1}{\sum f_1} \qquad (10.34)$$

由於變量值水平變動引起平均指標變動的絕對值：

$$\frac{\sum x_1 f_1}{\sum f_1} - \frac{\sum x_0 f_1}{\sum f_1} \qquad (10.35)$$

3. 反應結構變動程度的指數 —— 平均指標結構影響指數

平均指標結構影響指數是在可變構成指數的基礎上，將變量值固定在基期，以反應結構變動及其對平均指標影響的程度。編製公式為：

$$I_{結構} = \frac{\sum x_0 f_1}{\sum f_1} \div \frac{\sum x_0 f_0}{\sum f_0} \qquad (10.36)$$

由於結構變動引起平均指標變動的絕對值：

$$\frac{\sum x_0 f_1}{\sum f_1} - \frac{\sum x_0 f_0}{\sum f_0} \qquad (10.37)$$

上述三個指數構成如下指數體系：

　　平均指標可變構成指數 = 平均指標固定構成指數 × 平均指標結構影響指數

$$\hspace{10cm}(10.38)$$

或者：

$$I_{可變} = I_{固定} \times I_{結構} \hspace{3cm}(10.39)$$

相對數：

$$\frac{\sum x_1 f_1}{\sum f_1} \div \frac{\sum x_0 f_0}{\sum f_0} = \left(\frac{\sum x_1 f_1}{\sum f_1} \div \frac{\sum x_0 f_1}{\sum f_1} \right) \times \left(\frac{\sum x_0 f_1}{\sum f_1} \div \frac{\sum x_0 f_0}{\sum f_0} \right) \hspace{0.5cm}(10.40)$$

絕對數：

$$\frac{\sum x_1 f_1}{\sum f_1} - \frac{\sum x_0 f_0}{\sum f_0} = \left(\frac{\sum x_1 f_1}{\sum f_1} - \frac{\sum x_0 f_1}{\sum f_1} \right) + \left(\frac{\sum x_0 f_1}{\sum f_1} - \frac{\sum x_0 f_0}{\sum f_0} \right) \hspace{0.5cm}(10.41)$$

三、平均指標指數體系及其因素分析應用舉例

【例10.4】某公司技術工人和普通工人的月工資資料見圖10-3。

	A	B	C	D	E	F	G	H	I	J
1										
2		\multicolumn{4}{c|}{職工人數(人)}		月工資水平(元)		\multicolumn{3}{c|}{工資總額(元)}	
3	職工類別	基　期		報告期		基期	報告期	基期	報告期	假定
4		人數 f_0	比重(%)	人數 f_1	比重(%)	x_0	x_1	$x_0 f_0$	$x_1 f_1$	$x_0 f_1$
5	技術工人	250	50	600	75	4 000	6 000	1000 000	3600 000	2 400 000
6	普通工人	250	50	200	25	3 000	4 000	750 000	800 000	600 000
7	合　計	500	100	800	100	3 500	5 500	1 750 000	4 400 000	3 000 000

圖10-3　平均指標指數體系因素分析計算表截圖

要求利用平均指標指數體系，從相對數和絕對數兩個方面計算分析工人工資水平變動和工人結構變動對總平均工資的影響。

第一步，計算總平均工資的變動。

平均工資可變構成指數：

$$I_{可變} = \frac{\bar{x}_1}{\bar{x}_0} = \frac{\sum x_1 f_1}{\sum f_1} \div \frac{\sum x_0 f_0}{\sum f_0} = \frac{4,400,000}{800} \div \frac{1,750,000}{500} \times 100\% = \frac{5,500}{3,500} \times 100\%$$

$$= 157.14\%$$

報告期平均工資比基期增長57.14%，增加的總平均工資為：

$$\bar{x}_1 - \bar{x}_0 = \frac{\sum x_1 f_1}{\sum f_1} - \frac{\sum x_0 f_0}{\sum f_0} = 5,500 - 3,500 = 2,000(元)$$

第二步，計算各類工人工資水平變動對總平均工資的影響。

其中技術工人的工資水平由4,000元提高到6,000元，普通工人的工資水平由3,000元提高到4,000元，將導致總平均工資增加。

平均工資固定構成指數：

$$I_{固定} = \frac{\sum x_1 f_1}{\sum f_1} \div \frac{\sum x_0 f_1}{\sum f_1} = 5,500 \div \frac{3,000,000}{800} \times 100\% = \frac{5,500}{3,750} \times 100\%$$
$$= 146.67\%$$

各類工人工資水平提高 46.67%，由此而增加的總平均工資：

$$\frac{\sum x_1 f_1}{\sum f_1} - \frac{\sum x_0 f_1}{\sum f_0} = 5,500 - 3,750 = 1,750(元)$$

第三步，計算各類工人結構變動對總平均工資的影響。

各類工人的結構變動具體表現為：高工資工人的比重由基期的 50% 上升到報告期的 75%，而低工資工人的比重則由基期的 50% 下降到報告期的 25%，這一變動結果將導致總平均工資增長。

平均工資結構影響指數：

$$I_{結構} = \frac{\sum x_0 f_1}{\sum f_1} \div \frac{\sum x_0 f_0}{\sum f_0} = \frac{3,750}{3,500} \times 100\% = 107.14\%$$

工人結構變動導致總平均工資增長 7.14%，由此而增加的總平均工資：

$$\frac{\sum x_0 f_1}{\sum f_1} - \frac{\sum x_0 f_0}{\sum f_0} = 3,750 - 3,500 = 250(元)$$

第四步，驗證指數體系，作出結論。

從相對數看，該公司報告期工人的月平均工資比基期增長 57.14%，是由於各類工人工資水平增長 46.67% 和各類工人結構變動使得總平均工資增長 7.14% 兩個因素共同作用的結果。即：157.14% = 146.67% × 107.14%。

從絕對數看，該公司報告期工人的月平均工資比基期增加 2,000 元是由以下兩個因素共同作用的結果：一是各類工人工資水平提高使得總平均工資增加 1,750 元；二是各類工人的結構變動使得總平均工資增加 250 元。即：2,000 元 = 1,750 元 + 250 元。

四、總量指標指數體系與平均指標指數體系的結合運用

實際運用中，有時需要將總量指標指數體系與平均指標指數體系結合起來分析問題。下面以工人工資總額的分析為例，來說明二者結合運用的方法：

由於：

$$工人工資總額 = 平均工人總數 \times 工人平均工資 \qquad (10.42)$$

所以有：

$$工人工資總額指數 = 平均工人總數指數 \times 工人平均工資指數 \qquad (10.43)$$

又由於：

$$工人平均工資指數 = 平均工資固定構成指數 \times 平均工資結構影響指數$$

$$(10.44)$$

所以有：

$$\begin{matrix} \text{工人工資} \\ \text{總額指數} \end{matrix} = \begin{matrix} \text{平均工人} \\ \text{總人數指數} \end{matrix} \times \begin{matrix} \text{平均工資} \\ \text{固定構成指數} \end{matrix} \times \begin{matrix} \text{平均工資} \\ \text{結構影響指數} \end{matrix} \quad (10.45)$$

從相對數看：

$$\frac{\sum x_1 f_1}{\sum x_0 f_0} = \frac{\sum f_1}{\sum f_0} \times \left(\frac{\sum x_1 f_1}{\sum f_1} \div \frac{\sum x_0 f_1}{\sum f_1} \right) \times \left(\frac{\sum x_0 f_1}{\sum f_1} \div \frac{\sum x_0 f_0}{\sum f_0} \right) \quad (10.46)$$

從絕對數看：

$$\sum x_1 f_1 - \sum x_0 f_0 = \left(\sum f_1 - \sum f_0 \right) \times \frac{\sum x_0 f_0}{\sum f_0} +$$

$$\left(\frac{\sum x_1 f_1}{\sum f_1} - \frac{\sum x_0 f_1}{\sum f_1} \right) \times \sum f_1 + \left(\frac{\sum x_0 f_1}{\sum f_1} - \frac{\sum x_0 f_0}{\sum f_0} \right) \times \sum f_1 \quad (10.47)$$

【例10.5】根據【例10.4】，分別從相對數和絕對數兩個方面計算分析該公司工人工資總額變動的原因。

解：

根據圖10－3的資料獲得相關的已知條件為：$\sum f_0 = 500$ 人，$\sum f_1 = 800$ 人，$\sum x_0 f_0 = 1,750,000$ 元，$\sum x_0 f_1 = 3,000,000$ 元，$\sum x_1 f_1 = 4,400,000$ 元。

第一步，計算工資總額的變動。

工資總額指數：

$$\bar{k}_{xf} = \frac{\sum x_1 f_1}{\sum x_0 f_0} = \frac{4,400,000}{1,750,000} \times 100\% = 251.43\%$$

報告期工資總額比基期增加：

$$\sum x_1 f_1 - \sum x_0 f_0 = 4,400,000 - 1,750,000 = 2,650,000(\text{元})$$

第二步，計算工人總人數變動對工資總額的影響。

工人人數總指數：

$$\bar{k}_f = \frac{\sum f_1}{\sum f_0} = \frac{800}{500} \times 100\% = 160\%$$

工人總人數增長60%，導致工資總額增加：

$$\left(\sum f_1 - \sum f_0 \right) \times \frac{\sum x_0 f_0}{\sum f_0} = (800 - 500) \times \frac{1,750,000}{500} = 300 \times 3,500$$

$$= 1,050,000(\text{元})$$

第三步，計算工人工資水平變動對工資總額的影響。

平均工資固定構成指數：

$$I_{\text{固定}} = \frac{\sum x_1 f_1}{\sum f_1} \div \frac{\sum x_0 f_1}{\sum f_1} = \frac{4,400,000}{800} \div \frac{3,000,000}{800} \times 100\% = \frac{5,500}{3,750} \times 100\%$$

$$= 146.67\%$$

由於各類工人工資水平增加46.67%而增加的工資總額：

$$\left(\frac{\sum x_1 f_1}{\sum f_1} - \frac{\sum x_0 f_1}{\sum f_0}\right) \times \sum f_1 = (5,500 - 3,750) \times 800 = 1,400,000(元)$$

第四步，計算各類工人結構變動對工資總額的影響。
平均工資結構影響指數：

$$I_{結構} = \frac{\sum x_0 f_1}{\sum f_1} \div \frac{\sum x_0 f_0}{\sum f_0} = 3,750 \div \frac{1,750,000}{500} \times 100\% = \frac{3,750}{3,500} \times 100\%$$

$$= 107.14\%$$

由於各類工人結構變動而增加的工資總額：

$$\left(\frac{\sum x_0 f_1}{\sum f_1} - \frac{\sum x_0 f_0}{\sum f_0}\right) \times \sum f_1 = (3,750 - 3,500) \times 800 = 200,000(元)$$

第五步，驗證指數體系，作出分析結論。

從相對數看，該公司報告期工人的月工資總額比基期增長151.43%，是由於工人總人數增長60%、各類工人工資水平提高46.67%和各類工人結構變動使得工資總額增長7.14%三個因素共同作用的結果。即：251.43% = 160% × 146.67% × 107.14%。

從絕對數看，該公司報告期工人的月工資總額比基期增加2,650,000元是由於以下三個因素共同作用的結果：一是工人總人數增長60%使得工資總額增加1,050,000元；二是各類工人工資水平提高46.67%使得工資總額增加1,400,000元；三是各類工人的結構變動使得工資總額增加200,000元。即：2,650,000元 = 1,050,000元 + 1,400,000元 + 200,000元。

第六節　幾種常用的經濟指數

指數作為一種重要的經濟分析指標和方法，在現實生活和工作中獲得了廣泛應用。但在不同場合，往往需要運用不同的指數形式。一般而言，選擇指數形式的主要標準應該是指數的經濟分析意義，除此而外，有時還要求考慮實際編製工作中的可行性，以及對指數分析性質的某些特殊要求。現以國內外常見的工業生產指數、居民消費價格指數以及股票價格指數等幾種經濟指數為例，介紹這些指數編製的方法和具體應用。

一、工業生產指數

工業生產指數是用來概括反應一個國家或地區各種工業產品產量的綜合變動程度的特殊相對數，是西方國家普遍用來計算和反應工業發展速度的指標，也是景氣分析的首選指標。

工業生產指數是以代表產品的生產量為基礎，用報告期除以基期取得產品產量的個體指數，以工業增加值作為權數來加權編製全部工業產品產量變動的總指數。

編製工業生產指數的一般公式：

$$\bar{k}_q = \frac{\sum k_q \cdot p_0 q_0}{\sum p_0 q_0} \qquad (10.48)$$

式中,k_q 代表工業品的個體產量指數,$p_0 q_0$ 則為相應產品的基期增加值。

編製工業生產指數的總體方案主要包括代表產品的確定、權數的計算與指數的編製幾個方面,相應分為三個步驟：

(1)確定本級代表產品目錄,這是編製工業生產指數的一個重要環節。代表產品的選取是否科學合理,直接影響到生產指數編製結果的準確性。中國月度工業生產指數選擇了500多種代表產品。其選取的基本原則主要包括：從各個行業分品種和規格來選擇代表產品,並注重價值量比較大、處於上升趨勢和經濟壽命期長、在一定的時期內相對穩定的產品。

(2)搜集權數基期年度的有關基礎資料,計算並確定權數。計算權數的基礎資料主要包括代表產品的價格、單位產品增加值、分行業總產值和增加值、代表產品基期年產量等。從某種程度上講,確立一套權數,是編製工業生產指數難度最大的工作。

(3)根據代表產品的個體指數,並用各自的權數加權平均編製出分類指數(行業指數)和總指數。

在統計實務中,為了簡化指數的編製工作,常常以各種工業品的增加值比重作為權數,並且將這種比重權數相對固定起來,運用「固定權數的加權算術平均指數」方法,連續地編製各個時期的工業生產指數：

$$\bar{k}_q = \frac{\sum k_q \cdot W}{\sum W} \qquad (10.49)$$

二、居民消費價格指數

居民消費價格指數(Consumer Price Index)簡稱 CPI,是世界各國普遍編製的一種經濟指數,用來反應一定時期內城鄉居民所購買的生活消費價格和服務項目價格變動趨勢和程度的一種特殊相對數。它是進行經濟分析和決策、價格總水平監測和調控及國民經濟核算的重要指標。其按年度編製的居民消費價格指數變動率通常被用來作為反應通貨膨脹或緊縮程度的指標。通過這一指數,還可以分析生活消費品和服務項目價格變動對職工貨幣工資的影響,為研究職工生活和制定工資政策提供依據。

中國編製價格指數的商品和服務項目,根據全國城鄉近11萬戶居民家庭消費支出構成資料和有關規定確定,目前共包括食品、菸酒及用品、衣著、家庭設備用品及維修服務、醫療保健和個人用品、交通和通信、娛樂教育文化用品及服務、居住八大類,251個基本分類,約700個代表品種。居民消費價格指數就是在對全國550個樣本市縣近3萬個採價點進行價格調查的基礎上,根據國際規範的流程、採用固定權數的加權算術平均指數編製出來的。2010年中國居民消費價格分類指數見表10-2。

表10-2　　　　2010年中國居民消費價格分類指數(上年 = 100)

項目	全國	城市	農村
居民消費價格指數	103.3	103.2	103.6

表10-2(續)

項目	全國	城市	農村
食品	107.2	107.1	107.5
糧食	111.8	111.5	112.3
#大米	116.2	115.8	116.9
面粉	107.5	107.8	107.1
澱粉	108.2	107.6	109.1
干豆類及豆製品	109.2	108.4	111.0
油脂	103.8	103.4	104.4
肉禽及其製品	102.9	102.6	103.5
蛋	108.3	108.4	108.2
水產品	108.1	108.5	106.9
菜	118.5	117.8	120.6
#鮮菜	118.7	117.8	121.3
調味品	104.1	104.5	103.5
糖	108.3	106.6	111.1
茶及飲料	101.3	101.3	101.4
茶葉	102.6	102.7	102.7
飲料	100.7	100.7	100.7
干鮮瓜果	114.6	114.1	116.0
#鮮果	115.6	115.0	117.5
糕點餅干麵包	102.4	102.5	102.1
液體乳及乳製品	102.8	103.0	102.0
在外用膳食品	103.6	103.7	103.2
其他食品	101.7	101.9	101.5
菸酒及用品	101.6	101.7	101.4
菸草	100.5	100.5	100.4
酒	103.6	104.1	103.1
吸菸、飲酒用品	100.5	100.6	100.0
衣著	99.0	98.9	99.4
服裝	99.1	99.1	99.2
衣著材料	103.0	102.9	103.1
鞋襪帽	98.2	97.9	99.4
衣著加工服務	102.9	103.2	102.3
家庭設備用品及維修服務	100.0	99.9	100.1
耐用消費品	98.5	98.3	99.1
家具	100.4	100.4	100.3

表10-2(續)

項目	全國	城市	農村
家庭設備	97.4	97.1	98.3
室內裝飾品	99.9	99.9	100.1
床上用品	99.9	99.8	100.2
家庭日用雜品	100.3	100.2	100.5
家庭服務及加工維修服務	106.7	107.2	104.8
醫療保健和個人用品	103.2	103.2	103.2
醫療保健	103.3	103.2	103.4
醫療器具及用品	105.0	104.3	105.8
中藥材及中成藥	111.2	111.2	111.1
西藥	101.0	100.9	101.3
保健器具及用品	101.6	101.6	101.5
醫療保健服務	100.9	100.8	101.0
個人用品及服務	103.0	103.0	103.0
化妝美容用品	100.5	100.5	100.5
清潔化妝用品	100.4	100.4	100.4
個人飾品	108.4	109.0	106.8
個人服務	102.8	102.5	103.0
交通和通信	99.6	99.4	100.3
交通	101.7	101.5	102.2
交通工具	98.7	98.3	99.5
車用燃料及零配件	111.5	111.7	111.0
車輛使用及維修費	101.7	101.8	101.5
市區公共交通費	100.7	100.3	103.3
城市間交通費	101.7	102.0	101.1
通訊	97.3	97.1	97.7
通訊工具	86.5	84.3	90.9
通訊服務	99.7	99.6	99.9
娛樂教育文化用品及服務	100.6	100.4	100.9
文娛用耐用消費品及服務	94.3	93.6	96.1
教育	101.4	101.2	101.9
教材及參考書	102.6	102.4	103.0
學雜托幼費	101.3	101.0	101.7
文化娛樂	101.0	101.0	100.9
文化娛樂用品	99.7	99.4	100.4
書報雜誌	100.6	100.5	100.8

表10-2(續)

項目	全國	城市	農村
文娛費	102.3	102.4	101.7
旅遊	104.9	105.0	104.3
居住	104.5	104.5	104.5
建房及裝修材料	103.3	102.9	103.5
租房	104.9	105.0	104.3
自有住房	103.6	103.7	102.9
水電燃料	105.5	105.2	106.2

資料來源：http://www.stats.gov.cn/tjsj/ndsj/2011/indexch.htm。

在各類產品中，權數的確定主要根據居民家庭用於各種商品或服務的開支在所有消費商品或服務總開支中所占的比重來編製。編製公式為：

$$\bar{k}_p = \frac{\sum k_p \cdot W}{\sum W} \qquad (10.50)$$

式中，k_p 為類指數，W 為權數，代表居民消費的各種商品或服務的開支占所有消費商品或服務總開支的比重。

具體編製過程是：先分別編製出各代表規格品基期和報告期的全社會綜合平均價，並編製出相應的價格指數，然后根據規定的權數分層逐級編製小類、中類、大類和總指數。

【例10.6】現以部分資料（見圖10-4）說明居民消費價格指數的編製過程。

	A	B	C	D	E	F	G	H
2	商品类别及名称	代表规格品	计量单位	平均价格(元) 基期 P_0	报告期 P_1	权数W(%)	类指数k_p(%)	$k_p W$
4	总指数					100	124.83	12 483
5	一、食品类					45	120.97	5 443.65
6	1.粮食					31	113.82	3 528.42
7	细粮					56	113	6 328
8	面粉	标准	kg	2.4	2.78	43	115.83	4 980.69
9	大米	粳米标一	Kg	3.5	3.88	57	110.86	6 319.02
10	粗粮					44	114.86	5 053.84
11	2.副食品					45	125.45	5 645.25
12	3.其他食品					24	121.82	2 923.68
13	二、烟酒及用品类					4	125.27	501.08
14	三、衣着类					10	139.53	1 395.3
15	四、家庭设备用品及维修服务类					14	120.46	1 686.44
16	五、医疗保健和个人用品类					9	128.69	1 158.21
17	六、交通和通信类					6	116.4	698.4
18	七、娱乐教育文化用品及服务类					7	124.55	871.85
19	八、居住类					5	145.68	728.4

圖10-4　某地區居民消費價格指數計算表截圖

解：

根據圖 10-4 的資料，分五個步驟編製該地區居民消費價格指數：

(1) 編製出各代表規格品的個體價格指數。如麵粉的個體價格指數為：

$$k_p = \frac{p_1}{p_0} = \frac{2.78}{2.40} \times 100\% = 115.83\%$$

(2) 根據各代表規格品的個體價格指數及給出的相應權數，採用加權算術平均的方法編製小類指數。如細糧的小類價格指數為：

$$\bar{k}_{p\text{小類}} = \frac{\sum k_p \cdot W}{\sum W} = \frac{115.83\% \times 43 + 110.86\% \times 57}{100} = 113.00\%$$

(3) 根據各小類指數及相應的權數，採用加權算術平均的方法編製中類指數。如糧食的中類價格指數為：

$$\bar{k}_{p\text{中類}} = \frac{\sum k_{p\text{小類}} \cdot W}{\sum W} = \frac{113.00\% \times 56 + 114.86\% \times 44}{100} = 113.82\%$$

(4) 根據各中類指數及相應的權數，採用加權算術平均的方法編製大類指數。如食品的大類價格指數為：

$$\bar{k}_{p\text{大類}} = \frac{\sum k_{p\text{中類}} \cdot W}{\sum W} = \frac{113.82\% \times 31 + 125.45\% \times 45 + 121.82\% \times 24}{100}$$

$$= 120.97\%$$

(5) 根據各大類指數及相應的權數，採用加權算術平均的方法編製居民消費價格總指數：

$$\bar{k}_p = \frac{\sum k_{p\text{大類}} \cdot W}{\sum W}$$

$$= \frac{\begin{array}{l}120.97\% \times 45 + 125.27\% \times 4 + 139.53\% \times 10 + 120.46\% \times 14 \\ + 128.69 \times 9 + 116.40\% \times 6 + 124.5\% \times 7 + 145.68\% \times 5\end{array}}{100}$$

$$= 124.83\%$$

計算結果表明，該地區報告期居民消費價格比基期上漲 24.84%。

三、股票價格指數

股票通常在面值的基礎上溢價發行，股票面值是指股票票面上所標明的金額。股票在證券市場上交易時，就出現了與發行價不一致的市場價格。股票價格一般是指股票在證券市場上交易時的市場價格。股票價格是一個時點值，有開盤價、收盤價、最高價、最低價、現價等，但通常以收盤價代表該種股票當天的價格。

股票價格指數(Stock Price Index)是反應某一股票市場上多種股票價格綜合變動趨勢的一種相對數，簡稱股價指數，其單位一般以「點」(Point) 表示，每上升或下降一個單位稱為「1 點」。

股票價格指數的編製方法很多,但一般以發行量為同度量因素進行綜合編製。編製公式為:

$$\bar{k}_p = \frac{\sum p_{i1}q_i}{\sum p_{i0}q_i} \times 基日股票價格指數 \tag{10.51}$$

式中,p_{i1} 為第 i 種樣本股票在報告期的價格;p_{i0} 為第 i 種樣本股票在基期的價格;q_i 為第 i 種股票的發行量,可以確定為基期,也可以確定為報告期,但大多數股價指數是以報告期發行量為同度量因素編製的。

【例 10.7】假設以 A、B、C 三種股票在基日的股票價格指數分別為 100 點、1,000 點,根據三種股票的價格變動和發行量資料見圖 10-5,編製股票價格指數。

	A	B	C	D	E	F
1						
2	股票名稱	股票收盘价格(元)		总股本(万股)	股票总市值(万元)	
3		基日 p_1	报告日 p_1	报告日 q_1	假定 p_0q_1	报告日 p_1q_1
4	A	15	28.3	8 500	127 500	240 550
5	B	8	7.5	15 000	120 000	112 500
6	C	29	40	3 500	101 500	140 000
7	合計	—	—	—	349 000	493 050

圖 10-5　三種股票的價格和發行量資料截圖

解:

如果以基日的股票價格指數為 100 點,則根據圖 10-5 編製的三種股票在報告日的股價指數為:

$$\bar{k}_p = \frac{\sum p_{i1}q_i}{\sum p_{i0}q_i} \times 100 = \frac{493,050}{349,000} \times 100 = 141.275(點)$$

較基日上漲 41.275 點,漲幅為 41.275%。

如果以基日的股票價格指數為 1,000 點,則根據圖 10-5 編製的三種股票在報告日的股價指數為:

$$\bar{k}_p = \frac{\sum p_{i1}q_i}{\sum p_{i0}q_i} \times 1,000 = \frac{493,050}{349,000} \times 1,000 = 1,412.75(點)$$

較基日上漲 412.75 點,漲幅為 41.275%。

目前,世界各國的主要證券交易所都有自己的股票價格指數,比如,美國的道瓊斯股票價格指數、標準普爾股票價格指數以及納斯達克股票價格指數,英國的倫敦金融時報指數,德國的法蘭克福 DAX 指數,法國的巴黎 CAC 指數,日本的日京指數等。中國的上海和深圳兩個證券交易所也分別編製了自己的股票價格指數,如上海證券交易所的上證綜合指數、深圳證券交易所的深圳成分股指數等。

附表

附表1　標準正態分佈表

本表列出了 $Z \sim N(0,1)$ 分佈在 z 值以下的面積，即概率 $\Phi(z) = P(Z \leq z)$ 的值。

z	0	0.01	0.02	0.03	0.04	0.05	0.06	0.07	0.08	0.09
0.0	0.500,0	0.504,0	0.508,0	0.512,0	0.516,0	0.519,9	0.523,9	0.527,9	0.531,9	0.535,9
0.1	0.539,8	0.543,8	0.547,8	0.551,7	0.555,7	0.559,6	0.563,6	0.567,5	0.571,4	0.575,3
0.2	0.579,3	0.583,2	0.587,1	0.591,0	0.594,8	0.598,7	0.602,6	0.606,4	0.610,3	0.614,1
0.3	0.617,9	0.621,7	0.625,5	0.629,3	0.633,1	0.636,8	0.640,6	0.644,3	0.648,0	0.651,7
0.4	0.655,4	0.659,1	0.662,8	0.666,4	0.670,0	0.673,6	0.677,2	0.680,8	0.684,4	0.687,9
0.5	0.691,5	0.695,0	0.698,5	0.701,9	0.705,4	0.708,8	0.712,3	0.715,7	0.719,0	0.722,4
0.6	0.725,7	0.729,1	0.732,4	0.735,7	0.738,9	0.742,2	0.745,4	0.748,6	0.751,7	0.754,9
0.7	0.758,0	0.761,1	0.764,2	0.767,3	0.770,4	0.773,4	0.776,4	0.779,4	0.782,3	0.785,2
0.8	0.788,1	0.791,0	0.793,9	0.796,7	0.799,5	0.802,3	0.805,1	0.807,8	0.810,6	0.813,3
0.9	0.815,9	0.818,6	0.821,2	0.823,8	0.826,4	0.828,9	0.831,5	0.834,0	0.836,5	0.838,9
1.0	0.841,3	0.843,8	0.846,1	0.848,5	0.850,8	0.853,1	0.855,4	0.857,7	0.859,9	0.862,1
1.1	0.864,3	0.866,5	0.868,6	0.870,8	0.872,9	0.874,9	0.877,0	0.879,0	0.881,0	0.883,0
1.2	0.884,9	0.886,9	0.888,8	0.890,7	0.892,5	0.894,4	0.896,2	0.898,0	0.899,7	0.901,5
1.3	0.903,2	0.904,9	0.906,6	0.908,2	0.909,9	0.911,5	0.913,1	0.914,7	0.916,2	0.917,7
1.4	0.919,2	0.920,7	0.922,2	0.923,6	0.925,1	0.926,5	0.927,9	0.929,2	0.930,6	0.931,9
1.5	0.933,2	0.934,5	0.935,7	0.937,0	0.938,2	0.939,4	0.940,6	0.941,8	0.942,9	0.944,1
1.6	0.945,2	0.946,3	0.947,4	0.948,4	0.949,5	0.950,5	0.951,5	0.952,5	0.953,5	0.954,5
1.7	0.955,4	0.956,4	0.957,3	0.958,2	0.959,1	0.959,9	0.960,8	0.961,6	0.962,5	0.963,3
1.8	0.964,1	0.964,9	0.965,6	0.966,4	0.967,1	0.967,8	0.968,6	0.969,3	0.969,9	0.970,6
1.9	0.971,3	0.971,9	0.972,6	0.973,2	0.973,8	0.974,4	0.975,0	0.975,6	0.976,1	0.976,7
2.0	0.977,2	0.977,8	0.978,3	0.978,8	0.979,3	0.979,8	0.980,3	0.980,8	0.981,2	0.981,7
2.1	0.982,1	0.982,6	0.983,0	0.983,4	0.983,8	0.984,2	0.984,6	0.985,0	0.985,4	0.985,7

附表1(續)

z	0	0.01	0.02	0.03	0.04	0.05	0.06	0.07	0.08	0.09
2.2	0.986,1	0.986,4	0.986,8	0.987,1	0.987,5	0.987,8	0.988,1	0.988,4	0.988,7	0.989,0
2.3	0.989,3	0.989,6	0.989,8	0.990,1	0.990,4	0.990,6	0.990,9	0.991,1	0.991,3	0.991,6
2.4	0.991,8	0.992,0	0.992,2	0.992,5	0.992,7	0.992,9	0.993,1	0.993,2	0.993,4	0.993,6
2.5	0.993,8	0.994,0	0.994,1	0.994,3	0.994,5	0.994,6	0.994,8	0.994,9	0.995,1	0.995,2
2.6	0.995,3	0.995,5	0.995,6	0.995,7	0.995,9	0.996,0	0.996,1	0.996,2	0.996,3	0.996,4
2.7	0.996,5	0.996,6	0.996,7	0.996,8	0.996,9	0.997,0	0.997,1	0.997,2	0.997,3	0.997,4
2.8	0.997,4	0.997,5	0.997,6	0.997,7	0.997,7	0.997,8	0.997,9	0.997,9	0.998,0	0.998,1
2.9	0.998,1	0.998,2	0.998,2	0.998,3	0.998,4	0.998,4	0.998,5	0.998,5	0.998,6	0.998,6
3.0	0.998,7	0.998,7	0.998,7	0.998,8	0.998,8	0.998,9	0.998,9	0.998,9	0.999,0	0.999,0
3.1	0.999,0	0.999,1	0.999,1	0.999,1	0.999,2	0.999,2	0.999,2	0.999,2	0.999,3	0.999,3
3.2	0.999,3	0.999,3	0.999,4	0.999,4	0.999,4	0.999,4	0.999,4	0.999,5	0.999,5	0.999,5
3.3	0.999,5	0.999,5	0.999,5	0.999,6	0.999,6	0.999,6	0.999,6	0.999,6	0.999,6	0.999,7
3.4	0.999,7	0.999,7	0.999,7	0.999,7	0.999,7	0.999,7	0.999,7	0.999,7	0.999,7	0.999,8
3.5	0.999,8	0.999,8	0.999,8	0.999,8	0.999,8	0.999,8	0.999,8	0.999,8	0.999,8	0.999,8
3.6	0.999,8	0.999,8	0.999,9	0.999,9	0.999,9	0.999,9	0.999,9	0.999,9	0.999,9	0.999,9
3.7	0.999,9	0.999,9	0.999,9	0.999,9	0.999,9	0.999,9	0.999,9	0.999,9	0.999,9	0.999,9
3.8	0.999,9	0.999,9	0.999,9	0.999,9	0.999,9	0.999,9	0.999,9	0.999,9	0.999,9	0.999,9
3.9	1.000,0	1.000,0	1.000,0	1.000,0	1.000,0	1.000,0	1.000,0	1.000,0	1.000,0	1.000,0

附表2　卡方分佈表

本表列出了 $\chi^2 \sim \chi^2(df)$ 滿足右尾概率 $P(\chi^2 \geq x) = \alpha$ 的臨界值 x 的值。

df \ α	0.005	0.010	0.025	0.050	0.100	0.900	0.950	0.975	0.990	0.995
1	7.879,4	6.634,9	5.023,9	3.841,5	2.705,5	0.015,8	0.003,9	0.001,0	0.000,2	0.000,0
2	10.596,6	9.210,3	7.377,8	5.991,5	4.605,2	0.210,7	0.102,6	0.050,6	0.020,1	0.010,0
3	12.838,2	11.344,9	9.348,4	7.814,7	6.251,4	0.584,4	0.351,8	0.215,8	0.114,8	0.071,7
4	14.860,3	13.276,7	11.143,3	9.487,7	7.779,4	1.063,6	0.710,7	0.484,4	0.297,1	0.207,0
5	16.749,6	15.086,3	12.832,5	11.070,5	9.236,4	1.610,3	1.145,5	0.831,2	0.554,3	0.411,7
6	18.547,6	16.811,9	14.449,4	12.591,6	10.644,6	2.204,1	1.635,4	1.237,3	0.872,1	0.675,7

附表2(續)

α \ df	0.005	0.010	0.025	0.050	0.100	0.900	0.950	0.975	0.990	0.995
7	20.277,7	18.475,3	16.012,8	14.067,1	12.017,0	2.833,1	2.167,3	1.689,9	1.239,0	0.989,3
8	21.955,0	20.090,2	17.534,5	15.507,3	13.361,6	3.489,5	2.732,6	2.179,7	1.646,5	1.344,4
9	23.589,4	21.666,0	19.022,8	16.919,0	14.683,7	4.168,2	3.325,1	2.700,4	2.087,9	1.734,9
10	25.188,2	23.209,3	20.483,2	18.307,0	15.987,2	4.865,2	3.940,3	3.247,0	2.558,2	2.155,9
11	26.756,8	24.725,0	21.920,0	19.675,1	17.275,0	5.577,8	4.574,8	3.815,7	3.053,5	2.603,2
12	28.299,5	26.217,0	23.336,7	21.026,1	18.549,3	6.303,8	5.226,0	4.403,8	3.570,6	3.073,8
13	29.819,5	27.688,2	24.735,6	22.362,0	19.811,9	7.041,5	5.891,9	5.008,8	4.106,9	3.565,0
14	31.319,3	29.141,2	26.118,9	23.684,8	21.064,1	7.789,5	6.570,6	5.628,7	4.660,4	4.074,7
15	32.801,3	30.577,9	27.488,4	24.995,8	22.307,1	8.546,8	7.260,9	6.262,1	5.229,3	4.600,9
16	34.267,2	31.999,9	28.845,4	26.296,2	23.541,8	9.312,2	7.961,6	6.907,7	5.812,2	5.142,2
17	35.718,5	33.408,7	30.191,0	27.587,1	24.769,0	10.085,2	8.671,8	7.564,2	6.407,8	5.697,0
18	37.156,5	34.805,3	31.526,4	28.869,3	25.989,4	10.864,9	9.390,5	8.230,7	7.014,9	6.264,8
19	38.582,3	36.190,9	32.852,3	30.143,5	27.203,6	11.650,9	10.117,0	8.906,5	7.632,7	6.844,0
20	39.996,8	37.566,2	34.169,6	31.410,4	28.412,0	12.442,6	10.850,8	9.590,8	8.260,4	7.433,8
21	41.401,1	38.932,2	35.478,9	32.670,6	29.615,1	13.239,6	11.591,3	10.282,9	8.897,2	8.033,7
22	42.795,7	40.289,4	36.780,7	33.924,4	30.813,3	14.041,5	12.338,0	10.982,3	9.542,5	8.642,7
23	44.181,3	41.638,4	38.075,6	35.172,5	32.006,9	14.848,0	13.090,5	11.688,6	10.195,7	9.260,4
24	45.558,5	42.979,8	39.364,1	36.415,0	33.196,2	15.658,7	13.848,4	12.401,2	10.856,4	9.886,2
25	46.927,9	44.314,1	40.646,5	37.652,5	34.381,6	16.473,4	14.611,4	13.119,7	11.524,0	10.519,7
26	48.289,9	45.641,7	41.923,2	38.885,1	35.563,2	17.291,9	15.379,2	13.843,9	12.198,1	11.160,2
27	49.644,9	46.962,9	43.194,5	40.113,3	36.741,2	18.113,9	16.151,4	14.573,4	12.878,5	11.807,6
28	50.993,4	48.278,2	44.460,8	41.337,1	37.915,9	18.939,2	16.927,9	15.307,9	13.564,7	12.461,3
29	52.335,6	49.587,9	45.722,3	42.557,0	39.087,5	19.767,7	17.708,4	16.047,1	14.256,5	13.121,1
30	53.672,0	50.892,2	46.979,2	43.773,0	40.256,0	20.599,2	18.492,7	16.790,8	14.953,5	13.786,7
31	55.002,7	52.191,4	48.231,9	44.985,3	41.421,7	21.433,2	19.280,6	17.538,7	15.655,4	14.457,8
32	56.328,1	53.485,8	49.480,4	46.194,3	42.584,7	22.270,6	20.071,9	18.290,8	16.362,2	15.134,0
33	57.648,4	54.775,5	50.725,1	47.399,9	43.745,2	23.110,2	20.866,5	19.046,7	17.073,5	15.815,3
34	58.963,9	56.060,9	51.966,0	48.602,4	44.903,2	23.952,3	21.664,3	19.806,3	17.789,1	16.501,3
35	60.274,8	57.342,1	53.203,3	49.801,8	46.058,8	24.796,7	22.465,0	20.569,4	18.508,9	17.191,8
36	61.581,2	58.619,2	54.437,3	50.998,5	47.212,5	25.643,3	23.268,6	21.335,9	19.232,7	17.886,6
37	62.883,3	59.892,5	55.668,0	52.192,3	48.363,4	26.492,1	24.074,9	22.105,6	19.960,2	18.585,8

附表2(續)

df \ α	0.005	0.010	0.025	0.050	0.100	0.900	0.950	0.975	0.990	0.995
38	64.181,4	61.162,1	56.895,5	53.383,5	49.512,6	27.343,0	24.883,9	22.878,5	20.691,4	19.288,9
39	65.475,6	62.428,1	58.120,1	54.572,5	50.659,8	28.195,8	25.695,4	23.654,3	21.426,2	19.995,9
40	66.766,0	63.690,7	59.341,7	55.758,5	51.805,1	29.050,5	26.509,3	24.433,0	22.164,3	20.706,5
41	68.052,7	64.950,1	60.560,6	56.942,4	52.948,5	29.907,1	27.325,6	25.214,5	22.905,6	21.420,8
42	69.336,0	66.206,2	61.776,8	58.124,0	54.090,2	30.765,4	28.144,0	25.998,7	23.650,1	22.138,5
43	70.615,9	67.459,3	62.990,4	59.303,5	55.230,2	31.625,5	28.964,7	26.785,4	24.397,6	22.859,5
44	71.892,6	68.709,5	64.201,5	60.480,9	56.368,5	32.487,1	29.787,5	27.574,6	25.148,0	23.583,7
45	73.166,1	69.956,8	65.410,2	61.656,2	57.505,3	33.350,4	30.612,3	28.366,2	25.901,3	24.311,0
46	74.436,5	71.201,4	66.616,5	62.829,6	58.640,5	34.215,2	31.439,0	29.160,1	26.657,2	25.041,3
47	75.704,1	72.443,3	67.820,6	64.001,1	59.774,3	35.081,4	32.267,6	29.956,2	27.415,8	25.774,6
48	76.968,8	73.682,6	69.022,6	65.170,8	60.906,6	35.949,1	33.098,1	30.754,5	28.177,0	26.510,6
49	78.230,7	74.919,5	70.222,4	66.338,6	62.037,5	36.818,2	33.930,3	31.554,9	28.940,6	27.249,3
50	79.490,0	76.153,9	71.420,2	67.504,8	63.167,1	37.688,6	34.764,3	32.357,4	29.706,7	27.990,7
51	80.746,7	77.386,0	72.616,0	68.669,3	64.295,4	38.560,4	35.599,9	33.161,8	30.475,0	28.734,7
52	82.000,8	78.615,8	73.809,9	69.832,2	65.422,4	39.433,4	36.437,1	33.968,1	31.245,7	29.481,2
53	83.252,6	79.843,3	75.001,9	70.993,5	66.548,2	40.307,6	37.275,9	34.776,3	32.018,5	30.230,0
54	84.501,9	81.068,8	76.192,0	72.153,2	67.672,8	41.183,0	38.116,2	35.586,3	32.793,4	30.981,3
55	85.749,0	82.292,1	77.380,5	73.311,5	68.796,2	42.059,6	38.958,0	36.398,1	33.570,5	31.734,8
56	86.993,8	83.513,4	78.567,2	74.468,3	69.918,5	42.937,3	39.801,3	37.211,6	34.349,5	32.490,5
57	88.236,4	84.732,8	79.752,2	75.623,7	71.039,7	43.816,1	40.645,9	38.026,7	35.130,5	33.248,4
58	89.476,9	85.950,2	80.935,6	76.777,8	72.159,8	44.696,0	41.492,0	38.843,5	35.913,5	34.008,4
59	90.715,3	87.165,7	82.117,4	77.930,5	73.278,9	45.577,0	42.339,3	39.661,9	36.698,2	34.770,4
60	91.951,7	88.379,4	83.297,7	79.081,9	74.397,0	46.458,9	43.188,0	40.481,7	37.484,9	35.534,5
61	93.186,1	89.591,3	84.476,4	80.232,1	75.514,1	47.341,8	44.037,9	41.303,1	38.273,2	36.300,5
62	94.418,7	90.801,5	85.653,7	81.381,0	76.630,2	48.225,7	44.889,0	42.126,0	39.063,3	37.068,4
63	95.649,3	92.010,0	86.829,6	82.528,7	77.745,4	49.110,5	45.741,4	42.950,3	39.855,1	37.838,2
64	96.878,1	93.216,9	88.004,1	83.675,3	78.859,6	49.996,3	46.594,9	43.776,0	40.648,6	38.609,8
65	98.105,1	94.422,1	89.177,1	84.820,6	79.973,0	50.882,9	47.449,6	44.603,0	41.443,6	39.383,1
66	99.330,4	95.625,7	90.348,9	85.964,9	81.085,5	51.770,5	48.305,4	45.431,4	42.240,2	40.158,2
67	100.554	96.827,8	91.519,4	87.108,1	82.197,1	52.658,8	49.162,3	46.261,0	43.038,4	40.935,0
68	101.776	98.028,4	92.688,5	88.250,2	83.307,9	53.548,1	50.020,2	47.092,0	43.838,0	41.713,5

附表2(續)

α\df	0.005	0.010	0.025	0.050	0.100	0.900	0.950	0.975	0.990	0.995
69	102.996	99.227,5	93.856,5	89.391,2	84.417,9	54.438,1	50.879,2	47.924,2	44.639,2	42.493,5
70	104.215	100.425	95.023,2	90.531,2	85.527,0	55.328,9	51.739,3	48.757,6	45.441,7	43.275,2
71	105.432	101.621	96.188,7	91.670,2	86.635,4	56.220,6	52.600,3	49.592,2	46.245,7	44.058,4
72	106.648	102.816	97.353,1	92.808,3	87.743,0	57.113,0	53.462,3	50.427,9	47.051,0	44.843,1
73	107.862	104.010	98.516,3	93.945,3	88.849,9	58.006,1	54.325,3	51.264,8	47.857,7	45.629,3
74	109.074	105.202	99.678,3	95.081,5	89.956,0	58.900,0	55.189,2	52.102,8	48.665,7	46.417,0
75	110.286	106.393	100.839	96.216,7	91.061,5	59.794,6	56.054,1	52.941,9	49.475,0	47.206,0
76	111.495	107.583	101.999	97.351,0	92.166,2	60.689,9	56.919,8	53.782,1	50.285,6	47.996,5
77	112.704	108.771	103.158	98.484,4	93.270,2	61.585,9	57.786,4	54.623,4	51.097,4	48.788,4
78	113.911	109.958	104.316	99.616,9	94.373,5	62.482,5	58.653,9	55.465,6	51.910,4	49.581,6
79	115.117	111.144	105.473	100.749	95.476,2	63.379,9	59.522,3	56.308,9	52.724,7	50.376,1
80	116.321	112.329	106.629	101.879	96.578,2	64.277,8	60.391,5	57.153,2	53.540,1	51.171,9
85	122.325	118.236	112.393	107.522	102.079	68.777,2	64.749,4	61.388,8	57.633,9	55.169,6
90	128.299	124.116	118.136	113.145	107.565	73.291,1	69.126,0	65.646,6	61.754,1	59.196,3
95	134.247	129.973	123.858	118.752	113.038	77.818,4	73.519,8	69.924,6	65.898,4	63.249,6
100	140.169	135.807	129.561	124.342	118.498	82.358,1	77.929,5	74.221,9	70.064,9	67.327,6
105	146.070	141.620	135.247	129.918	123.947	86.909,3	82.353,7	78.536,4	74.252,0	71.428,2
110	151.948	147.414	140.917	135.480	129.385	91.471,0	86.791,6	82.867,1	78.458,3	75.550,0
115	157.808	153.191	146.571	141.030	134.813	96.042,7	91.242,2	87.212,8	82.682,4	79.691,6
120	163.648	158.950	152.211	146.567	140.233	100.624	95.704,6	91.572,6	86.923,3	83.851,6

附表3　t 分佈表

本表列出了 $T \sim t(df)$ 滿足右尾概率 $P(T \geq x) = \alpha$ 的臨界值 x 的值。

α\df	0.2	0.1	0.05	0.025	0.02	0.01	0.005	0.002,5	0.001
1	1.376,4	3.077,7	6.313,8	12.706	15.895	31.821	63.657	127.32	318.31
2	1.060,7	1.885,6	2.920,0	4.302,7	4.848,7	6.964,6	9.924,8	14.089	22.327
3	0.978,5	1.637,7	2.353,4	3.182,4	3.481,9	4.540,7	5.840,9	7.453,3	10.215
4	0.941,0	1.533,2	2.131,8	2.776,4	2.998,5	3.746,9	4.604,1	5.597,6	7.173,2

附表3(續)

df \ α	0.2	0.1	0.05	0.025	0.02	0.01	0.005	0.002,5	0.001
5	0.919,5	1.475,9	2.015,0	2.570,6	2.756,5	3.364,9	4.032,1	4.773,3	5.893,4
6	0.905,7	1.439,8	1.943,2	2.446,9	2.612,2	3.142,7	3.707,4	4.316,8	5.207,6
7	0.896,0	1.414,9	1.894,6	2.364,6	2.516,8	2.998,0	3.499,5	4.029,3	4.785,3
8	0.888,9	1.396,8	1.859,5	2.306,0	2.449,0	2.896,5	3.355,4	3.832,5	4.500,8
9	0.883,4	1.383,0	1.833,1	2.262,2	2.398,4	2.821,4	3.249,8	3.689,7	4.296,8
10	0.879,1	1.372,2	1.812,5	2.228,1	2.359,3	2.763,8	3.169,3	3.581,4	4.143,7
11	0.875,5	1.363,4	1.795,9	2.201,0	2.328,1	2.718,1	3.105,8	3.496,6	4.024,7
12	0.872,6	1.356,2	1.782,3	2.178,8	2.302,7	2.681,0	3.054,5	3.428,4	3.929,6
13	0.870,2	1.350,2	1.770,9	2.160,4	2.281,6	2.650,3	3.012,3	3.372,5	3.852,0
14	0.868,1	1.345,0	1.761,3	2.144,8	2.263,8	2.624,5	2.976,8	3.325,7	3.787,4
15	0.866,2	1.340,6	1.753,1	2.131,4	2.248,5	2.602,5	2.946,7	3.286,0	3.732,8
16	0.864,7	1.336,8	1.745,9	2.119,9	2.235,4	2.583,5	2.920,8	3.252,0	3.686,2
17	0.863,3	1.333,4	1.739,6	2.109,8	2.223,8	2.566,9	2.898,2	3.222,4	3.645,8
18	0.862,0	1.330,4	1.734,1	2.100,9	2.213,7	2.552,4	2.878,4	3.196,6	3.610,5
19	0.861,0	1.327,7	1.729,1	2.093,0	2.204,7	2.539,5	2.860,9	3.173,7	3.579,4
20	0.860,0	1.325,3	1.724,7	2.086,0	2.196,7	2.528,0	2.845,3	3.153,4	3.551,8
21	0.859,1	1.323,2	1.720,7	2.079,6	2.189,4	2.517,6	2.831,4	3.135,2	3.527,2
22	0.858,3	1.321,2	1.717,1	2.073,9	2.182,9	2.508,3	2.818,8	3.118,8	3.505,0
23	0.857,5	1.319,5	1.713,9	2.068,7	2.177,0	2.499,9	2.807,3	3.104,0	3.485,0
24	0.856,9	1.317,8	1.710,9	2.063,9	2.171,5	2.492,2	2.796,9	3.090,5	3.466,8
25	0.856,2	1.316,3	1.708,1	2.059,5	2.166,6	2.485,1	2.787,4	3.078,2	3.450,2
26	0.855,7	1.315,0	1.705,6	2.055,5	2.162,0	2.478,6	2.778,7	3.066,9	3.435,0
27	0.855,1	1.313,7	1.703,3	2.051,8	2.157,8	2.472,7	2.770,7	3.056,5	3.421,0
28	0.854,6	1.312,5	1.701,1	2.048,4	2.153,9	2.467,1	2.763,3	3.046,9	3.408,2
29	0.854,2	1.311,4	1.699,1	2.045,2	2.150,3	2.462,0	2.756,4	3.038,0	3.396,2
30	0.853,8	1.310,4	1.697,3	2.042,3	2.147,0	2.457,3	2.750,0	3.029,8	3.385,2
31	0.853,4	1.309,5	1.695,5	2.039,5	2.143,8	2.452,8	2.744,0	3.022,1	3.374,9
32	0.853,0	1.308,6	1.693,9	2.036,9	2.140,9	2.448,7	2.738,5	3.014,9	3.365,3
33	0.852,6	1.307,7	1.692,4	2.034,5	2.138,2	2.444,8	2.733,3	3.008,2	3.356,3
34	0.852,3	1.307,0	1.690,9	2.032,2	2.135,6	2.441,1	2.728,4	3.002,0	3.347,9
35	0.852,0	1.306,2	1.689,6	2.030,1	2.133,2	2.437,7	2.723,8	2.996,0	3.340,0

附表3(續)

α\df	0.2	0.1	0.05	0.025	0.02	0.01	0.005	0.002,5	0.001
36	0.851,7	1.305,5	1.688,3	2.028,1	2.130,9	2.434,5	2.719,5	2.990,5	3.332,6
37	0.851,4	1.304,9	1.687,1	2.026,2	2.128,7	2.431,4	2.715,4	2.985,2	3.325,6
38	0.851,2	1.304,2	1.686,0	2.024,4	2.126,7	2.428,6	2.711,6	2.980,3	3.319,0
39	0.850,9	1.303,6	1.684,9	2.022,7	2.124,7	2.425,8	2.707,9	2.975,6	3.312,8
40	0.850,7	1.303,1	1.683,9	2.021,1	2.122,9	2.423,3	2.704,5	2.971,2	3.306,9
41	0.850,5	1.302,5	1.682,9	2.019,5	2.121,2	2.420,8	2.701,2	2.967,0	3.301,3
43	0.850,1	1.301,6	1.681,1	2.016,7	2.117,9	2.416,3	2.695,1	2.959,2	3.290,9
45	0.849,7	1.300,6	1.679,4	2.014,1	2.115,0	2.412,1	2.689,6	2.952,1	3.281,5

附表4　F 分佈表

本表列出了 $F \sim F(df_1, df_2)$ 滿足右尾概率 $P(F \geq x) = \alpha$ 的臨界值 x 的值。($\alpha = 0.01$)

df_2\df_1	1	2	3	4	5	6	7	8	9	10	15	24	35	∞
1	4,052	4,999	5,403	5,625	5,764	5,859	5,928	5,981	6,022	6,056	6,157	6,235	6,276	6,366
2	98.5	99.0	99.2	99.2	99.3	99.3	99.4	99.4	99.4	99.4	99.4	99.5	99.5	99.5
3	34.1	30.8	29.5	28.7	28.2	27.9	27.7	27.5	27.3	27.2	26.9	26.6	26.5	26.1
4	21.2	18.0	16.7	16.0	15.5	15.2	15.0	14.8	14.7	14.5	14.2	13.9	13.8	13.5
5	16.3	13.3	12.1	11.4	11.0	10.7	10.5	10.3	10.2	10.1	9.72	9.47	9.33	9.02
6	13.7	10.9	9.78	9.15	8.75	8.47	8.26	8.10	7.98	7.87	7.56	7.31	7.18	6.88
7	12.2	9.55	8.45	7.85	7.46	7.19	6.99	6.84	6.72	6.62	6.31	6.07	5.94	5.65
8	11.3	8.65	7.59	7.01	6.63	6.37	6.18	6.03	5.91	5.81	5.52	5.28	5.15	4.86
9	10.6	8.02	6.99	6.42	6.06	5.80	5.61	5.47	5.35	5.26	4.96	4.73	4.60	4.31
10	10.0	7.56	6.55	5.99	5.64	5.39	5.20	5.06	4.94	4.85	4.56	4.33	4.20	3.91
11	9.65	7.21	6.22	5.67	5.32	5.07	4.89	4.74	4.63	4.54	4.25	4.02	3.89	3.60
12	9.33	6.93	5.95	5.41	5.06	4.82	4.64	4.50	4.39	4.30	4.01	3.78	3.65	3.36
13	9.07	6.70	5.74	5.21	4.86	4.62	4.44	4.30	4.19	4.10	3.82	3.59	3.46	3.17
14	8.86	6.51	5.56	5.04	4.69	4.46	4.28	4.14	4.03	3.94	3.66	3.43	3.30	3.00
15	8.68	6.36	5.42	4.89	4.56	4.32	4.14	4.00	3.89	3.80	3.52	3.29	3.17	2.87
16	8.53	6.23	5.29	4.77	4.44	4.20	4.03	3.89	3.78	3.69	3.41	3.18	3.05	2.75
17	8.40	6.11	5.18	4.67	4.34	4.10	3.93	3.79	3.68	3.59	3.31	3.08	2.96	2.65
18	8.29	6.01	5.09	4.58	4.25	4.01	3.84	3.71	3.60	3.51	3.23	3.00	2.87	2.57
19	8.18	5.93	5.01	4.50	4.17	3.94	3.77	3.63	3.52	3.43	3.15	2.92	2.80	2.49

附表4(續)

df_2 \ df_1	1	2	3	4	5	6	7	8	9	10	15	24	35	∞
20	8.10	5.85	4.94	4.43	4.10	3.87	3.70	3.56	3.46	3.37	3.09	2.86	2.73	2.42
21	8.02	5.78	4.87	4.37	4.04	3.81	3.64	3.51	3.40	3.31	3.03	2.80	2.67	2.36
22	7.95	5.72	4.82	4.31	3.99	3.76	3.59	3.45	3.35	3.26	2.98	2.75	2.62	2.31
23	7.88	5.66	4.76	4.26	3.94	3.71	3.54	3.41	3.30	3.21	2.93	2.70	2.57	2.26
24	7.82	5.61	4.72	4.22	3.90	3.67	3.50	3.36	3.26	3.17	2.89	2.66	2.53	2.21
25	7.77	5.57	4.68	4.18	3.85	3.63	3.46	3.32	3.22	3.13	2.85	2.62	2.49	2.17
26	7.72	5.53	4.64	4.14	3.82	3.59	3.42	3.29	3.18	3.09	2.81	2.58	2.45	2.13
27	7.68	5.49	4.60	4.11	3.78	3.56	3.39	3.26	3.15	3.06	2.78	2.55	2.42	2.10
28	7.64	5.45	4.57	4.07	3.75	3.53	3.36	3.23	3.12	3.03	2.75	2.52	2.39	2.06
29	7.60	5.42	4.54	4.04	3.73	3.50	3.33	3.20	3.09	3.00	2.73	2.49	2.36	2.03
30	7.56	5.39	4.51	4.02	3.70	3.47	3.30	3.17	3.07	2.98	2.70	2.47	2.34	2.01
35	7.42	5.27	4.40	3.91	3.59	3.37	3.20	3.07	2.96	2.88	2.60	2.36	2.23	1.89
40	7.31	5.18	4.31	3.83	3.51	3.29	3.12	2.99	2.89	2.80	2.52	2.29	2.15	1.80
45	7.23	5.11	4.25	3.77	3.45	3.23	3.07	2.94	2.83	2.74	2.46	2.23	2.09	1.74
50	7.17	5.06	4.20	3.72	3.41	3.19	3.02	2.89	2.78	2.70	2.42	2.18	2.05	1.68
60	7.08	4.98	4.13	3.65	3.34	3.12	2.95	2.82	2.72	2.63	2.35	2.12	1.98	1.60
70	7.01	4.92	4.07	3.60	3.29	3.07	2.91	2.78	2.67	2.59	2.31	2.07	1.93	1.54
80	6.96	4.88	4.04	3.56	3.26	3.04	2.87	2.74	2.64	2.55	2.27	2.03	1.89	1.49
100	6.90	4.82	3.98	3.51	3.21	2.99	2.82	2.69	2.59	2.50	2.22	1.98	1.84	1.43
200	6.76	4.71	3.88	3.41	3.11	2.89	2.73	2.60	2.50	2.41	2.13	1.89	1.74	1.28
500	6.69	4.65	3.82	3.36	3.05	2.84	2.68	2.55	2.44	2.36	2.07	1.83	1.68	1.16
∞	6.64	4.61	3.78	3.32	3.02	2.80	2.64	2.51	2.41	2.32	2.04	1.79	1.64	1.01

附表5　F 分佈表續表 4－1($\alpha = 0.025$)

df_2 \ df_1	1	2	3	4	5	6	7	8	9	10	15	24	35	99	∞
1	648	799	864	900	922	937	948	957	963	969	985	997	1,004	1,013	1,018
2	38.5	39.0	39.2	39.2	39.3	39.3	39.4	39.4	39.4	39.4	39.4	39.5	39.5	39.5	39.5
3	17.4	16.0	15.4	15.1	14.9	14.7	14.6	14.5	14.5	14.4	14.3	14.1	14.1	14.0	13.9
4	12.2	10.6	9.98	9.60	9.36	9.20	9.07	8.98	8.90	8.84	8.66	8.51	8.43	8.32	8.26
5	10.0	8.43	7.76	7.39	7.15	6.98	6.85	6.76	6.68	6.62	6.43	6.28	6.20	6.08	6.02
6	8.81	7.26	6.60	6.23	5.99	5.82	5.70	5.60	5.52	5.46	5.27	5.12	5.04	4.92	4.85
7	8.07	6.54	5.89	5.52	5.29	5.12	4.99	4.90	4.82	4.76	4.57	4.41	4.33	4.21	4.14
8	7.57	6.06	5.42	5.05	4.82	4.65	4.53	4.43	4.36	4.30	4.10	3.95	3.86	3.74	3.67
9	7.21	5.71	5.08	4.72	4.48	4.32	4.20	4.10	4.03	3.96	3.77	3.61	3.53	3.40	3.33
10	6.94	5.46	4.83	4.47	4.24	4.07	3.95	3.85	3.78	3.72	3.52	3.37	3.28	3.15	3.08
11	6.72	5.26	4.63	4.28	4.04	3.88	3.76	3.66	3.59	3.53	3.33	3.17	3.09	2.96	2.88

附表5(續)

df_1 \ df_2	1	2	3	4	5	6	7	8	9	10	15	24	35	99	∞
12	6.55	5.10	4.47	4.12	3.89	3.73	3.61	3.51	3.44	3.37	3.18	3.02	2.93	2.80	2.73
13	6.41	4.97	4.35	4.00	3.77	3.60	3.48	3.39	3.31	3.25	3.05	2.89	2.80	2.67	2.60
14	6.30	4.86	4.24	3.89	3.66	3.50	3.38	3.29	3.21	3.15	2.95	2.79	2.70	2.57	2.49
15	6.20	4.77	4.15	3.80	3.58	3.41	3.29	3.20	3.12	3.06	2.86	2.70	2.61	2.47	2.40
16	6.12	4.69	4.08	3.73	3.50	3.34	3.22	3.12	3.05	2.99	2.79	2.63	2.53	2.40	2.32
17	6.04	4.62	4.01	3.66	3.44	3.28	3.16	3.06	2.98	2.92	2.72	2.56	2.47	2.33	2.25
18	5.98	4.56	3.95	3.61	3.38	3.22	3.10	3.01	2.93	2.87	2.67	2.50	2.41	2.27	2.19
19	5.92	4.51	3.90	3.56	3.33	3.17	3.05	2.96	2.88	2.82	2.62	2.45	2.36	2.22	2.13
20	5.87	4.46	3.86	3.51	3.29	3.13	3.01	2.91	2.84	2.77	2.57	2.41	2.31	2.17	2.09
21	5.83	4.42	3.82	3.48	3.25	3.09	2.97	2.87	2.80	2.73	2.53	2.37	2.27	2.13	2.04
22	5.79	4.38	3.78	3.44	3.22	3.05	2.93	2.84	2.76	2.70	2.50	2.33	2.24	2.09	2.00
23	5.75	4.35	3.75	3.41	3.18	3.02	2.90	2.81	2.73	2.67	2.47	2.30	2.20	2.06	1.97
24	5.72	4.32	3.72	3.38	3.15	2.99	2.87	2.78	2.70	2.64	2.44	2.27	2.17	2.03	1.94
25	5.69	4.29	3.69	3.35	3.13	2.97	2.85	2.75	2.68	2.61	2.41	2.24	2.15	2.00	1.91
26	5.66	4.27	3.67	3.33	3.10	2.94	2.82	2.73	2.65	2.59	2.39	2.22	2.12	1.97	1.88
27	5.63	4.24	3.65	3.31	3.08	2.92	2.80	2.71	2.63	2.57	2.36	2.19	2.10	1.95	1.85
28	5.61	4.22	3.63	3.29	3.06	2.90	2.78	2.69	2.61	2.55	2.34	2.17	2.08	1.92	1.83
29	5.59	4.20	3.61	3.27	3.04	2.88	2.76	2.67	2.59	2.53	2.32	2.15	2.06	1.90	1.81
30	5.57	4.18	3.59	3.25	3.03	2.87	2.75	2.65	2.57	2.51	2.31	2.14	2.04	1.88	1.79
35	5.48	4.11	3.52	3.18	2.96	2.80	2.68	2.58	2.50	2.44	2.23	2.06	1.96	1.80	1.70
40	5.42	4.05	3.46	3.13	2.90	2.74	2.62	2.53	2.45	2.39	2.18	2.01	1.90	1.74	1.64
45	5.38	4.01	3.42	3.09	2.86	2.70	2.58	2.49	2.41	2.35	2.14	1.96	1.86	1.69	1.59
50	5.34	3.97	3.39	3.05	2.83	2.67	2.55	2.46	2.38	2.32	2.11	1.93	1.83	1.66	1.55
60	5.29	3.93	3.34	3.01	2.79	2.63	2.51	2.41	2.33	2.27	2.06	1.88	1.78	1.60	1.48
70	5.25	3.89	3.31	2.97	2.75	2.59	2.47	2.38	2.30	2.24	2.03	1.85	1.74	1.56	1.44
80	5.22	3.86	3.28	2.95	2.73	2.57	2.45	2.35	2.28	2.21	2.00	1.82	1.71	1.53	1.40
90	5.20	3.84	3.26	2.93	2.71	2.55	2.43	2.34	2.26	2.19	1.98	1.80	1.69	1.50	1.37
100	5.18	3.83	3.25	2.92	2.70	2.54	2.42	2.32	2.24	2.18	1.97	1.78	1.67	1.48	1.35
200	5.10	3.76	3.18	2.85	2.63	2.47	2.35	2.26	2.18	2.11	1.90	1.71	1.60	1.39	1.23
500	5.05	3.72	3.14	2.81	2.59	2.43	2.31	2.22	2.14	2.07	1.86	1.67	1.55	1.34	1.14
∞	5.02	3.69	3.12	2.79	2.57	2.41	2.29	2.19	2.11	2.05	1.83	1.64	1.52	1.30	1.01

附表6　F分佈表續表4－2($\alpha = 0.05$)

df_1 \ df_2	1	2	3	4	5	6	7	8	9	10	15	24	35	99	∞
1	161	199	216	225	230	234	237	239	241	242	246	249	251	253	254
2	18.5	19.0	19.2	19.2	19.3	19.3	19.4	19.4	19.4	19.4	19.4	19.5	19.5	19.5	19.5

附表6(續)

df_2 \ df_1	1	2	3	4	5	6	7	8	9	10	15	24	35	99	∞
3	10.1	9.55	9.28	9.12	9.01	8.94	8.89	8.85	8.81	8.79	8.70	8.64	8.60	8.55	8.53
4	7.71	6.94	6.59	6.39	6.26	6.16	6.09	6.04	6.00	5.96	5.86	5.77	5.73	5.66	5.63
5	6.61	5.79	5.41	5.19	5.05	4.95	4.88	4.82	4.77	4.74	4.62	4.53	4.48	4.41	4.37
6	5.99	5.14	4.76	4.53	4.39	4.28	4.21	4.15	4.10	4.06	3.94	3.84	3.79	3.71	3.67
7	5.59	4.74	4.35	4.12	3.97	3.87	3.79	3.73	3.68	3.64	3.51	3.41	3.36	3.28	3.23
8	5.32	4.46	4.07	3.84	3.69	3.58	3.50	3.44	3.39	3.35	3.22	3.12	3.06	2.98	2.93
9	5.12	4.26	3.86	3.63	3.48	3.37	3.29	3.23	3.18	3.14	3.01	2.90	2.84	2.76	2.71
10	4.96	4.10	3.71	3.48	3.33	3.22	3.14	3.07	3.02	2.98	2.85	2.74	2.68	2.59	2.54
11	4.84	3.98	3.59	3.36	3.20	3.09	3.01	2.95	2.90	2.85	2.72	2.61	2.55	2.46	2.40
12	4.75	3.89	3.49	3.26	3.11	3.00	2.91	2.85	2.80	2.75	2.62	2.51	2.44	2.35	2.30
13	4.67	3.81	3.41	3.18	3.03	2.92	2.83	2.77	2.71	2.67	2.53	2.42	2.36	2.26	2.21
14	4.60	3.74	3.34	3.11	2.96	2.85	2.76	2.70	2.65	2.60	2.46	2.35	2.28	2.19	2.13
15	4.54	3.68	3.29	3.06	2.90	2.79	2.71	2.64	2.59	2.54	2.40	2.29	2.22	2.12	2.07
16	4.49	3.63	3.24	3.01	2.85	2.74	2.66	2.59	2.54	2.49	2.35	2.24	2.17	2.07	2.01
17	4.45	3.59	3.20	2.96	2.81	2.70	2.61	2.55	2.49	2.45	2.31	2.19	2.12	2.02	1.96
18	4.41	3.55	3.16	2.93	2.77	2.66	2.58	2.51	2.46	2.41	2.27	2.15	2.08	1.98	1.92
19	4.38	3.52	3.13	2.90	2.74	2.63	2.54	2.48	2.42	2.38	2.23	2.11	2.05	1.94	1.88
20	4.35	3.49	3.10	2.87	2.71	2.60	2.51	2.45	2.39	2.35	2.20	2.08	2.01	1.91	1.84
21	4.32	3.47	3.07	2.84	2.68	2.57	2.49	2.42	2.37	2.32	2.18	2.05	1.98	1.88	1.81
22	4.30	3.44	3.05	2.82	2.66	2.55	2.46	2.40	2.34	2.30	2.15	2.03	1.96	1.85	1.78
23	4.28	3.42	3.03	2.80	2.64	2.53	2.44	2.37	2.32	2.27	2.13	2.01	1.93	1.82	1.76
24	4.26	3.40	3.01	2.78	2.62	2.51	2.42	2.36	2.30	2.25	2.11	1.98	1.91	1.80	1.73
25	4.24	3.39	2.99	2.76	2.60	2.49	2.40	2.34	2.28	2.24	2.09	1.96	1.89	1.78	1.71
26	4.23	3.37	2.98	2.74	2.59	2.47	2.39	2.32	2.27	2.22	2.07	1.95	1.87	1.76	1.69
27	4.21	3.35	2.96	2.73	2.57	2.46	2.37	2.31	2.25	2.20	2.06	1.93	1.86	1.74	1.67
28	4.20	3.34	2.95	2.71	2.56	2.45	2.36	2.29	2.24	2.19	2.04	1.91	1.84	1.73	1.65
29	4.18	3.33	2.93	2.70	2.55	2.43	2.35	2.28	2.22	2.18	2.03	1.90	1.83	1.71	1.64
30	4.17	3.32	2.92	2.69	2.53	2.42	2.33	2.27	2.21	2.16	2.01	1.89	1.81	1.70	1.62
35	4.12	3.27	2.87	2.64	2.49	2.37	2.29	2.22	2.16	2.11	1.96	1.83	1.76	1.64	1.56
40	4.08	3.23	2.84	2.61	2.45	2.34	2.25	2.18	2.12	2.08	1.92	1.79	1.72	1.59	1.51
45	4.06	3.20	2.81	2.58	2.42	2.31	2.22	2.15	2.10	2.05	1.89	1.76	1.68	1.55	1.47
50	4.03	3.18	2.79	2.56	2.40	2.29	2.20	2.13	2.07	2.03	1.87	1.74	1.66	1.53	1.44
60	4.00	3.15	2.76	2.53	2.37	2.25	2.17	2.10	2.04	1.99	1.84	1.70	1.62	1.48	1.39
70	3.98	3.13	2.74	2.50	2.35	2.23	2.14	2.07	2.02	1.97	1.81	1.67	1.59	1.45	1.35
80	3.96	3.11	2.72	2.49	2.33	2.21	2.13	2.06	2.00	1.95	1.79	1.65	1.57	1.43	1.32
90	3.95	3.10	2.71	2.47	2.32	2.20	2.11	2.04	1.99	1.94	1.78	1.64	1.55	1.41	1.30
100	3.94	3.09	2.70	2.46	2.31	2.19	2.10	2.03	1.97	1.93	1.77	1.63	1.54	1.39	1.28
200	3.89	3.04	2.65	2.42	2.26	2.14	2.06	1.98	1.93	1.88	1.72	1.57	1.48	1.32	1.19
500	3.86	3.01	2.62	2.39	2.23	2.12	2.03	1.96	1.90	1.85	1.69	1.54	1.45	1.28	1.11
∞	3.84	3.00	2.60	2.37	2.21	2.10	2.01	1.94	1.88	1.83	1.67	1.52	1.42	1.24	1.01

附表7　F分佈表續表4－3($\alpha = 0.1$)

df_2 \ df_1	1	2	3	4	5	6	7	8	9	10	15	24	35	99	∞
1	39.9	49.5	53.6	55.8	57.2	58.2	58.9	59.4	59.9	60.2	61.2	62.0	62.4	63.0	63.3
2	8.53	9.00	9.16	9.24	9.29	9.33	9.35	9.37	9.38	9.39	9.42	9.45	9.46	9.48	9.49
3	5.54	5.46	5.39	5.34	5.31	5.28	5.27	5.25	5.24	5.23	5.20	5.18	5.16	5.14	5.13
4	4.54	4.32	4.19	4.11	4.05	4.01	3.98	3.95	3.94	3.92	3.87	3.83	3.81	3.78	3.76
5	4.06	3.78	3.62	3.52	3.45	3.40	3.37	3.34	3.32	3.30	3.24	3.19	3.16	3.13	3.11
6	3.78	3.46	3.29	3.18	3.11	3.05	3.01	2.98	2.96	2.94	2.87	2.82	2.79	2.75	2.72
7	3.59	3.26	3.07	2.96	2.88	2.83	2.78	2.75	2.72	2.70	2.63	2.58	2.54	2.50	2.47
8	3.46	3.11	2.92	2.81	2.73	2.67	2.62	2.59	2.56	2.54	2.46	2.40	2.37	2.32	2.29
9	3.36	3.01	2.81	2.69	2.61	2.55	2.51	2.47	2.44	2.42	2.34	2.28	2.24	2.19	2.16
10	3.29	2.92	2.73	2.61	2.52	2.46	2.41	2.38	2.35	2.32	2.24	2.18	2.14	2.09	2.06
11	3.23	2.86	2.66	2.54	2.45	2.39	2.34	2.30	2.27	2.25	2.17	2.10	2.06	2.01	1.97
12	3.18	2.81	2.61	2.48	2.39	2.33	2.28	2.24	2.21	2.19	2.10	2.04	2.00	1.94	1.90
13	3.14	2.76	2.56	2.43	2.35	2.28	2.23	2.20	2.16	2.14	2.05	1.98	1.94	1.88	1.85
14	3.10	2.73	2.52	2.39	2.31	2.24	2.19	2.15	2.12	2.10	2.01	1.94	1.90	1.83	1.80
15	3.07	2.70	2.49	2.36	2.27	2.21	2.16	2.12	2.09	2.06	1.97	1.90	1.86	1.79	1.76
16	3.05	2.67	2.46	2.33	2.24	2.18	2.13	2.09	2.06	2.03	1.94	1.87	1.82	1.76	1.72
17	3.03	2.64	2.44	2.31	2.22	2.15	2.10	2.06	2.03	2.00	1.91	1.84	1.79	1.73	1.69
18	3.01	2.62	2.42	2.29	2.20	2.13	2.08	2.04	2.00	1.98	1.89	1.81	1.77	1.70	1.66
19	2.99	2.61	2.40	2.27	2.18	2.11	2.06	2.02	1.98	1.96	1.86	1.79	1.74	1.67	1.63
20	2.97	2.59	2.38	2.25	2.16	2.09	2.04	2.00	1.96	1.94	1.84	1.77	1.72	1.65	1.61
21	2.96	2.57	2.36	2.23	2.14	2.08	2.02	1.98	1.95	1.92	1.83	1.75	1.70	1.63	1.59
22	2.95	2.56	2.35	2.22	2.13	2.06	2.01	1.97	1.93	1.90	1.81	1.73	1.68	1.61	1.57
23	2.94	2.55	2.34	2.21	2.11	2.05	1.99	1.95	1.92	1.89	1.80	1.72	1.67	1.59	1.55
24	2.93	2.54	2.33	2.19	2.10	2.04	1.98	1.94	1.91	1.88	1.78	1.70	1.65	1.58	1.53
25	2.92	2.53	2.32	2.18	2.09	2.02	1.97	1.93	1.89	1.87	1.77	1.69	1.64	1.56	1.52
26	2.91	2.52	2.31	2.17	2.08	2.01	1.96	1.92	1.88	1.86	1.76	1.68	1.63	1.55	1.50
27	2.90	2.51	2.30	2.17	2.07	2.00	1.95	1.91	1.87	1.85	1.75	1.67	1.62	1.54	1.49
28	2.89	2.50	2.29	2.16	2.06	2.00	1.94	1.90	1.87	1.84	1.74	1.66	1.61	1.53	1.48
29	2.89	2.50	2.28	2.15	2.06	1.99	1.93	1.89	1.86	1.83	1.73	1.65	1.60	1.52	1.47
30	2.88	2.49	2.28	2.14	2.05	1.98	1.93	1.88	1.85	1.82	1.72	1.64	1.59	1.51	1.46
35	2.85	2.46	2.25	2.11	2.02	1.95	1.90	1.85	1.82	1.79	1.69	1.60	1.55	1.47	1.41
40	2.84	2.44	2.23	2.09	2.00	1.93	1.87	1.83	1.79	1.76	1.66	1.57	1.52	1.43	1.38
45	2.82	2.42	2.21	2.07	1.98	1.91	1.85	1.81	1.77	1.74	1.64	1.55	1.50	1.41	1.35
50	2.81	2.41	2.20	2.06	1.97	1.90	1.84	1.80	1.76	1.73	1.63	1.54	1.48	1.39	1.33
60	2.79	2.39	2.18	2.04	1.95	1.87	1.82	1.77	1.74	1.71	1.60	1.51	1.45	1.36	1.29
70	2.78	2.38	2.16	2.03	1.93	1.86	1.80	1.76	1.72	1.69	1.59	1.49	1.43	1.34	1.27
80	2.77	2.37	2.15	2.02	1.92	1.85	1.79	1.75	1.71	1.68	1.57	1.48	1.42	1.32	1.24

附表7（續）

df_2 \ df_1	1	2	3	4	5	6	7	8	9	10	15	24	35	99	∞
90	2.76	2.36	2.15	2.01	1.91	1.84	1.78	1.74	1.70	1.67	1.56	1.47	1.41	1.31	1.23
100	2.76	2.36	2.14	2.00	1.91	1.83	1.78	1.73	1.69	1.66	1.56	1.46	1.40	1.29	1.21
200	2.73	2.33	2.11	1.97	1.88	1.80	1.75	1.70	1.66	1.63	1.52	1.42	1.36	1.24	1.14
500	2.72	2.31	2.09	1.96	1.86	1.79	1.73	1.68	1.64	1.61	1.50	1.40	1.33	1.21	1.09
∞	2.71	2.30	2.08	1.94	1.85	1.77	1.72	1.67	1.63	1.60	1.49	1.38	1.32	1.19	1.01

附表8　隨機數字表（部分）

編號	1	2	3	4	5	6	7	8	9	10	11	12	13	14	15	16	17	18	19	20	21	22	23	24	25
1	03	47	43	73	86	36	96	47	36	61	46	98	63	71	62	33	26	16	80	45	60	11	14	10	95
2	97	74	24	67	62	42	81	14	57	20	42	53	32	37	32	27	07	36	07	51	24	51	79	89	73
3	16	76	62	27	66	56	50	26	71	07	32	90	79	78	53	13	55	38	58	59	88	97	54	14	10
4	12	56	85	99	26	96	96	68	27	31	05	03	72	93	15	57	12	10	14	21	88	26	49	81	76
5	55	59	56	35	64	38	54	82	46	22	31	62	43	09	90	06	18	44	32	53	23	83	01	30	30
6	16	22	77	94	39	49	54	43	54	82	17	37	93	23	78	87	35	20	96	43	84	26	34	91	64
7	84	42	17	53	31	57	24	55	06	88	77	04	74	47	67	21	76	33	50	25	83	92	12	06	76
8	63	01	63	78	59	16	95	55	67	19	98	10	50	71	75	12	86	73	58	07	44	39	52	38	79
9	33	21	12	34	29	78	64	56	07	82	52	42	07	44	38	15	51	00	13	42	99	66	02	79	54
10	57	60	86	32	44	09	47	27	96	54	49	17	46	09	62	90	52	84	77	27	08	02	73	43	28
11	18	18	07	92	46	44	17	16	58	09	79	83	86	19	62	06	76	50	03	10	55	23	64	05	05
12	26	62	38	97	75	84	16	07	44	99	83	11	46	32	24	20	14	85	88	45	10	93	72	88	71
13	23	42	40	64	74	82	97	77	77	81	07	45	32	14	08	32	98	94	07	72	93	85	79	10	75
14	52	36	28	19	95	50	92	26	11	97	00	56	76	31	38	80	22	02	53	53	86	60	42	04	53
15	37	85	94	35	12	83	39	50	08	30	42	34	07	96	88	54	42	06	87	98	35	85	29	48	39
16	70	29	17	12	13	40	33	20	38	26	13	89	51	03	74	17	76	37	13	04	07	74	21	19	30
17	56	62	18	37	35	96	83	50	87	75	97	12	25	93	47	70	33	24	03	54	97	77	46	44	80
18	99	49	57	22	77	88	42	95	45	72	16	64	36	16	00	04	43	18	66	79	94	77	24	21	90
19	16	08	15	04	72	33	27	14	34	09	45	59	34	68	49	12	72	07	34	45	99	27	72	95	14
20	31	16	93	32	43	50	27	89	87	19	20	15	37	00	49	52	85	66	60	44	38	68	88	11	80
21	68	34	30	13	70	55	74	30	77	40	44	22	78	84	26	04	33	46	09	52	68	07	97	06	57
22	74	57	25	65	76	59	29	97	68	60	71	91	38	67	54	13	58	18	24	76	15	54	55	95	52
23	27	42	37	86	53	48	55	90	65	72	96	57	69	36	10	96	46	92	42	45	97	60	49	04	91
24	00	39	68	29	61	66	37	32	20	30	77	84	57	03	29	10	45	65	04	26	11	04	96	67	24
25	29	94	98	94	24	68	49	69	10	82	53	75	91	93	30	34	25	20	57	27	40	48	73	51	92
26	16	90	82	66	59	83	62	64	11	12	67	19	00	71	74	60	47	21	29	68	02	02	37	03	31
27	11	27	94	75	06	06	09	19	74	66	02	94	37	34	02	76	70	90	30	86	38	45	94	30	38
28	35	24	10	16	20	33	32	51	26	38	79	78	45	04	91	16	92	53	56	16	02	75	50	95	98
29	38	23	16	86	38	42	38	97	01	50	87	75	66	81	41	40	01	74	91	62	48	51	84	08	32
30	31	96	25	91	47	96	44	33	49	13	34	86	82	53	91	00	52	43	48	85	27	55	26	89	62
31	66	67	40	67	14	64	05	71	95	86	11	05	65	09	68	76	83	20	37	90	57	16	00	11	66
32	14	90	84	45	11	75	73	88	05	90	52	27	41	14	86	22	98	12	22	08	07	52	74	95	80
33	68	05	51	18	00	33	96	02	75	19	07	60	62	93	55	59	33	82	43	90	49	37	38	44	59

附表8(續)

編號	1	2	3	4	5	6	7	8	9	10	11	12	13	14	15	16	17	18	19	20	21	22	23	24	25
34	20	46	78	73	90	97	51	40	14	02	04	02	33	31	08	39	54	16	49	36	47	95	93	13	30
35	64	19	58	97	79	15	06	15	93	20	01	90	10	75	06	40	78	73	89	62	02	67	74	17	33
36	05	26	93	70	60	22	35	85	15	13	92	03	51	59	77	59	56	78	06	83	52	91	05	70	74
37	07	97	10	88	23	09	98	42	99	64	61	71	62	99	15	06	51	29	16	93	58	05	77	09	51
38	68	71	86	85	85	54	87	66	47	54	73	32	08	11	12	44	95	92	63	16	29	56	24	29	48
39	26	99	61	65	53	58	37	78	80	70	42	10	50	67	42	32	17	55	85	74	94	44	67	16	94
40	14	65	52	68	75	87	59	36	22	41	26	78	63	06	55	13	08	27	01	50	15	29	39	39	43
41	17	53	77	58	71	71	41	61	50	72	12	41	94	96	26	44	95	27	36	99	02	96	74	30	83
42	90	26	59	21	19	23	52	23	33	12	96	93	02	18	39	07	02	18	36	07	25	99	32	70	23
43	41	23	52	55	99	31	04	49	69	96	10	47	48	45	88	13	41	43	89	20	97	17	14	49	17
44	60	20	50	81	69	31	99	73	68	68	35	81	33	03	76	24	30	12	48	60	18	99	10	72	34
45	91	25	38	05	90	94	58	28	41	36	45	37	59	03	09	90	35	57	29	12	82	62	54	65	60
46	34	50	57	74	37	98	80	33	00	91	09	77	93	19	82	74	94	80	04	04	45	07	31	66	49
47	85	22	04	39	43	73	81	53	94	79	33	62	46	86	28	08	31	54	46	31	53	94	13	38	47
48	09	79	13	77	48	73	82	97	22	21	05	03	27	24	83	72	89	44	05	60	35	80	39	94	88
49	88	75	80	18	14	22	95	75	42	49	39	32	82	22	49	02	48	07	70	37	16	04	61	67	87
50	90	96	23	70	00	39	00	03	06	90	55	85	78	38	36	94	37	30	69	32	90	89	00	76	33

國家圖書館出版品預行編目(CIP)資料

統計學 / 張春國 主編. -- 第二版.
-- 臺北市：崧燁文化，2018.08
　面　；　公分

ISBN 978-957-681-494-5(平裝)

1.統計學

510　　107013257

書　名：統計學
作　者：張春國 主編
發行人：黃振庭
出版者：崧燁文化事業有限公司
發行者：崧燁文化事業有限公司
E-mail：sonbookservice@gmail.com
粉絲頁　　　　　網　址：
地　址：台北市中正區重慶南路一段六十一號八樓815室
8F.-815, No.61, Sec. 1, Chongqing S. Rd., Zhongzheng
Dist., Taipei City 100, Taiwan (R.O.C.)
電　話：(02)2370-3310　傳　真：(02) 2370-3210
總經銷：紅螞蟻圖書有限公司
地　址：台北市內湖區舊宗路二段121巷19號
電　話：02-2795-3656　傳真：02-2795-4100　網址：
印　刷：京峯彩色印刷有限公司(京峰數位)
　　本書版權為西南財經大學出版社所有授權崧燁文化事業有限公司獨家發行
　　電子書繁體字版。若有其他相關權利及授權需求請與本公司聯繫。
定價：400 元
發行日期：2018 年 8 月第二版
◎ 本書以POD印製發行